甘肃馆藏纺织品文物
研究与保护

王菊◎著

甘肃省博物馆◎编

青岛出版集团 | 青岛出版社

图书在版编目（CIP）数据

甘肃馆藏纺织品文物研究与保护 / 王菊著；甘肃省博物馆编 . —青岛：青岛出版社，2024.8

ISBN 978-7-5736-1718-7

Ⅰ.①甘…　Ⅱ.①王…　②甘…　Ⅲ.①纺织品－文物保护－研究－甘肃　Ⅳ.① K876.94

中国国家版本馆 CIP 数据核字（2023）第 229070 号

GANSU GUANCANG FANGZHIPIN WENWU YANJIU YU BAOHU

书　　名	**甘肃馆藏纺织品文物研究与保护**
著　　者	王　菊
编　　者	甘肃省博物馆
出版发行	青岛出版社
社　　址	青岛市崂山区海尔路 182 号
本社网址	http://www.qdpub.com
邮购电话	0532-68068091
策划编辑	申　尧（shenyao@126.com）
责任编辑	李文艳
特邀编辑	刘　锦
封面设计	乔　峰
照　　排	青岛新华出版照排有限公司
印　　刷	青岛名扬数码印刷有限责任公司
出版日期	2024 年 8 月第 1 版　2024 年 8 月第 1 次印刷
开　　本	16 开（787 mm×1092 mm）
印　　张	16
字　　数	200 千
书　　号	ISBN 978-7-5736-1718-7
定　　价	158.00 元

编校印装质量、盗版监督服务电话：4006532017　0532-68068050

序　一

甘肃因其悠久的历史和重要的地理位置，文化遗存非常丰富。在纺织品方面，考古工作者迄今已分别在武威磨嘴子汉墓群、漳县汪世显家族墓、玉门花海毕家滩五凉墓地、敦煌莫高窟、武威吐谷浑王族墓葬群以及河西诸多汉晋烽燧遗址等地发掘出土了大批独具特色的古代织物。近年来，甘肃省博物馆组织的纺织品文物征集活动也收集了一些颇有价值和意义的织物。

古代织物皆以天然纤维为原料，在长期被埋藏于地下的情况下，受周边环境中化学、生物学和物理学因素的影响，其色泽会发生变化，纤维会发生降解，易出现糟朽、虫害、污染、褪色等病害。因此，及时对其进行研究与保护修复是博物馆一项十分重要的工作，也是历史赋予文物工作者的崇高责任。

甘肃省博物馆历来重视文物保护工作，在纺织品文物保护方面，建馆初期，配合馆文物考古队进行古遗址、古墓葬纺织品考古发掘的同期保护与整理，如：对武威磨嘴子汉墓出土的纺织品、漳县徐家坪汪世显家族墓出土的纺织品及服饰等，不但及时进行清洗、消毒等基础性保护保养，还应用夹持法、丝网法、托裱法等对大批糟朽织物进行了抢救性加固和修复。在这一过程中，前辈们已积累了一定的工作经验。近几年，甘肃省博物馆又委托纺织品文物保护国家文物局重点科研基地（中国丝绸博物馆），以"以工代培"的方式分期、分批培养纺织品保护修复专业人员，并于2018年年底成立了"纺织品文物保护国家文物局重点科研基地（中国丝绸博物馆）甘肃工作站"，进而引进新材料、新技术，促使博物馆纺织品文物的研究和保护有了新的突破。如今，馆内已有5人专门从事纺织品保护修复工作，近5年时间基本独立完成了4个纺织品保护修复项目（1个馆级，1个省级，2个国家级）和4个纺织品研究课题（均为甘肃省文物局批复立项），修复文物近百件（套）。纺织品保护项目、课题的申报以及纺织品文物的修复等均已步入正轨，开启了甘肃纺织品文物研究与保护的新局面。

《甘肃馆藏纺织品文物研究与保护》一书即是在此背景下推出的重要科研成果，作者以甘肃省博物馆为平台，紧密结合馆藏纺织品保护修复项目的实施，对甘肃全省馆藏纺织品文物现状进行调查梳理；在采集文物基本信息的基础上，应用考古学、历史学以及文献学的方法，对重点文物的价值进行了深层次的研究分析；并利用交叉对比与同类归纳的方法对馆藏纺织品与丝绸之路沿线地区，如内蒙古自治区、新疆维吾尔自治区、青海省等出土的同时期纺织品文物进行研究，总结出该时期的服饰文化特点；同时，结合甘肃本省馆藏纺织品文物病害特点、南北方地区温湿度差异、西部地区空气污染情况，以及保护修复工作的实践体会等，在修复工作的技术方面作了进一步改进与创新。

　　该书对甘肃纺织品文物基本信息较系统的采集与加工，对文物保护环境和病害成因的调查分析，对文物保护修复材料的应用和关键技术的总结与创新，都将为学者之后的进一步研究打下一定基础。全书整体结构清晰合理、内容充实，集实践性、科研性于一体，颇具参考和推广价值。

　　鼓励和支持文保工作者在研究的基础上对文物进行科学保护和修复，是甘肃省博物馆一以贯之的期望和要求。值此《甘肃馆藏纺织品文物研究与保护》一书面世之际，愿文物研究与保护领域的实践创新能够蔚然成风。

　　是为序。

甘肃省博物馆馆长

2022 年 10 月于兰州

序 二

甘肃馆藏纺织品文物种类齐全，特色鲜明。早起汉代，晚至明清，不仅有贴金罗、印花绢袋、织锦奁盒、团花妆金缎云头荷包、烟色罗帽、牡丹纹绫夹衫、宝相花织金锦胸衣等一系列具有时代特色的服饰及生活用品，也有丰富的与佛教相关的绢地说法图、供养人像，以及大批的丝质文书、绢幡、经帙、绣像等。仅从纹饰看，不仅有中原地区流行的云气、龙凤、陵阳公样等，还有异域他邦的各式团窠、禽鸟、翼马、神兽等元素。这些织物都是我国西北地区纺织技术、丝路贸易、文化交流、民族融合等的历史见证，为甘肃省古代政治、经济、文化等诸多方面的研究提供了珍贵的实物资料。

由于纺织品的脆弱性，我们今天能够见到的古代纺织品文物数量不多，而且大多残破不堪，加之这些纺织品所包含的文化意蕴非常复杂，故而对纺织品的研究与保护长期以来都存在技术与学术上的难题，需要多学科人才的共同努力。在这两个方面，甘肃省的工作都相对滞后，长期未能得到足够的重视，致使大部分藏品自出土后就被束之高阁，至今不见刊布。这一状况不仅限制了甘肃省纺织品参与到丝路文化中诸多热点学术问题的深入讨论，更影响了学界对甘肃省纺织文化发展演变的整体认知。

甘肃省博物馆副研究馆员王菊女士近年来主要致力于甘肃馆藏纺织品文物的研究与保护，颇有创获，发表了多篇论文。案头的这部新作就是王菊女士研究工作的新成果。本书首次对甘肃地区馆藏纺织品文物的背景、来源、概况等进行调查梳理，科学描述主要文物基本信息；更可贵的是，在借助现代仪器对文物材质、染料、组织结构、元素成分等进行检测分析的基础上，作者又结合文献对各主要墓葬出土纺织品的价值进行研究；并根据自己多年来文保工作的实践体会，将甘肃纺织品保护、修复取得的一些成功经验分享于读者们。

本书对于永久地保存甘肃地区纺织品文物的科学档案资料，对于推动古代文化遗产的介绍和研究，对于延缓甘肃地区纺织品文物劣化进程等，都具有重要的学术价值和应用价值，也将为后期纺织品文物预防性保护与修复策略提供方法参考与决策支持。本书的出版将引领感兴趣的学者积极参与研究,进一步提升甘肃纺织品文物的研究能力与科学保护水平。

在新作付梓之际,作者征序于我。其实,我对纺织品文物的关注不多,只是在研究佉卢文与鄯善国历史时偶有涉及,后对甘肃省博物馆近年来征集到的八件中古织绣品进行过探讨,就其所蕴含的东西方文化因素作了一些研究,因畏怯其难,浅尝辄止。我对王菊女士的研究本不敢置喙,然道友约请,却之不恭,遂聊赘数语,用附千秋。

敦煌研究院人文研究部部长　杨富学

2022 年 10 月 3 日于兰州

目　录

绪 论

甘肃是文物大省，文物优势不仅表现在彩陶、简牍、石窟、长城，以及史前文化遗存等方面，纺织品更是独具特色。考古工作者们在距今 8000～7300 年前的天水秦安大地湾遗址发掘出了许多陶纺轮，这可以视作目前我国已发现的最早的纺织信息；辛店遗址出土的彩陶上的图案也有迄今我国发现最早的上衣下裳的服饰形制雏形，图案上为首的一人头戴帽，上衣无袖，衣着上下相连，腰束带，这种样式似乎为深衣的前身；永昌鸳鸯池半山—马厂时期墓地出土的黄色织物是目前我国除新疆维吾尔自治区罗布泊小河墓地出土的毛织物外，所知最早的毛织物品；齐家文化、沙井文化时期的纺织品已多有出土，如永靖大何庄遗址和秦魏家遗址及永昌西岗、柴湾岗墓葬均出土了麻毛织物；嘉峪关新城魏晋墓和酒泉十六国时期的墓葬均出土了大量有关桑蚕的彩画砖，还有许多有关蚕茧、绢帛、丝束等的画像砖。另外，在反映西周至春秋时期甘肃东部社会经济面貌的文学作品《诗经·豳风》和《诗经·秦风》中，也有不少描述桑蚕业和丝织品的句子。据《肃州新志》记载："桑，各处间以有之，叶不大。""蚕，先年有流寓者携至肃，采桑饲之，亦能做茧成丝，近无饲者。"《敦煌县志》也有关于"桑子"的记载。汉代天水太守陈立曾"劝民农桑为天下最"。这些资料都确凿无疑地说明：甘肃地区在汉代以前就已有种桑养蚕缫丝之业。

1949 年以后，考古工作者分别在武威磨嘴子汉墓群、漳县汪世显家族墓、玉门花海毕家滩五凉墓地、敦煌莫高窟、居延破城子遗址、悬泉置遗址、马圈湾遗址等处发现了大批纺织品，包括针线夹盒、绦带、绢袋、衣物、鞋帽、大量丝绸残片、渔网、绢幡等。近年来，甘肃各地博物馆又先后从社会上征集到一批南北朝、唐宋时期的丝质服饰、囊袋、剑套、被褥等。这些织物中有少量缝制较简单的冥衣，大多是墓主人生前的衣物和实用器具。

经初步研究分析，甘肃纺织品文物时间跨度大，几乎涵盖了中国古代的每一个历史时期；织物种类丰富，有锦、绢、纱、罗、绮、绫、棉、麻等；制作工艺多样，包括刺绣、编织、印花、贴金、髹漆等；装饰图案特色鲜明，不仅有中原地区流行的云气纹和陵阳公样，也有来自异域特别是中亚地区的各式团窠、禽鸟、翼马、神兽等纹样，所用到的"结花本"工艺、"平绣"工艺和"织金"技术等，都堪称当时织造水准的代表。这样的织物在古代被视为奢侈品，能流传至今，实属吉光片羽。

陇原大地上之所以有如此多珍贵的纺织品遗存，究其原因，无疑与其独特的地理位置、干燥少雨的气候条件和多民族交融发展的历史背景息息相关。

一、甘肃地理位置

甘肃省地处黄河上游，西宽东窄，呈西北 — 东南走向的长条状，东西最大跨度达 1655 千米，南北最窄处仅 25 千米。其位置既深处我国的腹心地带，又绵延直达西北边陲地区。青藏高原、黄土高原及阿拉善高原三大高原在省域交接，黄河、渭河、洮河、黑河、北大河、党河以及长江等河流在省域内分流。甘肃省域内拥有三大自然地貌，这里有绵延的岭塬、高低起伏的山地以及广袤的戈壁沙漠。甘肃是"东亚与亚洲中部、西亚和欧洲之间的陆上交通孔道。古代丝绸之路和现代的新亚欧大陆桥均取道于此，决非偶然现象"[①]。

古丝绸之路贯穿甘肃全省，横跨欧亚大陆，绵延几千千米，沿途众多的国家和民族仰赖着这条商贸大道进行经济、文化交流。丝绸织品是我国中原地区在对外经济交往中较早向西方国家出口的大宗商品之一。因此，作为咽喉要冲的甘肃地区，地上、地下留有大批精美的古代纺织品遗存就是很必然的了。[②]

二、甘肃气候条件

甘肃从地域上大体可以分为东、西两部分。西北部祁连山和北山之间的狭长地带海拔 1500 米左右，因为位置在黄河以西，所以又被称作"河西走廊"，属于祁连山边缘地槽拗陷带。喜马拉雅造山运动时，祁连山南麓大幅度隆升，北麓的多条洪积扇、冲积扇形成山前倾斜平原，地势基本上是南高北低，并由东南向西北倾斜。河西走廊有戈壁、草场和绿洲，域内有疏勒河、黑河（包括北大河）及石羊河水系，这三个独立的内陆融雪水系分别灌溉着敦煌、酒泉及民勤三大平

---

①伍光和，江存远. 甘肃省综合自然区划[M]. 兰州：甘肃科学技术出版社，1998：6.

②克林凯特. 丝绸古道上的文化[M]. 赵崇民，译. 乌鲁木齐：新疆美术摄影出版社，1994.

原,滋养了安西、玉门、嘉峪关、高台、张掖、金昌、武威等大片绿洲。其余广大地区受风力作用和干燥剥蚀,戈壁和沙漠广布,尤以嘉峪关以西戈壁面积广大。降水量多年平均约为103毫米,蒸发量却有2000毫米左右,气候终年干旱。河西走廊四季分明,春季多风,夏季干热,冬季寒冷,昼夜温差大,日照时间长,属典型的大陆性干旱气候,有许多地方年降水量不足200毫米,全年有150天左右的无霜期。

甘肃省东部及天水地区位于渭河流域、黄土高原中部,属黄土梁、峁、沟壑区,海拔在1000～2000米。南部地区为北秦岭山区,多被厚厚的黄土覆盖,沟壑纵横,地表起伏,属温带半湿润气候,年平均气温为10.5℃,年降雨量为600～900毫米,相对中部及河西地区明显要湿润,但蒸发量高达1400毫米。6月至9月为雨季,降水量占年降雨量的70%。全年无霜期为180天左右,降水分布不均,日温差大,总体还是比较干燥的。[③]

甘肃全省特别是河西地区的气候条件非常适宜地下纺织品的埋藏保存,这也是甘肃出土古代纺织品较多的原因之一。

三、甘肃馆藏纺织品文物的历史背景

甘肃地区不同的地形、多样的气候及差异巨大的植被分布等形成了许多小型的区域性生态环境,适宜远古人类群体生存,为其文化的多样性、多民族的包容性打下了基础。[④]早期人类不仅在甘肃域内繁衍生息,也在甘肃地区转移迁徙,如:羌戎、月支、乌孙、氐、鲜卑、吐蕃、回鹘、党项、匈奴等民族,他们所拥有的各种类型的古文化在这里育生递接,众多民族也在这里交往、冲突、融合、定居并相互抚慰。在漫长的一段历史时期中,农耕、游牧等不同经济形态的民族在这里碰撞、渗透,形成鲜明的地域性文化特色。从汉朝到唐朝,古丝绸之路繁荣了近10个世纪,作为古丝绸之路咽喉之地的甘肃,率先接受外来物质、精神文明的洗礼,大批胡商贩客、僧侣艺人、使者役夫在甘肃往来、定居。[⑤]这样深厚而卓异的历史背景与异彩纷呈的多元文化对甘肃纺织技术和服饰习俗等无疑有着决定性

---

③甘肃省地方史志编纂委员会.甘肃省志·自然地理志(事物发端—2010)[M].兰州:甘肃文化出版社,2018.

④俄军,甘肃省博物馆.甘肃省博物馆文物精品图集[M].西安:三秦出版社,2006.

⑤林少雄.古冢丹青:河西走廊魏晋墓葬画[M].兰州:甘肃教育出版社,1999.

的影响,因而甘肃出土大批有特色的纺织精品也就不足为奇了。

考古发掘证明,留存下来的纺织品也正体现了多民族交融而形成了多样性的纺织文化,如:具有典型中原纺织技术特点的"编织绦带"与符合河西民众审美取向的"贴金罗"出现在武威磨嘴子同一汉墓即是明证;甘肃省博物馆馆藏的一批唐代织锦,其织造工艺与中原地区的"唐系纬锦"类同,[⑥] 多为斜纹纬锦,其装饰图案却是团窠、禽鸟、翼马、神兽等西方文化元素。这类图案的整体骨架和主体纹样大多明显表现出波斯萨珊王朝及中亚地区的文化特点,当然,其中不少是经中原地区传统技术和本土审美标准融合后创制形成的新纹样,蕴含着丰富的东西方文化交融的因子,对研究中古时期中国纺织品的生产、东西方之间织造技术的交流乃至丝绸之路上物质文化的演进与传播等具有重要的历史、文化和科学价值。

四、甘肃馆藏纺织品文物的研究与保护现状

甘肃纺织品文物的研究保护与国内外此领域的整体发展状况是紧密联系的。古代纺织品主要成分是动物蛋白或植物多糖化合物,自身轻薄"弱质",因此特别容易发生腐蚀、糟朽等病害,须满足一定条件才能被保存、传承下来。另外,纺织品的研究与保护不同于其他学科,它需要多领域的人才和知识,如化学、生物学、物理学、纺织织造、染整工艺等。以上这些因素均是纺织品文物研究与保护在考古学中发展滞后的原因,全国在这方面的工作起步也较晚。

在新中国成立之前,纺织品的研究与保护基本还未起步,尚处于空白阶段,研究主要在国外开展,国内的方法和成果仅局限于织物本身的初步鉴定。新中国成立初期,新疆维吾尔自治区阿拉尔市北宋时期服饰以及尼雅和吐鲁番遗址汉唐织物的出土,明代万历皇帝定陵的发掘等,引起了魏松卿、武敏、夏鼐、沈从文、陈娟娟、黄能馥等学者的兴趣,他们不仅对古代织物进行鉴定,还对汉唐时期丝织品主要大类作了全面研究,提出了许多新的看法,同时还对丝织物与丝绸之路上文化交流的关系等问题作了专题讨论,并进行了中国古代服饰的系列研究,相关论著有《中国丝绸图案》《中国古代服饰研究》等,使中国纺织考古研究迈出了可喜的一步。在出土纺织物保护方面,这一时期学

⑥赵丰.唐系翼马纬锦与何稠仿制波斯锦[J].文物,2010(3):71-83.

者们对定陵出土的丝织品进行了纹样绘图、织物分析等整理工作。针对糟朽织物的加固，学者们接受了当时苏联专家的一些建议，应用甲基丙烯酸甲酯加固，后期发现效果并不理想，加固后的织物变硬发脆，不利于展存，这种方法基本以失败告终。后来，湖南长沙马王堆汉墓、湖北江陵马山楚墓、陕西宝鸡法门寺唐代地宫等发掘出土的纺织品数量非常大，品种颇为丰富，保存也相当完好。这些轰动世界的考古发现再次引起了党和政府以及王㐨、王亚蓉、吴顺清、王丹华、陈国安、奚三彩等大批知名学者对纺织品研究与保护的高度重视，他们采用大量的现代科技与新技术，如：应用 X 射线衍射、红外光谱等手段测试古代纺织品，利用冰室消毒防腐、丝网加固法等技术对其进行保护，开创了我国纺织品文物研究保护的新局面。

改革开放以来，我国纺织考古成果斐然，对古代纺织物的研究与保护也取得骄人成绩。一批专业性纺织、服饰博物馆陆续筹建。最早建立的南京云锦研究所于 70 年代开始进行古代纺织品复制工作，被国家文物局确定为"中国古代丝绸文物复制基地"。与南京云锦研究所类似的机构还有苏州丝绸博物馆，它依据丝织品的不同时代、不同特征等对纺织品文物进行研究复制。中国丝绸博物馆被国家文物局确定为"纺织品文物保护国家文物局重点科研基地"，为 20 余个重要墓葬中出土的纺织品进行了保护修复处理，这些纺织品的年代跨度为商代到明清，品种则涵盖了绫罗绸缎、丝棉麻毛等。中国丝绸博物馆现已在新疆、西藏、甘肃等地挂牌成立了多家纺织品工作站，培养出的专业修复人才均能在当地独立开展规范化的纺织品文物保护修复工作。

目前，随着我国国力的增强，全国部分博物馆免费开放，这一惠民政策使更多的普通民众走进博物馆这一文化殿堂，领略优秀文化遗产的风采，大批观众在了解历史的同时，也对国人引以为傲的传统纺织品织造技术、纺织文化及其传播途径等产生了浓厚的兴趣。近些年来，文物保护与利用工作得到了党和国家的高度重视。2019 年 8 月，习近平总书记到敦煌莫高窟、嘉峪关长城等地考察时，对保护、传承、弘扬中华民族优秀传统文化和推进文明交流互鉴、增强文化自信等作了重要指示，为文博工作者树立了信心，指明了方向，在国内掀起了文物保护与研究的热潮。据不完全统计，国内已有清华大学、中国科学技术大学、西北大学、浙江理工大学、山东大学、上海东华大学、北京服装学院等高校以及故宫博物院、上海博物馆、安徽博物院、陕西省文物保护研究院等研究院所开设了纺织考古、纺织技术、纺织保护等方面的专业或实验室,为纺织品的研究与保护夯实了人才基础,提供了物质保障。迄今,国家还在持续加大投入与关注力度,人才结构已从单一逐步转向多元,研究队伍更是逐年壮大,研究方法不断得到拓展和创新,博物馆之间合作、高校之间合作、馆校合作、不同区域之间合作、多学科联合等模式已初步建立起来,科技赋能于文物研究与保护,纺织品文物研究与保护领域也迎来了又一个春天。

近些年,国内纺织品文物研究保护领域虽已有很大的发展,但局限性依然存在,主要体现在:专门从事纺织品文物研究与保护的人员很稀缺,随着考古事业的蓬勃发展,馆藏纺织品文物的数量逐年增加,相匹配的人员力量明显不足;相关专业后续的教育规模不足、培训体系跟不上,许多单位依然靠师傅带徒弟、口手相传的传统模式培养人才;收藏单位关于纺织品文物的专业保存设备和修复材料落后;现有展存环境差,专业的修复室和科研机构少,即使有一些成果和经验也是各自为阵,互不交流,或有少量科研成果公开,但相关培训比较迟缓,推广应用范围小,力量薄弱等;关于纺织品文物研究与保护的资源有限,分配和使用不均;组织关于纺织品保护修复的学术交流少,2021年起,中国文物学会与中国文物报社联合主办每年一届的"全国十佳文物藏品修复项目推介活动";相关学术会议及出版物也十分有限。2002年9月,中国纺织品鉴定保护中心编著了《纺织品鉴定保护概论》,2009年,国家文物局博物馆与社会文物司组织编写了《博物馆纺织品文物保护技术手册》等,至此,我国在纺织品文物保护方面才有了专业的指导性工具书。

国外广泛开展纺织品文物研究与保护的历史与其他门类文物研究与保护的历史相比(如青铜器、彩陶等)也不是很长,直到20世纪60至70年代,越来越多的学者才进入了这个领域。他们尝试应用现代的科学技术(如微生物加固法)和现代的纺织品(如桑蚕丝面料等)加固和修复古代纺织品,取得了很大的成绩。特别是相对发达的欧美地区,在纺织品文物保护的基础力量和人员配备方面,一直居于领先地位。在欧洲,这方面发展较好的国家有英国、法国、德国、意大利等,瑞士、荷兰、比利时、匈牙利、瑞典等国也在某些领域取得了一定成绩。在美洲,纺织品文物保护的力量主要集中在美国、加拿大等国家。日本、韩国等亚洲国家起步稍晚一些,目前主要在保护修复技术方法、保护修复理念、教育培训模式及科学研究方法等方面攻关。英国伦敦大学、埃及开罗大学也已设置纺织文物保护领域的相关专业和机构,如纺织品保护中心、纺织品文物考古修复专业等,对纺织品文物进行专门的研究,吸纳越来越多的年轻人进入此研究领域。

甘肃地区馆藏纺织品文物研究与保护工作起步也较晚。二十世纪六七十年代,考古调查或研究其他文物时,对部分同墓葬出土的纺织品进行了对比研究。几处大型墓葬考古报告中对纺织品的研究很少,关于文物价值的认知等较为粗放,出土时的保存形式、盛放器具等也很随意简陋(往往是就地取材)。工作人员存在"鉴宝"心理,多从外在的、显性的、宏观的层面对文物作一些描述,缺乏对文物内在的、隐性的、微观的信息进行多角度、多维度的挖掘与分析研究,忽视其社会背景,对织物的组织结构、织造技术、整理工艺、传播路径、交融创新以及材质、品种、病害、染料、附着物的化学成分、保存环境等的研究明显不足。目前所见的相关研究成果主要通过墓葬发掘报告、图录、专著、论文、课题、保护修复项目、展览等形式进行了体现,详见表1至表4。总体来讲,现有的研究力量和规模与甘肃丰富的纺织品馆藏资源非常不匹配,考古资料中的诸多历史信息较散乱,相比于其他类文物,纺织品文物的研究在深度、广度等方面都还很欠缺,馆藏单位没有开展系统性的整理工作,大部分藏品至今尚未被刊布。

表 1 甘肃地区馆藏纺织品文物主要研究文章统计表

文章主要责任者	文章名称	发表刊物名称及卷期号
陈贤儒	《甘肃武威磨咀子汉墓发掘》	《考古》,1960 年第 9 期
樊锦诗	《新发现的北魏刺绣》	《文物》,1972 年第 2 期
甘肃省博物馆	《武威磨咀子三座汉墓发掘简报》	《文物》,1972 年第 12 期
樊锦诗、马世长	《莫高窟发现的唐代丝织物及其它》	《文物》,1972 年第 12 期
初世宾、任步云	《居延汉代遗址的发掘和新出土的简册文物》	《文物》,1978 年第 1 期
岳邦湖、吴礽骧	《敦煌马圈湾汉代烽燧遗址发掘简报》	《文物》,1981 年第 10 期
乔今同	《甘肃漳县元代汪世显家族墓葬——简报之一》	《文物》,1982 年第 2 期
马清林、陈庚龄、韩鉴卿	《古代织物的斜面平台清洗与装匣保护》	《文物保护与考古科学》,2001 年第 13 卷第 2 期
王菊	《武威磨嘴子汉墓新出土纺织品文物的保护》	《丝绸之路》,2009 年第 4 期

续表

文章主要责任者	文章名称	发表刊物名称及卷期号
张俊民	《甘肃玉门毕家滩出土的衣物疏初探》	《湖南省博物馆馆刊》,2010 年
寇克红	《高台骆驼城前凉墓葬出土衣物疏考释》	《考古与文物》,2011 年第 2 期
朱安、张振华、韩小丰等	《甘肃武威磨嘴子汉墓发掘简报》	《文物》,2011 年第 6 期
王菊	《馆藏唐代"红地团窠对鸟纹锦"的保护修复》	《文物保护与考古科学》,2017 年第 29 卷第 3 期
王菊	《西部地区平面类糟朽丝织品文物的展示与保存》	《丝绸》,2017 年第 54 卷第 9 期
赵喜梅	《浅谈红地联珠团窠对鸟纹锦袜的保护修复》	《丝绸之路》,2017 年第 10 期
王菊	《西北地区平面类糟朽纺织品文物展存问题研究》	《丝绸之路》,2017 年第 12 期
王菊	《武威磨嘴子汉墓出土绢缘印花草编盒的修复研究》	《敦煌研究》,2018 年第 4 期
赵喜梅,杨富学	《甘肃省博物馆新入藏的八件中古织绣品及其所反映的东西方文化因素》	《石河子大学学报》(哲学社会科学版),2018 年第 32 卷第 5 期
王菊、楼淑琦	《武威磨嘴子汉墓出土"印花绢袋"的修复研究》	《文物保护与考古科学》,2019 年第 31 卷第 1 期
赵喜梅	《脆弱纺织品文物加固技术应用研究——以甘肃省博物馆藏纺织品文物为例》	《丝绸之路》,2019 年第 2 期
周双林、李艳红、杨晨等	《居延遗址 T129 烽燧出土纺织品分析》	《文物保护与考古科学》,2019 年第 31 卷第 4 期
王菊、李林杉	《甘肃省博物馆藏唐代"蓝地翼马纹锦"的保护修复》	《丝绸》,2022 年第 59 卷第 1 期
陈国科、刘兵兵、沙琛乔等	《甘肃武威市唐代吐谷浑王族墓葬群》	《考古》,2022 年第 10 期
巩彦芬	《简述敦煌莫高窟出土丝织品的类型和特点》	《锦绣》(中旬刊),2021 年第 12 期

表 2　甘肃地区馆藏纺织品文物主要研究著作统计表

著作者	著作名称	出版社及出版时间
甘肃省文物考古研究所、甘肃省博物馆等	《居延新简——甲渠候官与第四燧》	文物出版社,1990 年
甘肃省文物考古研究所	《敦煌汉简》	中华书局,1991 年
李学勤	《简帛研究》(第一辑)	法律出版社,1993 年
王震亚	《竹木春秋——甘肃秦汉简牍》	甘肃教育出版社,1999 年
彭金章、王建军	《敦煌莫高窟北区石窟》(第二卷)	文物出版社,2004 年

项目名称	级　别
甘肃简牍博物馆藏汉晋纺织品保护修复	国家级
甘肃简牍博物馆馆藏汉代鞋履保护修复	国家级
敦煌莫高窟南区出土唐代丝织品保护修复	国家级
甘肃花海毕家滩五凉墓地出土丝绸服饰保护修复	国家级

专业人员的严重匮乏、设施简陋、关键技术跟不上、经费不足等原因,致使甘肃纺织品文物的保护工作很滞后。二十世纪八九十年代,纺织品文物的研究与保护往往只是作为彩陶、青铜器等文物研究与保护的附属学科存在。纺织品文物保护力量较强的甘肃省博物馆,尽管在以往的工作中对部分纺织品进行过临时性的抢救与保护修复,但也只是一些最基础的消毒、清洁、包装等工作,没有专门做过纺织品保护修复,理论研究与实践经验都有限。迄今为止,还没有专门关于甘肃纺织品文物研究与保护的专著出版,也没有省级以上立项的纺织品保护研究课题,大量的基础性工作如数据库的建立、标准化的制定等尚未着手做。文物保护力量薄弱的市、县级文博单位,目前还只是使用樟脑丸防虫防蛀、人工间断性通风防潮防霉等方式对纺织品文物进行日常保养。据调查,目前甘肃全省文博单位中专门从事纺织品文物保护与修复的专业人员还不足 20 人,尚无一人可以被称为较成熟的纺织品保护专家,远远少于其他门类文物保护的从业人员的数量。

随着文保力量的不断加强,近年来,纺织品的研究与保护已逐步得到相关部门的重视和加强。以甘肃省博物馆为例,自 2015 年起,甘肃省博物馆与纺织品文物保护国家文物局重点科研基地(中国丝绸博物馆)达成合作意向:结合几个纺织品修复项目的实施,中国丝绸博物馆以"以工代培"的方式为甘肃省博物馆分期、分批培养纺织品保护修复专业人员,并于 2018 年年底成立了"纺织品文物保护甘肃工作站"。自此,甘肃省博物馆有了专门的纺织品修复工作室。截至目前,甘肃省博物馆已有 5 人进行了纺织品保护修复方面的专业培训,独立完成了 4 个纺织品保护修复项目(1 个馆级,1 个省级,2 个国家级),修复完成纺织品文物近百件(套)。文保力量较强的其他单位,如敦煌研究院、甘肃省考古研究所、甘肃简牍博物馆等,也在近几年相继委托中国丝绸博物馆、湖北省荆州文物保护中心等单位编制纺织品文物保护修复方案,培养修复人才,并合作完成了部分纺织品文物的修复工作。目前,已有几家省级文物保护单位开始尝试对馆藏纺织品文物进行自主研究与保护,方案编制、起取消毒、清洗平整、加固展存等一些基本环节开始步入正轨,逐步开启了甘肃纺织品文物研究与保护的新局面。

笔者尝试对甘肃地区馆藏纺织品文物的背景和来源概况进行调查整理,尽可能多地采集文物图片,借助部分文物材质、染料、组织结构、污染物化学成分等的检测结果,科学描述文物基本信息,试图建立档案式资料数据库,希望能够引起国内外研究机构和学者对甘肃纺织品文物进行研究的兴趣,满足他们对甘肃纺织品文物基础资料的需求。除此之外,本书还对纺织品文物的价值进行剖析,对典型纹样进行复原,对服饰形制进行推断,对织物的审美理念、传播途径、织造工艺等进行横向和纵向的对比与分析,总结甘肃地区纺织品文物的地域特点,探寻我国中原地区、河西地区以及异域特别是中亚地区之间依托古丝绸之路进行文化交流与交融的史实,挖掘各民族在服饰史、纺织科技史、对外交流史等方面所蕴含的兼收并蓄、融合创新的丰厚内涵,弘扬丝路精神,为新时期国家一带一路倡议的实施提供历史依据,揭示甘肃省在丝绸之路文化交流传播中的重要作用。同时,笔者结合甘肃本省馆藏纺织品病害特点、地区间温湿度差异、西部地区空气污染情况等,对纺织品文物各主要保护修复环节的技术应用进行归纳总结,并分享一些修复工作的成功经验,引领感兴趣的学者进行更深入的研究。

上 编

甘肃馆藏纺织品文物
来源及价值研究

甘肃馆藏纺织品文物主要来自墓葬出土，目前全省已刊布的出土纺织品文物较多的墓葬主要有：武威磨嘴子汉墓群，敦煌马圈湾汉代烽燧遗址，敦煌悬泉置遗址，居延破城子遗址，金塔肩水金关遗址，秦安大地湾遗址，玉门花海毕家滩五凉墓葬，敦煌莫高窟南区，漳县元代汪氏家族墓，陇西明代畅华夫妇合葬墓，武威吐谷浑王族墓葬等。除墓葬出土外，近年来，随着文物征集力度的不断加大，各文博单位从社会上征集到的纺织品数量也颇为可观，其中不乏精品。本书主要依据迄今为止已发表、出版的考古发掘报告，较系统地调查梳理各墓葬出土及甘肃省博物馆征集到的纺织品，在此基础上，进行文物信息描述以及价值认定。考虑到文物图片的版权归属等因素，调查与研究过程中，无法看到个别文物的高清原图，还有些文物的基本信息不完善，无法面面俱到，疏漏与欠缺的地方还望读者们见谅，有待后期随着考古资料的逐步完善再进一步补充。

第一章　武威磨嘴子汉墓群出土纺织品

武威，古称凉州，因汉军军威而得名。古凉州城又被称为姑臧（今武威市凉州区），是古丝绸之路进入河西走廊后的第一座大城。武威南靠祁连山，北依腾格里大沙漠，中间为地势平坦、土壤肥沃的大片绿洲。西汉以前，这里是羌戎、月氏、匈奴等民族的驻牧地。[①]据《汉书·西域传》载：汉武帝时期，中央王朝为了切断匈奴和羌人的联系，打通、巩固丝绸之路交通要道，在元狩二年（公元前121年），派骠骑将军霍去病出陇西，过焉支山，击退匈奴千余里，并在武威设郡，与酒泉、张掖、敦煌并称为"河西四郡"，加上汉军据守的阳关、玉门关，在历史上有"列四郡，据两关"之称。军事上的强大使河西政局走向稳定，中央政权移民实边，大力开发河西，一度出现"边城晏闭，牛羊布野"的和平繁荣景象。当时武威人口有7.6万多。武威不仅成为各民族贸易往来的集散地，也是汉王朝与西域各国文化交流的重镇。史书资料中有关于汉代凉州的商业情况的描述，大意为：当时中原地区战乱不止，而河西地区比较安定，作为富庶之地的姑臧城，与周边民族的贸易很频繁，"一日四合"，与古时集市贸易一般为"一日三合"相比，姑臧地区商业贸易之兴盛可见一斑。[②]

武威有着悠久的历史和重要的地理位置，地上、地下所留文物非常丰富，特别是两汉以来的文化遗迹、遗物颇多而且珍贵。新中国成立以来，省、市、县文物考古工作者在武威地区进行了大量的考古调查和科学发掘工作，出土了许多宝贵的文物，如：1969年武威雷台汉墓出土的铜奔马，因其独特的造型设计和精湛的铸造工艺，1983年被国家旅游局确定为中国旅游标志，1986年被国家文物局专家组鉴定为国宝级文物；1972年武威旱滩坡东汉墓出土的医药木简被视为迄今我国发现的年代较早、形式最完整的医药学简牍本。在武威地区，被发掘次数最多、出土文物最丰富的遗址是磨嘴子汉墓群。

第一节　磨嘴子汉墓群出土纺织品概况

磨嘴子汉墓群为省级文物保护单位，位于武威市南15千米处的古城乡磨嘴子村，南有杂木河，西近祁连山麓，墓群所处的地势较高，为一山嘴形黄土台地，高出杂木河水面20～30米。整个墓群南北长1000米，东西宽700米，除发现了大量的汉代文物外，还出土有新石器时期马厂文化类型的彩陶。从20世纪50年代至70年代，文物部门组织的考古队先后在这里进行多次大规模发掘，共清理了72座两汉时期的墓葬，出土了大批汉简、木雕、漆器、陶器、货币、丝织品、

① 朱安，张振华，韩小丰，等.甘肃武威磨嘴子汉墓发掘简报[J].文物，2011（6）：4-11，1.

② 王震亚.竹木春秋：甘肃秦汉简牍[M].兰州：甘肃教育出版社，1999.

麻织物、草编针线奁盒等珍贵的历史文物。如：1956年，为配合农田建设，考古队在武威磨嘴子村清理挖掘汉墓5座（编号M1至M5），出土文物101件，其中一件木猴被定为一级文物，现藏于中国历史博物馆，现藏于甘肃省博物馆的"史虎作"毛笔、木舞俑、彩绘木鸡、彩绘木案等都是颇为珍贵的文物精品；1959年7月，考古队在磨嘴子村发掘了编号M6的汉墓，出土的大批完整且精美的《仪礼》竹、木简被定为国宝级文物（现藏于甘肃省博物馆），此为新中国成立以来的重大发现之一，一时轰动国内考古界，引起相关部门及学者的高度重视；于是，在1959年8月至11月间，甘肃省博物馆考古工作队连续在磨嘴子清理了编号M7—M37的汉墓，出土货币1249枚，木器、陶器、纺织品等1052件，甘肃省博物馆著名的藏品王杖十简、彩绘木鸠杖、彩绘木六博俑、"白马作"毛笔、木胎漆试盘、木轺车、木马、木独角兽、刺绣花边、织锦针线奁盒等就是这一时期发掘出土的。磨嘴子汉墓出土的文物无论数量还是级别，在甘肃省文物藏品中都有举足轻重的地位，也为武威这座历史文化名城增添了光彩。

磨嘴子汉墓早期出土的纺织品有平纹组织的方孔素纱袋、青绢，用篆组法编织的菱孔冠纱，用纠绢法织成的天罗（即汉绮的一种）色印花绢和"轧纹皱"等，都是西汉晚期织物。[③]M22汉墓出土的锦缘绢绣草编盒（图1-1）被视为汉代织锦、刺绣的名贵样品，盒中还有绕线板（图1-2）、木线轴（图1-3）、素纱袋（图1-4）、印花绢袋（图1-16）、贴金罗小袋（图1-14）、绦带（图1-12、图1-13）等。这批纺织品文物多以蚕丝为主要原料，尺寸较小，主要为缝纫材料。木线轴制作精巧、打磨光滑，是珍贵的汉代纺织工具，上面缠绕的丝线历经约2000年仍具光泽。M48汉墓还出土了木器、漆器、陶器以及其他物品，如：木牛车，木轺车，木几，木羊，木鸡，彩绘铜饰漆案，漆耳杯，漆碗，灰陶罐，灰陶灶，革履，粮囊等。发掘简报根据这些出土器物分析，墓主人身份比较尊贵，大约属于汉代官僚、士大夫阶层。[④] 除此之外，磨嘴子汉墓群其他墓中出土的绢地刺绣屯戍人物图（图1-5）、刺绣花边（图1-6）等工艺精湛，实属汉代奢侈品。

这批纺织品出土后，部分被甘肃省博物馆收藏，有些形制较完整的进行保养处理后就参加了甘肃省博物馆的常规展览和一些临时外展。其精美外形与精湛

③韩集寿.武威磨嘴子汉墓群发掘概述[M]//甘肃省文物局,丝绸之路杂志社.甘肃文物工作五十年.兰州:甘肃文化出版社,1999:246-254.

④甘肃省博物馆.武威磨咀子三座汉墓发掘简报[J].文物,1972（12）:9-23,79-80.

工艺吸引了无数的中外游客，但关于这些文物的研究论文、论著目前并未得见，人们只能从甘肃省博物馆编著的相关图录等资料中对其了解一二。这些文物的基本信息也不全面，不能更好满足观众的参观需求。绦带、印花绢袋、贴金罗小袋等织物因糟朽严重，未被修复，从未参加过展览，被长期封存在仓库里，发掘报告中只提到过名称，未见基本信息描述和文物图片。鉴于此，笔者借助近几年对这批文物的保护修复工作经验，结合历史文献与考古资料，对其基本信息进行补充。

锦缘绢绣草编盒盒身、盒盖正面图

草编盒绢地刺绣纹样复原

中央的刺绣针法

组织结构

图 1-1 甘肃省博物馆藏武威磨嘴子汉墓出土锦缘绢绣草编盒（一级文物）

【锦缘绢绣草编盒基本信息】盒长 32.5 厘米，盒宽约 18 厘米，盒高 16.5 厘米，盖长 34.5 厘米，盖高 18.5 厘米，盖宽 20.3 厘米。出土时，盒内装有一些线锭、刺绣花边、印花绢袋、绦带等。盒底稍变形，中间略宽，基本呈长方形，文物整体均用苇编织，苇胎表面（包括盒子里面）包敷丝织物。所有侧面及盒盖顶部中心部位为长方形绢地刺绣。盒体上边缘及各转角处均以平纹经锦包边，每个纵向转角处都无接缝，均在侧面以 45 度角拼接缝合。盒盖与盒底所用材料相同，侧面包覆织物的缝制工艺亦相同,只是盒盖上方拱起,为四棱台状。盒盖同样以红绢地刺绣为中心,四周镶锦边。绢为红色,上以锁绣针法绣制云纹,绣线为蓝、绿、白三色,丝线纤细,绣技精良。锦为黄地,显白色带钩纹样,此纹样又被称为"铜炉纹",铜炉作正向和反向交错排列,正向的用平涂法处理,反向的用单线勾勒,形成了虚实两个层次。[⑤] 草编盒内部亦裱有绢里,上边沿与黄色锦相连。绢衬已糟朽过甚,缺失较多。边框所用的平纹经锦非常薄、平,和以前发现的"鸟重汉锦"不同。[⑥]

图 1-2 甘肃省博物馆藏武威磨嘴子汉墓出土绕线板(二级文物)正面图

【绕线板基本信息】板长 9.5 厘米,板宽 2.5 厘米,被保存在锦缘绢绣草编盒内。难能可贵的是,缠绕在上面的红色丝线虽年代久远,但色彩鲜艳,光泽亮丽,除少许线头翘起,呈弱捻,其余部分保存完好,时至今日,依然能感受到丝线的蓬松质感。

【木线轴基本信息】长 20.5 厘米,宽 2 厘米,被保存在锦缘绢绣草编盒内。木线轴整体被打磨得圆润光滑,在一头留有 5 个凹槽,用来缠绕丝线,最靠里边的凹槽中还残存深褐色缠线,虽已十分糟朽,但它依然可为研究汉代丝线提供实证。出土时,存有缠线的凹槽被暂时用薄膜包扎保护。此器具一般是用来捻线、纺线的,若与同时出土的编织绦带结合起来看,或应是编织时缠绕不同颜色丝线的工具。

---

⑤常沙娜.中国敦煌历代服饰图案[M].北京:中国轻工业出版社,2001.

⑥郑巨欣.敦煌服饰中的小白花树花纹考[J].敦煌研究,2005(S1):103-107.

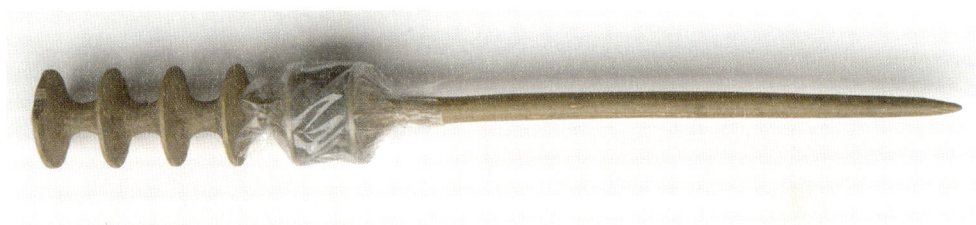

图 1-3　甘肃省博物馆藏武威磨嘴子汉墓出土木线轴（二级文物）正面图

图 1-4　甘肃省博物馆藏武威磨嘴子汉墓出土素纱袋（三级文物）正面图

【素纱袋基本信息】长约 50 厘米，宽约 24 厘米。在所有丝织物中，纱的纤维纤细，经纬密度最小，呈现质地稀疏、轻薄、通透的样貌，为 1 上 1 下的平纹组织。《周礼·天官》载："内司服掌王后之六服，袆衣 …… 素沙（纱）。"郑玄注："素沙者，今之薄纱也。"1972 年，素纱袋出土于武威磨嘴子汉墓群 54 号墓。从外观可看出，素纱为两层叠加。素纱袋似为一长方形织物旋转缝合而成的囊袋，并可见拼缝的一侧为织物的幅边。纱为素色，整体密度稀疏，经线为淡黄色，无捻，纬线为淡黄色，亦无捻。在显微镜下，织物单根丝线的纵向纤维粗细均匀且表面光滑，加之对织物外观的观察，可知此素纱袋材料符合蚕丝的基本特点。再结合织物的手感等信息，可判断其材质为蚕丝。

图1-5 甘肃省博物馆藏武威磨嘴子汉墓出土绢地刺绣屯戍人物图(一级文物)

【绢地刺绣屯戍人物图基本信息】横7.2厘米,纵7.2厘米,基本呈正方形。这幅刺绣屯戍人物图似为初学之作,尚未全部完成,红色绢地上还残留有墨线画稿的痕迹,整体保存完好。该刺绣图是在平纹朱红绢地上用黑、白、赭、浅绿、浅黄等色丝线绣出图纹,两侧各绣"左""右"二字。右立体形硕伟者为主人,长发及肩,身着宽袖右衽长袍,应为汉族。左立头戴尖顶帻、身穿窄袖紧身袍的小吏,似不是汉族人。主人和小吏作对话状,二人之间置有营门,周围为竖立的盾牌和戟戈,概略地反映出军营屯戍的场景。汉代刺绣以花草图案为多,反映现实生活场景的作品数量很少。在已知的汉代刺绣文物中,此绢地刺绣图是最早的汉代人物绘画刺绣作品,真实反映了现实生活中人物活动的场景,所画内容与文献记载的有关汉代在河西地区移民屯田的历史也很吻合,对研究我国人物绘画刺绣的起源及汉代戍边屯田都具有重要的历史价值,实属难得的珍品。⑦

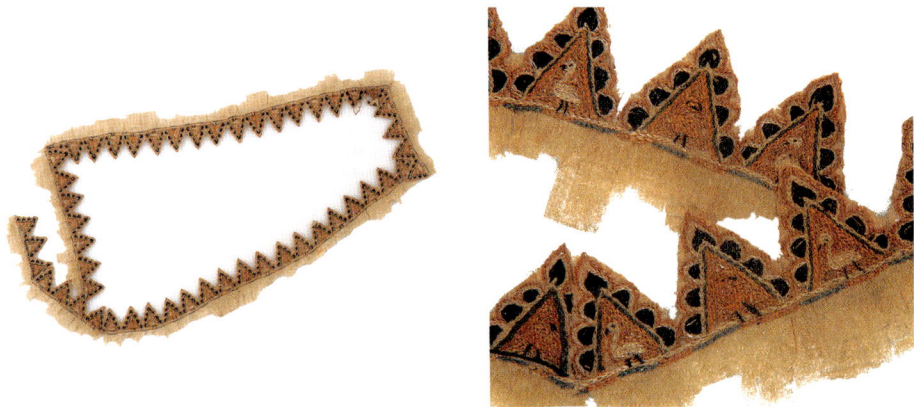

图1-6 甘肃省博物馆藏武威磨嘴子汉墓出土刺绣花边(一级文物)正面图(左)及花边细部(右)

【刺绣花边基本信息】长约70厘米,宽2.5厘米。这条形状不规则的刺绣花边应为当时妇女衣衫的镶边,全部采用当时国内较罕见的辫绣法施绣,在不到一平方厘米的三角形空间里,连续绣有姿态各异、轻盈灵动的水鸟。花边配色古雅,醒目柔和。此刺绣工艺已达到很高的水准,为研究汉代织绣工艺及服装配饰提供了非常珍贵的实物资料。

另外,磨嘴子汉墓群还出土了一些丝、麻材质的铭旌,保存较完整的长2米,宽40厘米左右,其中有两幅铭旌在上端两角处绘有日、月图案,大多数铭旌上都用墨书写了死者生前的故里和姓氏。甘肃省博物馆考古学者韩集寿老师认为:"古人于丧乱之礼用铭旌,也同用明器一样,都是像生时为之,生时所建的旗有名号,故丧葬也要为铭各以其物,做一个铭旌。"⑧较难得的是,这些铭旌上的文字可与文献进行印证,如:磨嘴子汉墓群54号墓所出保存完好的一幅丝质铭旌,其上墨书"姑臧东乡利居囗","姑臧"即凉州,"姑臧"二字应是匈奴语"盖臧"之讹音,李贤等人在《后汉书·窦融传》中注曰:"姑臧,县名,属武威郡,今凉州县也。《西河旧事》曰,'凉州城昔匈奴故盖臧城'。后人音讹,名'姑臧'也。"23号

---

⑦参看甘肃省博物馆1994年8月编印的《丝绸之路——甘肃文物精华》(内部资料)。

⑧韩集寿.武威磨嘴子汉墓群发掘概述[M]//甘肃省文物局,丝绸之路杂志社.甘肃文物工作五十年.兰州:甘肃文化出版社,1999:252.

墓出土的铭旌为麻织品，上有墨色篆书铭文"平陵敬事里张伯升之枢过所母哭"两行。平陵在今陕西咸阳西北。从铭文可知，死者为来自中原的迁徙之民，或许系响应"徙民以实之"政策的中原人。这一葬区不是家族墓，墓主身份较复杂，其中有迁徙之民的墓葬也在情理之中。

还值得一提的是，2005年11月中旬的一次发掘出土了一批难得的有铭文的丝织品残片。丝织品幅宽大约50厘米，长约1米，分为多块，以土黄色和褐色作地，白色显花，正面织有精美的青龙、白虎、云气图案，并间隔有"广""山"等字样。丝织品纹样保存完好，在武威尚属首次发现，[⑨]具有很高的研究价值。（图1-7）这些丝织品残片的风格与新疆鄯善出土的丝织品风格颇为相似。这充分证明了武威以及新疆是当时丝绸之路非常重要的必经之地。此次发掘出土的墓葬品中，一件造型独特的管状"布袋"引起了研究人员的兴

图1-7 武威磨嘴子汉墓出土的有"广""山"等字样和青龙、白虎等祥瑞纹饰的丝织品（局部）

图1-8 武威磨嘴子汉墓出土的"布袋"

趣。布袋为红褐色，无开口，两端用一根布绳连接起来，可便于拎拿，形制类似于现代女性使用的单肩包或手拎包，其真正用途目前尚无定论，类似的纺织用品在

---

⑨朱安,张振华,韩小丰,等.甘肃武威磨嘴子汉墓发掘简报[J].文物,2011（6）：4-11,1.

其他墓葬中并无发现,期盼后期随着考古资料的丰富,以及墓主人身份、性别的确定,能解开这一谜团。(图1-8)总之,该墓群出土的纺织品对研究我国汉代丝织品织造工艺,以及我国古代纺织业和古丝绸之路在当时的概况都很有助益。

第二节 磨嘴子汉墓群出土纺织品价值

磨嘴子汉墓群出土的纺织品虽年代久远,质地也很脆弱糟朽,但形制相对还较完整,附着于文物上的信息很具时代性、地域性,如印花、文字、云气、编织、贴金等。长期以来,这批文物很少引起学者的关注,绦带、贴金罗小袋、印花绢袋等的信息都属首次刊布。本书通过复原部分织物的纹样,对织物的材质、组织进行检测分析,帮助研究者对其价值进行认定。

1. 汉代织绣应用的实例

在中国古代早期,丝绸因为神秘的蚕文化而被赋予了特殊的使命,丝绸的用途非常"神圣"。它在"天人合一""羽化升天""天人沟通"等文化背景下被运用在婚礼中,有祝福新人、迎接新生活的好意头。在葬礼中,丝绸又成了沟通生死,寄托哀思的主要物件。丝绸被广泛应用于各种祭祀的场合之中,凸显庄重和严肃的仪式感。丝绸又被作为礼物,在社会的各个阶层之间承担使者的功能,维系着人与人之间、国家与国家之间的关系,"化干戈为玉帛"中的"帛",即是用来互赠的丝织品,引申为和好。丝绸还曾作为军饷,犒赏军功,甚至支付货物的价值,承担货币功能。综观历史,丝织品的主要用途是被统治阶级用于服饰品。

相对于服装来说,在一些实用的器物上装饰丝织品还是较罕见,尤其是图1-1这种盛放缝纫工具的奁盒(盒中并没有盛放金银等贵重物品),很少见有用丝织品装饰的。查阅以往的考古实物及文献,与此奁盒类似的一些器具在汉晋墓葬中并不少见,多是用竹条或木条编制,表面为素面或施有彩绘(图1-9、图1-10)。而磨嘴子汉墓出土的锦缘绢绣草编盒(图

图1-9 朝鲜乐浪郡彩箧冢出土的彩箧,竹胎,髹漆彩绘

1–1）与绢缘印花草编盒（图 1–15），表面与内里均敷以细腻精致的丝织品，非常罕见。根据草编盒原有的磨损情况推断，这两件器物应为墓主人生前珍爱的生活实用器具，并非随葬的明器。这两件精美器物反映

图 1-10 马王堆汉墓出土的彩绘云气纹漆奁，夹纻胎

出墓主人生前社会地位尊贵或拥有一定的经济实力，比较追求品质生活，为认知汉代织绣应用的多样性提供了生动的实例。

2. 汉代纺织技艺的反映

翻开中国历史，汉代无疑是浓墨重彩的华章，随着汉王朝空前的强大与繁荣，养蚕缫丝的地区扩大，丝绸织造也日益普及，曾被视为奢侈品的丝织品也逐渐走入寻常百姓家，丝绸品种日益丰富，有锦、绢、罗、绮、缣等。汉王朝非常重视丝绸织造工艺的发展，在齐郡设置了三服官，专为皇室制作精美的丝织品，还在京城设置了东、西织室，在强有力的国家政策支持下，中国丝织技术得到飞速发展，经锦织造技艺逐渐成熟。汉代丝绸之路的贯通大大促进了中西方纺织品贸易和技术交流。处于丝绸之路要冲的河西走廊以及青海民乐，新疆楼兰、罗布泊、尼雅、山普拉等地理所当然成为东西方丝织品交流的通道。这些地区的古代丝织品遗存自然就非常丰富。迄今，这些地区的汉代墓葬中已经出土了大量纺织品，且保存相对较好。这些织物一再与马王堆汉墓、凤凰山汉墓群等墓葬出土的同时期纺织品相互印证，为全面研究、剖析汉代织机构造、纺织技术、整理工艺、染料成分等提供了实物资料。如：磨嘴子汉墓出土纺织品中的两件绦带所采用的斜编法，一件贴金罗小袋正面所用的贴金工艺，以及绢袋等织物上的印花技术，都是汉代纺织文化和纺织技术发展、交流、融合的真实写照。

2.1 编织

我国古代的编织技艺历史悠久，技法也很多，有斜编、绞编、环编等。其特点是编织之前就已设计好了固定的样式，织好的物品不再需要剪裁，所谓"织而

成之"。编织的形式因随意性比较大，故而技法也特别丰富，以斜编技法用得较多。斜编法是很古老的编织技法，一般是用两组经线进行交叉编织。这种编织法在古代应用很广泛，如出土的新石器时期的一些席子使用的就是这种编织方法。"发辫式"编织亦属于这一编织法。斜编的组织结构以平纹、重平纹、斜纹、双层组织以及斜纹复合组织为主，若要显花，就采用双层组织。[⑩] 截至目前，浙江湖州吴兴钱山漾遗址出土的距今约 4750 年前的丝带是最早的斜编丝织物，宽为 4.44 ～ 5.85 毫米，采用编辫子的方法编织而成。这些编织物因是手工做成，所以随机性较大，组织结构也较随意，并不十分严格。以两根丝线为一组的 2/2 斜纹，是早期席纹中使用广泛的组织之一。战国秦汉时期，斜编织物流行表里换层的双层组织结构。湖北江陵马山一号楚墓出土了 10 件双层组织结构的斜编织物，多为单色，也有两色甚至三色的，纹样为三角纹、雷纹、横带纹等简单的几何图案。湖南长沙马王堆汉墓中亦曾出土多种丝带，其中最著名的是由白、绛红、黑三色丝线编成的千金绦带。[⑪] 据相关资料介绍，千金绦带宽度为 9 毫米，幅内分成左、中、右三行，各宽 3 毫米，密度为 60 根 / 厘米，左右两行各由 32 根绛红色丝和 32 根白色丝编出雷纹，中间一行由 19 根黑色丝、18 根绛红色丝与 37 根白色丝编出"千金"字样和波折纹，正面共呈现全白、全红、全黑及红黑交织四种色块，构思设计颇为巧妙。（图 1-11）

图 1-11 千金绦带局部（左）及组织结构示意图（右）

⑩李影.新疆出土斜编毛织物研究[D].上海：东华大学,2017.

⑪湖北省荆州地区博物馆.江陵马山一号楚墓[M].北京：文物出版社,1985.

正面图   反面图

纹样复原图

绦带细部图   绦带组织结构图

图 1-12 甘肃省博物馆藏磨嘴子汉墓出土绦带（15555）（二级文物）

【绦带（15555）基本信息】长约 11 厘米，宽约 5 厘米，绦带为双层斜编组织，具有典型中原纺织技术特点，应是丝绸之路开通以来中原纺织技术西传的实证。整体图案设计、颜色搭配均比较独特。该件绦带以对鸟、瑞兽、花卉纹形成菱形和三角形的几何纹，丝线呈黄色、白色、褐色、浅蓝色等，纹样略显繁复。

【绦带（15554）基本信息】长 11.5 厘米，宽约 5 厘米，与前一件绦带一样，也采用具有典型中原纺织技术特点的斜编技法编织为双层。编织手法很精良，用黄色、浅蓝色（绿色）、褐色等丝线搭配出雅致、细腻的简单三角纹和横带纹图案。与前一件绦带相比，此件绦带无鸟兽纹点缀，整体纹饰较简单。

 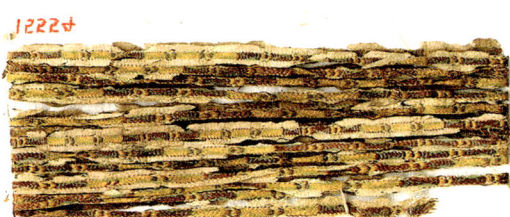

正面图　　　　　　　　　　　　　　　　反面图

纹样复原图

 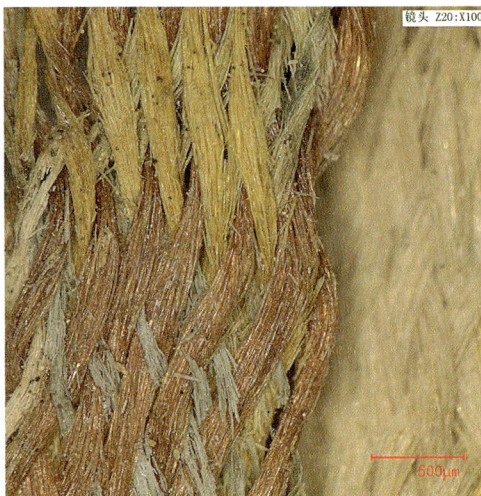

绦带细部图　　　　　　　　　　　　　　绦带组织结构图

图 1-13　甘肃省博物馆藏磨嘴子汉墓出土绦带（15554）（二级文物）

　　磨嘴子汉墓出土了两件绦带，从组织结构图可以看出，二者均具有中原地区双层斜编组织的特点，正是汉代斜编技术的实证。从两件绦带的纹样复原图可看出，一件由精巧的对鸟、瑞兽、花卉纹构成菱形和三角形，一件编织有三角纹和横带纹，保存相对较好，质地较细腻匀称，应属于同类绦带中的精品。（图 1-12、图 1-13）这一事实说明，随着丝绸之路开通，中原地区的斜编技法或斜编织物已传播至沿途地区。双层斜编技法由于过于复杂，汉代以后逐渐消失。与这两件绦带同时出土的木线轴，其上有 5 个打磨光滑的绕线凹槽，最靠里边的一个槽中还残留有深褐色缠线。这些缠线虽历经 2000 多年，质地非常糟朽了，但颜色依然鲜艳，光泽明亮。结合起来看，木线轴应是编织绦带时缠绕不同颜色丝线的工具。同一墓葬还出土有一件绕线板，两头为半圆形，中间是长方形，整体平直光洁,在中间处缠绕有较多的红色丝线,色泽光亮。

2.2 贴金

磨嘴子汉墓出土的一件贴金罗小袋正面所应用的黄金加工工艺颇具有时代、地域特色,不仅是当时纺织技艺水平的真实反映,其贴金装饰也非常符合河西地区人们的审美取向。(图1-14)黄金有着不易褪色、耐腐蚀、延展性佳、硬度低、可塑性强、便于加工等特点,在各个领域大放异彩。我国早在商代就利用黄金延展性好的特点把黄金加工成非常薄的金箔片了。古人将剪裁好的金箔片沾上黏合剂,粘贴在事先印好纹样的面料上,再经砑石砑光,使其敷贴牢固,这样的工艺叫作贴金印花。花纹上成片的金箔在光线的照射下金光灿烂,更能显示出雍容华贵的装饰效果。因为黄金稀缺,汉代的贴金印花技术一开始便被上层社会所垄断。迄今为止,考古发现最早的贴金纺织品实物出土于新疆营盘汉晋墓地。隋代以后,随着佛教的兴盛,金箔被广泛装饰于佛像上,纺织品的用金量也逐渐增多,服饰以金箔装饰这一技术才逐渐流行起来。[12]

由此可见,磨嘴子汉墓出土的贴金罗小袋不仅在当时属于数量很少的实用奢侈品,就是在当代考古发现的同类纺织品文物中也是较早期、保存尚好且稀有的实物。小袋上的金片虽脱落较多,但图案的基本结构还是可以依据残留线索复原出来的,它很好地见证了汉代黄金加工技艺与丝织品的完美结合。

【贴金罗小袋基本信息】长约6厘米,宽约3厘米,呈长方形,以四经绞菱纹罗对折、缝合而成,只在一面贴有金箔。此件小袋采用了贴金技艺,即将黄金加工成很薄很薄的箔片,根据设计需求剪成一个个长条形和菱形花,使用天然的、黏性较强的黏合剂把金箔片粘于罗地表面,排列有序的几何花纹便形成了。由于贴金本身不耐摩擦,加之黏合剂年久失效,金箔多有脱落。若衬以深色的轻薄罗地,花纹照样耀眼夺目,不失华美。贴金是中国传统工艺,是黄金精细加工工艺发展的产物。考古发现的东汉至魏晋时期的贴金纺织品主要来自西北地区。20世纪初,贝格曼曾在新疆小河6号墓地发掘到3件东汉时期的贴金纺织品,后期研究中,瑞典人西尔凡推断:"将锤揲的金箔粘贴在软质材料上面的技术可能起源于中国。"

---

⑫路甬祥,钱小萍.中国传统工艺全集·丝绸织染[M].郑州:大象出版社,2005.

正面图

纹样复原图

罗地面料细部图

罗地组织结构图

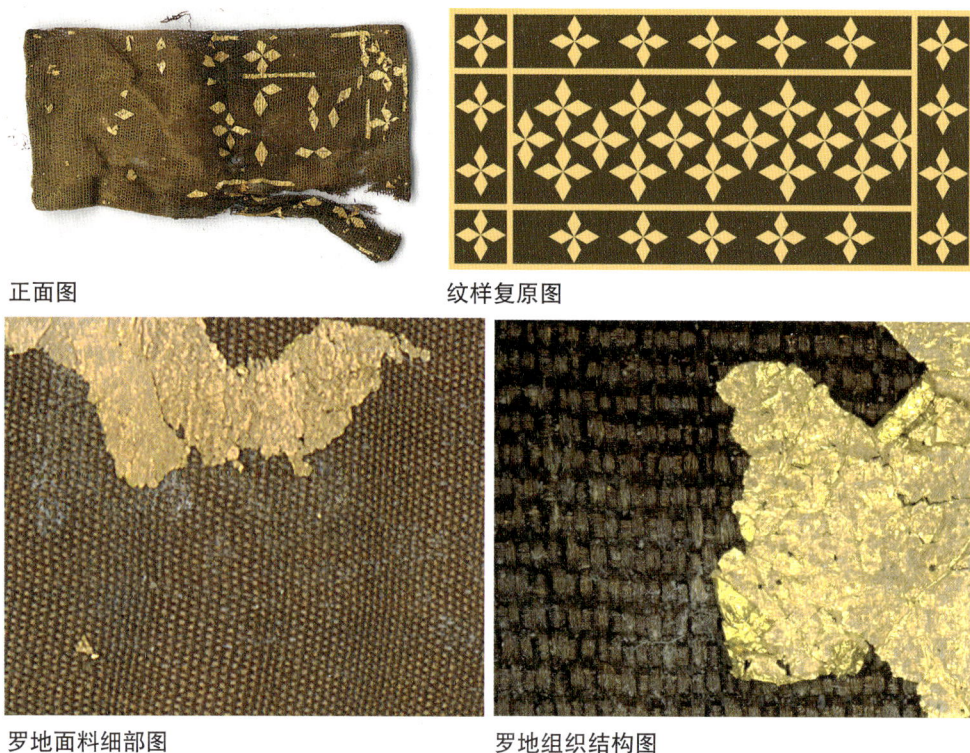

图1-14 甘肃省博物馆藏磨嘴子汉墓出土贴金罗小袋（三级文物）

2.3 印花

印染工艺在中国起步很早，据文献记载：北京周口店山顶洞人遗址中发现的原始装饰物可以证明，远在约1.8万年前，中国古代染色技术就已经萌芽，在之后几千年的历史长河中，无数不知名的印染工匠发现了矿物颜料和植物染料，创造了"石染""草染""绞缬""蜡缬""夹缬""镂空版印花""碱剂印花"等印染工艺。这些印染工艺既源流相连，代代相承，又不断革新，染料之丰富，技术之先进，工艺之精湛，在世界印染史上都是非常杰出和十分罕见的，[13]它们凝结了历代印染工匠师们的智慧和心血，是中华民族文明史的重要组成部分。

来自磨嘴子汉墓编号M48的夫妇合葬墓中的"绢缘印花草编盒"，出土时发现其被置于棺盖上，表面所包覆的丝织品主要为蓝色绢和褐地白色印花绢。关于此印花工艺，学者曾认为应是用软刷或毛笔在镂空版上涂刷颜料，实物的出现

---

⑬黄国松.中国古代纺织品印花[J].苏州大学学报（工科版），2002，22（3）：48-50.

为汉代印花工艺的研究提供了实证，很难得。（图1-15）王㐨先生曾于1972年采用三色套印的方法对此件印花绢做过图案复原。[14] 经我们后期检测发现，文物上的颜料谱图与石英和铝硅酸盐混合物的谱图相似，说明颜料可能来自白云母一类矿物。磨嘴子汉墓编号M22墓中锦缘绢绣草编盒内的一件印花绢袋，其部分褐色绢上的细小白色花纹也采用了印花工艺。（图1-16）两件织物上的白色印花至今还十分牢固，似乎已和绢地成为一体，修复时没有脱落的迹象。这说明此工艺技术及颜料都经得起时间的考验。

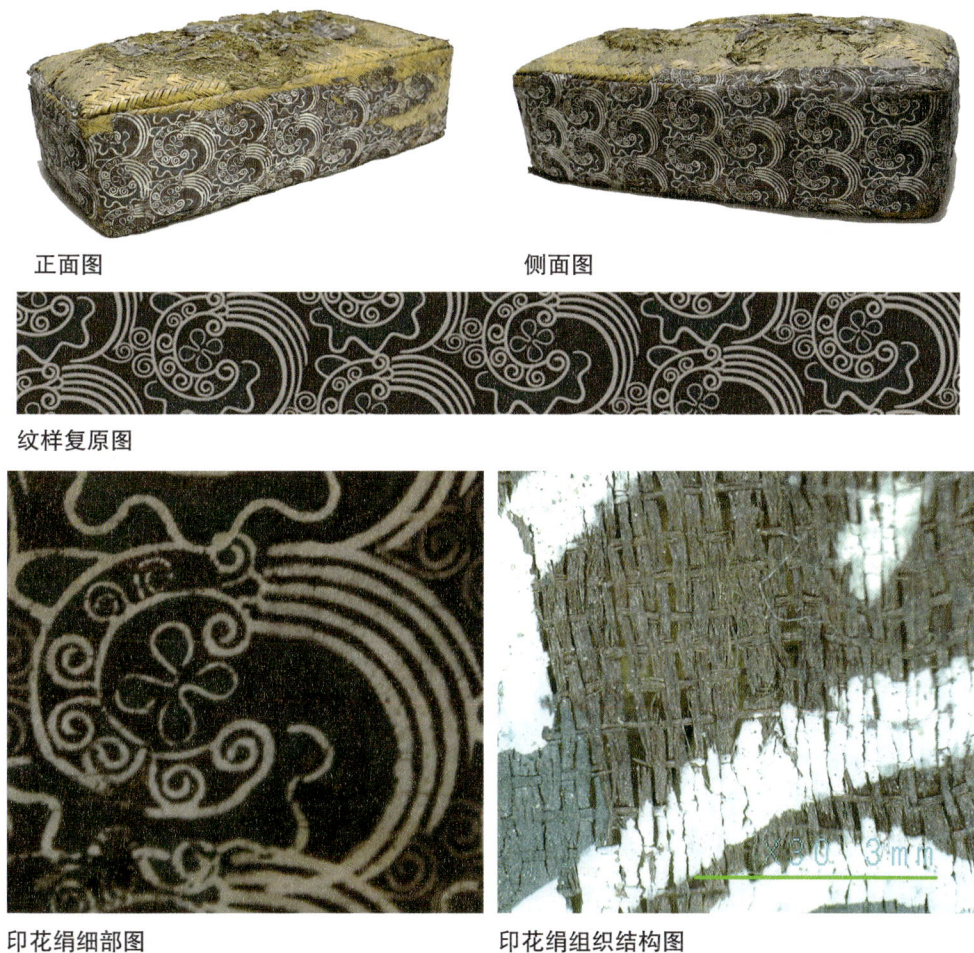

正面图　　　　　　　　　　　　　　　　　侧面图

纹样复原图

印花绢细部图　　　　　　　　　　　　　印花绢组织结构图

图 1-15 甘肃省博物馆藏磨嘴子汉墓出土绢缘印花草编盒（二级文物）

【绢缘印花草编盒基本信息】长约42厘米，宽约25厘米，高13.5厘米，1/1平纹，绢地经线为深紫色，纬线亦为深紫色，工艺为印花。此件草编盒仅存盖子，

---

[14] 王㐨，王丹．染缬集［M］．北京：北京燕山出版社，2014：239-240.

无底。盖子为长方体,顶部拱起,以苇为胎,外敷丝织物。丝织物主要为印花绢,用黄、米、白、灰等色涂染。这种使用毛笔等工具在镂空版上刷涂颜料印出花色绢的技法,是中国古代工匠们在生活实践中创造发明的一种独特工艺。草编盒顶部以长方形印花绢为中心,距边缘3厘米处镶有一圈棕黄色绢,绢缺损严重,几乎不可辨识(或为褪色、老化所致)。顶部织物下衬垫较细软的碎草。纹饰整体是大朵的卷云纹,也像凤鸟纹,5根修长的尾羽卷至鸟冠,凤鸟之间又饰3小朵卷云间隔。

正面图

纹样复原图

印花绢细部图

印花绢地组织结构图

图1-16 甘肃省博物馆藏磨嘴子汉墓出土印花绢袋(三级文物)

【印花绢袋基本信息】长约12厘米,宽9.5厘米。该件印花绢袋是锦缘绢绣草编盒中的盛放物,残损严重,但仍然能够辨别出其当初的基本形貌。外表棕褐色绢地为 1/1 平纹,经纬线均为棕褐色,无捻。

绢袋上有精细的白色印花纹样,底部由四块深蓝色三角形绢拼接而成,上部是浅黄色纱。此纱是绞经和地经以 1 比 1 的比例每隔一纬纠绞一次,且没有花纹的方孔纱。纱折叠为双层,从一枚圆形方孔钱币的孔中紧紧穿过,纱的两端与绢袋周边缝合为一体。绢袋的样式很独特,正是墓主人生活情趣的直观体现。绢袋纱质硬脆炭化,整体已糟朽得十分严重。

总之,磨嘴子汉墓出土的这批纺织品不仅真实反映其功能和使用情况,而且也映射出汉王朝推行"列四郡,据两关"的政策以后,边防巩固,国力增强。作为河西走廊第一大重镇的武威,地扼丝绸之路咽喉,在中西文化交流中必先受惠。磨嘴子汉墓出土的纺织品所体现的纺织技术和纺织文化已呈现出多样性。源自中原与河西不同地域的纺织工艺、纹饰等元素和谐共存于同一墓葬中,并且流行于整个古丝路沿线。这无疑有助于学者结合织绣纹样进一步研究汉代的图案结构,了解中原地区纺织品织造技术的输出,以及古丝路沿线特别是河西走廊地区的纺织技术、纺织文化等诸多方面的发展趋向。时至今日,这种技术与文化的交流依然适用于"一带一路"的国家倡议,挖掘探讨中西方依托丝绸之路进行三交的历史史实,依然意义重大。

3. 汉代审美意趣的表现

汉代社会曾一度弥漫着得道成仙、羽化升天的思想,一些所谓的仙人、方士沉迷于炼仙丹、寻仙药,追求长生不老,这一思想不但侵蚀人们的精神世界,还深刻地影响到当时生活器用的装饰。与此有关的装饰纹样主要有羽人、神树、云气、西王母、龙虎衔璧、珍禽异兽等。在成仙思想的影响下,人们热衷于寻找"仙气",认为祥瑞的出现会有云气相伴,还认为动物是被上天派来的使者,动物的出现是吉祥之兆,可以佑护人们安宁幸福,甚至羽化成仙,因此,人们往往把对幸福的企盼转化为对动物"特使"到来的希冀。[15] 受到这一观念的影响,加之对蚕丝"神圣性"的认识,人们自然便在丝织品上装饰云气、瑞兽等纹样。这类纹样在马王堆汉墓,楼兰、尼雅等地汉墓,以及蒙古国诺彦乌拉墓地等墓葬出土的织锦上一再

---

[15] 李静.汉代云气纹的装饰风格及其流行成因[J].淮北煤炭师范学院学报(哲学社会科学版),2008,29(4):143-146.

地出现。中原地区两汉墓葬出土的一些博山炉、壁画等也往往有云气、动物纹样。磨嘴子汉墓出土的两件草编盒表面所包覆丝织品上的装饰纹样正是两汉社会流行的云气纹及其变体。（图1-17）

图 1-17 锦缘绢绣草编盒刺绣纹样(左)和绢缘印花草编盒印花纹样(右)

这一事实表明，两汉时期经济发达的中原地区已与多民族集聚的河西等地区在纺织文化等方面有着频繁交流。

第二章 河西烽燧遗址出土汉代纺织品 [1]

史籍记载,汉武帝时期,西汉国力逐渐强大,为了彻底终结匈奴人对河西地区的侵扰,保障西北边陲长治久安,汉王朝一改往日的和亲安抚政策,一方面武力征伐,设郡立县,移民实边,另一方面又耗费巨力,在西北边郡设烽燧、置亭障、屯戍卒、分段修筑长城,以遏制匈奴。在甘肃特别是河西走廊地区,至今仍有大量汉晋的城障烽燧遗迹。由于这里常年干旱少雨,城障烽燧保存相对较好,尤其在敦煌西北大片的戈壁荒漠中,除气候因素外,人口稀少,人为破坏力小,加之土壤的盐碱较重,这些都为城障烽燧遗址保存提供了良好条件。这些条件同样适用于古代纺织品的留存。据贝格曼在额济纳河流域的考察,许多汉代烽燧遗址发现纺织品遗存。《史记·大宛列传第六十三》中有记载,汉政府派往西域的使团成员出现过"来还不能毋侵盗币物"等违背天子旨意的贪污犯罪行为,即他们在途中把作为国家礼品送往西域的丝绸私自进行交易换取赃物。《史记·大宛列传第六十三》中又说:"其使皆贫人子,私县官赍物,欲贱市以私其利外国。"敦煌汉简中有关于"出牛车转绢如牒毋失期"的记录,可知汉代河西地区纺织品运输比较频繁。20世纪70年代末以来,甘肃省考古工作者对汉代河西地区的障塞、烽燧等遗址进行全面调查,马圈湾、悬泉置、肩水金关等遗址中大量丝织品的发现印证了文献记载。

第一节 河西烽燧遗址出土纺织品概况

马圈湾遗址位于敦煌市西北95千米,东距玉门关遗址小方盘城11千米,是汉代丝绸之路上的一处重要烽燧。烽燧平面呈长方形,底部长8.35米,宽7.6米,残高1.87米,为三层土墼夹一层芦苇叠砌,表面还用草泥抹光,涂上白粉,显得非常醒目,东南角砌有登顶的台阶。据学者分析,此遗址应为西汉玉门侯官治所[2],规模较大。

---

① 本章图片翻拍自《丝路之绸:起源、传播与交流》(赵丰主编),82至85页。

② 甘肃省文物考古研究所.敦煌汉简[M].北京:中华书局,1991.

1979年10月,文物部门对马圈湾遗址进行了试掘。马圈湾遗址出土实物众多,有370件③,种类较丰富,包括苴、麻纸、尺、粮食、笔、砚、纺织品以及大量的简牍等。纺织品基本为残片,共123件,品种包括锦(图2-1)、麻、毛、罗、绢、缃等,还有较为少见的毛纱、漆纱等。纺织品色彩丰富,红色有朱红、深红,蓝色有天蓝、浅蓝、深蓝、湖蓝,绿色有翠绿、墨绿,除此之外,还有绛色、紫色、鹅黄、月白、烟色、茶色等。出土织物中的12件毛质残片比较有地域特色,如氍毹、罽袍、毡、鞋垫等的残片。除日常实用衣物残片外,出土织物中还有斗篷领、玩具衣、冥衣(图2-2)及香囊、帛书(图2-3)、帛鱼(图2-4)、丝带(图2-4)等。有一件保存尚好且形制基本完整的绛色斗篷领,质地为绢,夹衣,三层衬里均为缃织物。还有一件绢头,呈深红色,边缘为素色(或许因为褪色所致),素地部分有墨书一行:"传帛一匹四百卅乙株币。"根据品质和使用情况推断,出土的绝大部分纺织品残片为低级士吏和戍卒长期使用破损后的抛弃之物,从数量看,此遗址当时人员众多,往来频繁,比较兴盛。

图2-1 甘肃简牍博物馆藏马圈湾遗址出土蓝地立鸟纹锦

【蓝地立鸟纹锦基本信息】马圈湾遗址出土,长约26厘米,宽2.1厘米。织锦已残,残存部分呈长筒状。此锦也许曾被用作装饰,保留较完好的一端可见疏密有致的钉线,另一端丝线散乱,也可见明显的缝线外露。在放大镜下观察,其组织结构为平纹经锦,深蓝色为地,黄、绿色丝线显花,织有纵横交错的云气纹,每一云气纹皆为中心对称,呈博山炉状,云气纹中间又填充了仙鹤类立鸟,每只立鸟刚好站立于博山炉状的云气纹顶端,设计非常巧妙。锦整体色彩鲜艳。此构图正与汉晋时期社会上流行升仙思想的文化背景相契合。

---

③甘肃省文物考古研究所.敦煌汉简[M].北京:中华书局,1991.

【冥衣基本信息】马圈湾遗址出土，长9.1厘米，宽7.3厘米。冥衣残损，自腰部断裂缺失。交领式，左袖缺失，右袖下半部分和领子镶边为蓝色绢。衣身单层无衬里，主体由红色绢制成。两种绢的经纬密度、薄厚及手感相近。染料分析结果表明，红色为茜草染

图 2-2 甘肃简牍博物馆藏马圈湾遗址出土冥衣

成，蓝色来自靛青。张掖市临泽县化音滩一座汉晋墓出土了一套同样色彩的绢棉衣。这套棉衣不是陪葬冥衣，出土时为墓主人所穿，形制完整，上衣和裤子的上半部均为红色绢制成，领部、袖部和腰部以下部分均为浅黄色绢拼接而成。由此可推断，此件冥衣腰部以下可能也有蓝色绢拼接而成的短袖襦。此类冥衣在武威磨嘴子汉墓也出土过一件，现藏甘肃省博物馆，残缺严重，只保留有领口和袖部，拼接缝合的风格与此件冥衣颇为相似。在新疆营盘地区的古代墓葬中，此类小衣服原本放置于墓主胸部和左手腕位置，是中国古代丧葬礼仪及风俗的体现。这件冥衣形制很小，应是专为陪葬所做，其样式应是对实物的模仿，一定程度上反映了当时的服装样式。[④]

图 2-3 甘肃简牍博物馆藏马圈湾遗址出土帛书

④侯灿.楼兰城郊古墓群发掘简报[J].文物,1988（7）:23-39,97,99-100.

【帛书基本信息】马圈湾遗址出土，长 43.9 厘米，宽 1.8 厘米，呈长条形。据敦煌马圈湾汉代烽燧遗址发掘报告记录：此帛书应为裁制衣服时留下的剪边，出土时混杂于草渣、木简、丝织残片及沙砾当中。在本色绢地上题有墨书一行，两侧边及三分之一下端处为红色。所题墨书写于帛书的中间偏右部位，墨书释文如下："尹逢深，中殿左长传一，帛一匹，四百卅乙株币。十月丁酉，亭长延寿，都吏稚，铊。"报告分析：尹逢深，人名；中殿，或即殿山；传，信也，如后世之过所；株，铢的通假字；币即市字；亭长，此为市亭之长；都吏，泛指专司某职的官吏，此处当指主管市场的官吏。此帛书为研究汉代市贸制度、绢帛价格和边塞的绢帛来源等问题提供了重要的实物资料。[5]

图 2-4 甘肃简牍博物馆藏马圈湾遗址出土的帛鱼、丝带

【帛鱼、丝带基本信息】马圈湾遗址出土，丝带长 13.3 厘米，由两条织物搓捻而成，部分已散乱，略呈浅绿色，整体制作粗疏随意。帛鱼从外形看由三部分组成：红色三角形、红色尖饰及米黄色团状物。所用面料均为平纹绢。目前，此物

---

⑤甘肃省文物考古研究所. 敦煌汉简[M]. 北京：中华书局，1991.

用途尚无定论,根据以往新疆地区古代丝路沿线相关的考古发现推测,此物应为女性随身佩戴的用品之一。它或许与后来唐代官员盛行佩戴的鱼袋(是官职品级的象征)有一些关联。

悬泉置属汉代在敦煌郡效谷县设立的驿站之一,又被称为"敦煌效谷悬泉置",东临鱼离置,西接遮要置,效谷、渊泉、敦煌三县地统一由敦煌郡管理。遗址位于安敦公路甜水井道班南侧1.5千米处的戈壁荒漠中,敦煌市与瓜州县行政区域交界处。这里南依三危山余脉火焰山,北临西沙窝,东去安西56千米,西去敦煌64千米,为汉唐年间官方设于安西与敦煌之间的一大接待、中转驿站。这里有一悬泉水,水流细小,但终年不断,因而又名吊吊水,也被称为贰师泉,悬泉置正因此泉水而得名。《沙州都督府图经》(P.2005)对其有载:"悬泉水,右在州东一百卅里,出于石崖腹中,其泉傍出细流,一里许即绝……侧出悬崖,故曰悬泉。"该水源自火焰山北麓,从山崖渗出,流淌细弱,出山数米后即全部渗入砾石中,"悬泉""吊吊"之称可谓名副其实。此泉水虽细小,但对于过路者来说,周围数十千米范围内都是戈壁荒漠,别无水源补给,这股细小的泉流也许就成了救命之水。驿站设于这里再合适不过。

1990年至1992年,甘肃省文物考古研究所对悬泉置遗址进行发掘,发现其西北角还叠压了魏晋时期的烽燧遗迹。悬泉置遗址出土简牍约3.5万枚,其中有字者约2.3万枚,帛书10份。⑥其他出土文物有铜、铁、木、骨、革、丝、麻、纸、毛和粮食等。其中的纺织品多为残片,麻织物较多,主要以黑(深蓝)、白、浅黄等素色为主,约2000件,残损严重。

肩水金关是汉时居延边塞防线上的唯一关口,其遗址为居延遗址的一部分。它位于甘肃省酒泉市金塔县以北120多千米的黑河东岸,为汉武帝时期所建烽塞关城,是当时进出河西、南北通行的咽喉,含有"固若金汤"之意。肩水金关加上周边长城障塞,与东、西大湾城以及地湾城共同构成了汉代在居延地区设置的重要军事防御设施。

1930年至1973年,甘肃省博物馆考古工作队先后两次在肩水金关遗址进行考古发掘,共出土汉简1万多枚,丝绸类纺织品315件,尤以丝织渔网较有

---

⑥刘基.华夏文明在甘肃:历史文化卷(下)[M].北京:人民出版社,2013:473-474.

特色。

除此之外,甘肃境内其他烽燧遗址出土的纺织品和简牍也不在少数,如居延破城子遗址和武威境内的烽燧遗址等都有纺织品及木简出土。这些文物是研究汉代边防要塞防御体系、津关制度、屯戍生活、市贸制度、绢帛价格、绢帛来源等问题的重要原始资料,也是汉代中央政权巩固边防的重要见证。

第二节 河西烽燧遗址出土纺织品价值

河西烽燧遗址出土的纺织品主要是汉代戍守边关的士卒使用过的衣物。从相关汉简记载可知,士卒的衣服分为军服和常服两大类。军服是指士卒在战事中使用的铠甲、头盔等,大多为铁质,其使用情况有严格的管理制度。常服即为士卒日常所穿衣服,大体分为长袍类、短衣类、裤子类、鞋袜类和巾带类。长袍类基本是在深衣的基础上改造的,包括"复袍"(有里有面,中间夹有丝绵)、"禅衣"(单层的薄长袍)等,"禅衣"在东汉时也称"单衣",汉简中多有记述[7]:

①布复绔一领布〈……黄布禅衣一领毋□□布袜一两〈絮巾一枚〈黄布绔一枚毋(E·P·T51:66)

②白布袍一领

白练裘袭一领

白布袜一两□(D573)

③□布复袍一领 枲屦(D1919B)

短衣类主要有襦和袭。襦长及膝盖以上,也有单、复之分,单襦无絮,复襦有絮。袭为短衣,类似胡服,也被称为"褶"。对戍卒而言,短衣省料,制作容易,穿上短衣行动灵活,有利于作战,故襦和袭是戍卒最喜欢的服装。汉简中有关襦和袭的记述也较多[8],如:

①护从者敦煌对宛里斡宝年十八 单襦复襦各二领(D1144)

②河东狐溷京良马里魏谭 十见(以上为第一栏)

布袭一领 布复绔一两

⑦甘肃省文物考古研究所,甘肃省博物馆,文化部古文献研究室,等.居延新简:甲渠候官与第四燧[M].北京:文物出版社,1990.

⑧甘肃省文物考古研究所.敦煌汉简[M].北京:中华书局,1991.

布复襦一令

布裤一两（以上为第二栏）（E·P·T51：67）

裤子类主要有袴（绔）和裈。汉代前期的裤子皆无裆，仅以两只裤管套在腿上，用带子系于腰间，很像今天的套裤。这种裤子穿在里面，如果不用外衣将其掩住，就会外露出来。后来，裤子的形制日渐改进，出现了一种有裆的裤子，被称为"裈"。它是一种合裆的短裤，形似犊鼻，所以也被称为"犊鼻裈"。正如《史记·司马相如列传》中所说，相如穿着犊鼻裈，与酒保、佣役们在一块儿打杂，在大庭广众前洗涤碗盘。正因为犊鼻裈是一种合裆裤，才会有文君当垆，相如涤器，并与保佣杂作于市的情景。袴与裈在汉简中也有较多的记述⑨：

①单襦一领

□布裤一两

革履革袴各一两（D633）

②卖皂布复裈

即不在知责家（D1453）

鞋袜类和巾带类服饰在出土纺织品中有形制完整的实物，鞋履多为布履、草履、麻履（汉代称为枲履），也有少量的革履。巾带类服饰主要有巾帻和带。所谓"巾帻"，是用以包头束发的服饰，亦称"首服"。秦之前男子多不裹头，都用冠帽约发。到了秦代，帝王曾将巾帕赐给武将，与冠帽同时使用，但仅限于军旅，在民间没有人使用。在汉元帝至王莽执政期间，巾帻逐渐流行于民间，成为男子的基本头饰。巾帻有两种形式：一种顶端隆起，形似尖角屋顶，被称为"介帻"；另一种顶端平平，被称为"平巾帻"或"平上帻"。汉代的服装一般没有纽扣，均用丝绦系结，在腰间束带。当时的带有两种：一种用丝织物制成，用来束衣；另一种是腰带，亦称"革带"，用皮革制成。巾帻和带均是戍卒常用之物，汉简中记载较多，⑩如：

①戍卒敦煌武安里□□年廿五 兰布巾各一（D593）

②匚穰邑长房里房□……行楼帻二枚巴（E·P·T52：94）

③白素带二枚（E·P·T52：187）

⑨甘肃省文物考古研究所.敦煌汉简［M］.北京：中华书局，1991.

⑩甘肃省文物考古研究所.敦煌汉简［M］.北京：中华书局，1991.

由此可知,汉代戍卒常穿的衣服种类繁多。从简文记载看,所用衣料大多是布、帛、丝、絮,另外还有少量的绢、缣、缥、练、素、裘、革、韦、郭缕等,主要以布、枲(麻)为主。

军队是国家机器的重要组成部分,由国家统一管理、统一调遣,在某种意义上,它体现着国家的综合实力。因此,戍卒的服装也由国家统一调拨。两汉时期戍卒的衣服颜色主要为黑(皂)、白、黄三色,以黑、白两色为主。两汉时,戍卒也有自备的衣物。这些衣物大部分是戍卒家中寄给戍卒用以贴补所用之不足,数量很少。

河西烽燧遗址出土的衣服多为残片,数量多,单件形制并不大,直观生动地再现了汉代河西边塞地区军民共同屯垦戍边的真实场景,部分实物在一定程度上也反映了当时河西本地纺织品的生产和工艺水平,为研究汉代的纺织技术、中西文化交流等提供了很好的实物证据。截至目前,部分文物已在中国丝绸博物馆等单位展出过,相关研究主要见于中国丝绸博物馆展览图录 —— 赵丰主编的《丝路之绸:起源、传播和交流》,以及张德芳写的论文《丝绸之路上的丝绸 —— 以河西出土实物和汉简为中心》,还有徐峥、金琳主编的《锦程:中国丝绸与丝绸之路》等。本文主要从以下 4 个方面对这些文物的价值进行挖掘。

1. 纺织纤维利用的多元性

从汉简的简文记载可知:戍守西北边塞的士卒所穿衣物种类繁多,所用衣料以布、枲为主,也有帛、丝、絮、革等,纺织纤维的使用呈多元化。

据研究资料论述,丝、毛、棉、麻是 4 种重要的天然纺织材料,世界各地的古代文明均根据各自的自然环境创造了丰富的纺织文化,在历史进程中,逐渐形成了有着不同特质的纺织品文化圈。粗略地说来,四大文明古国恰好与四大纺织原料有着比较明显的对应关系,古埃及主要使用亚麻,古印度以产棉为主,古巴比伦以产羊毛为主,而古代中国则是产丝。[11] 季羡林先生曾指出:"世界上历史悠久、地域广阔、自成体系、影响深远的文化体系只有四个:中国、印度、希腊、伊斯兰,再没有第五个。而这四个文化体系汇流的地方只有一个,就是中国的敦煌和新疆地区,再没有第二个。"敦煌被称为"华戎所交一大都会",南来北往的各民

---

⑪周旸,贾丽玲,刘剑.新疆帕米尔吉尔赞喀勒拜火教墓地出土纺织品分析检测[J].文物保护与考古科学,2019,31(4):55-64.

族在此交流,多种文化融合共存,各种纺织材料自然能在此地长期并存。在敦煌周边的汉晋烽燧遗址出土的纺织品文物中,织物纤维具有多元化特点也就不足为奇了。

2. 织物类别的丰富性

河西烽燧遗址出土的纺织品实物质地有绢、罗、锦、漆纱、毛纱、毛麻等,丝质类织物中,绢的数量最多。

2.1 绢

古人把平纹类的素丝织物统称为绢,绢作为丝绸品种的名称出现在汉代以后。绢是出现最早,沿用时间最久的丝织物品种,一般较为轻薄,是一种麦秆色的织物,其经纬线交织较紧密,为1上1下的平纹组织,特点是经纬线一般不加捻,织物平挺、细腻、密实,可以染成20多种绚丽的颜色。因轻薄,绢多用作衣衾或其他物件的衬里。用它制作衣物时,又可在其上施加不同的后整理工艺,如:刺绣、印花、贴金等,从而使朴素的平纹织物变得华丽多彩。绢织物通过不断改进密度、细度、捻度以及其他加工工艺,风格与普通绢织物有了较大的差异,又被称为纱、縠、缣、绨等。[12]

河西汉代烽燧遗址及墓葬出土绢织物较多,(图2-5)这些早期的绢织物的经纬线密度各不相同,有较大的差异。绝大多数的绢是以生丝织成后,再进行精

图2-5 杂色绢

---

⑫赵丰,樊昌生,钱小萍,等. 成是贝锦:东周纺织织造技术研究[M].上海:上海古籍出版社,2012.

练、染色,然后作为成品使用的。少数的绢经过研光处理后,经纬线的位置产生移动,形成不均匀的孔隙;有的绢经过捶研,经纬线扁平、松散,容易在织物表面产生断裂的茸毛;而有的绢经过研光处理后,则会产生较好的光泽。这些经过处理的绢织物在文献中也被称为"练"。

2.2 罗

罗是一种较为轻薄、透孔的丝织物,丝线互相纠缠,孔眼疏朗,与纱、縠等相比,孔眼稳定、牢固,不会产生滑移,常见的有四经绞罗和四经绞横罗。

四经绞罗早在商代已经出现,到战国时出现四经绞提花罗,汉唐时十分流行。《战国策·齐策》中云,"下宫糅罗纨,曳绮縠,而士

图 2-6 湖蓝色四经绞横罗

不得以为缘",可见罗在当时是丝织品中的上品。出土于武威市凉州区松树镇旱滩坡墓群 19 号晋墓的红色四经绞罗残片,现藏甘肃简牍博物馆,长约 42 厘米,宽约 36 厘米,红色面料上,用蓝色、黄色等颜料绘制出动物、花卉等图案。此类织造技法在汉、唐较为常见。

马圈湾汉代烽燧遗址出土有一块湖蓝色四经绞横罗残片,长约 13 厘米,宽约 11 厘米,现藏于甘肃简牍博物馆。其经丝密度为 61 根 / 厘米,纬丝密度为 40 根 / 厘米。对丝织品而言,这样的密度已经不小了,但因其原经纬线纤度非常小,所以织成的罗织物仍可见疏朗的孔目。其组织结构的特殊之处是在传统的四经绞罗中多织了两梭平纹,形成了一个三梭横罗的横向条纹状效应,加之经纬丝均无捻,便显得十分轻薄柔美。经检测,这件罗织物的蓝色为靛青染料染成。(图 2-6)考古学者们认为,横罗的出现或许是受了毛纱的影响。新疆民丰尼雅遗址出土的织物中有三梭平纹的毛纱,这类织物和后世的横罗在纺织技法上有异曲同工之处。毕家滩 26 号墓也出土了一片四经绞横罗刺绣品。这些实物可以证明,罗织物曾经在丝绸之路西北段流行。

2.3 棉麻毛织物

古代甘肃地区的气候条件比较适宜棉、麻作物的生长,因此棉、麻织物的生产和使用也就十分普遍。麻织物的品种主要有布和纱两种,二者均采用平纹组织织造,只是经纬疏密度有所不同。麻织物在甘肃各地的古代墓葬中均有出土,特别是河西地区的汉晋墓出土较多。在马圈湾、悬泉置、肩水金关、居延破城子等汉代烽燧遗址和武威境内的墓葬遗址等处,考古工作者都发现了许多棉麻本色织物残片、麻绳等。

从文献记载中可知,麻布的质地相差很大,其粗细与使用者的身份有很大关系。一般劳动者用较粗的麻布,贵族则使用精细的麻布。麻布结实耐用,是古人制作鞋履的好材料,还经常被当作礼品赠送。《左传》所记郑国子产以"纻衣"(纻是苎麻织成的粗布)赠送给吴国的季札作为回礼,因为"郑地贵纻"。麻布的另一重要用途是制作丧服,其用布的质地也因贫富状况以及与逝者亲疏关系的不同而有所不同。

3. 染织活动的地域性

河西烽燧遗址出土纺织品的颜色主要有黑(皂)、深蓝、红、黄以及麻本色等。马圈湾、肩水金关等遗址出土纺织品的色彩风格基本一致。

研究者用微型光纤光谱(Maya 2000,海洋光学,美国)对马圈湾烽燧遗址出土的部分纺织品残片进行染料检测分析后发现,织物中的红色染料多来自西茜草,一种产于新疆地区的茜草科植物。这种染料曾在新疆小河墓地出土的毛织物和青海地区出土的唐代粟特锦上都有发现,因此可以推测西茜草一直是西北地区重要的植物染料。西北地区常见的黑色染料是胡桃,而东南地区出产的黑色染料则为五倍子或皂斗。蓝色为靛青染成,能够提取靛青的植物有许多种,包括十字花科的菘蓝、爵床科的马蓝、蓼科的蓼蓝、豆科的木蓝等,在丝绸之路沿线,菘蓝和蓼蓝更为常见。[13] 通常情况下,靛青染料的色牢度很好,特别是在干燥的甘肃河西地区,即使埋藏几千年,织物褪色也不严重。出土实物中,有些蓝色绢片的颜色之所以不同,很大原因是染色时白坯布浸染的时间和次数不同而导致的。在很长一段时间内,中国传统的植物染料染色有很强的季节性,历代月

---

⑬张殿波,赵丰,刘剑,等.蚕丝织物上茜草染料的光老化[J].纺织学报,2011,32(8):67-71.

令类著作中都有关于在固定季节进行染色操作的记载。所有植物染料缺少长期贮存和长途运输的可能,染料的地域性也就特别显著。

再结合其他墓葬出土实物看,如:嘉峪关新城魏晋墓群、酒泉西沟魏晋墓葬、高台骆驼城遗址、许三湾古城遗址等都出现了大量种桑养蚕、抽丝纺织内容的画像砖。这说明至晚在魏晋时期,河西地区就有了丝织活动。历史的发展是连续的,魏晋时期河西的自然环境与人们的生活习俗与两汉时期相似,所以两汉时期的河西也很有可能存在种桑养蚕和丝织活动。

另外,简文 ⑭ 载:

①裘八千四百领·右六月甲辰遣□□□□□□绔八千四百两 常韦万六千八百(41·17)

②受正月余裘二百卅二领 其二领物故今余袭二百卅领(E·P·T51:192)

简文中所载"裘八千四百领"、"绔八千四百两",这样庞大的数字,只有国家才能配备得起,个人是无能为力的。

综上可以推断:两汉时期河西地区的一部分丝或丝织品不能完全排除本地生产的可能。戍守边塞的士卒的衣服除了国家统一调拨的以外,还有一部分是就地取材,将河西本地生产的织物用本地的菘蓝、蓼蓝等植物进行染色后缝制的。戍卒过着自给自足的屯垦生活。事实上,烽燧的戍卒在无战事时,主要从事农耕活动,开发建设边疆是其日常,这一事实也印证了相关文献记载。

4. 髹漆技术传播的方向性

我国中原地区的人民很早就掌握了天然生漆的使用技术,将漆涂于丝织物上即成为漆纱。从出土实物来看,较早的髹漆纺织品为河南光山黄国贵族黄君孟夫妇合葬墓和山东临淄郎家庄东周殉人墓出土的髹漆编织履残片,年代均为春秋后期。汉代,官员流行戴黑色的漆纱帽,文职官帽被称为进贤冠,武职官帽被称为武弁。马王堆3号汉墓出土的漆缅纱弁、酒泉丁家闸5号壁画墓出土的漆纱残片以及6号壁画墓中绘有进贤冠图像的画像砖等,都是汉代髹漆技艺的实证。髹漆不但可以使柔软的纺织品变得很硬挺,而且还使纺织品具有防水、耐磨、牢固、易成型等特点。因此,髹漆纺织品大多被用作冠、带、履等服饰,通常被

---

⑭王震亚.竹木春秋:甘肃秦汉简牍[M].兰州:甘肃教育出版社,1999:105.

染为棕黑色,这种颜色最符合周制中对冠帽的色彩期望。[15]

考古工作者在马圈湾遗址发现了两件纱,一件为漆纱,另一件为毛纱(图2-7),比较特殊的是,二者都是1/1平纹组织,经纬密度较小。漆纱是平纹绢髹漆而成,长22.5厘米,宽14.1厘米,基本为长条形,纠缠成团。毛纱的地组织为平纹,长约23厘米,宽13.2厘米,织物残片由一块深蓝色平纹绢和一块浅棕色毛纱缝制而成。毛纱的部分经纬线为Z捻,花部为两根经线相互绞转并每一纬绞转一次的二经绞组织。毛纱的图案为矩形单元散点排列,每个单元包括3根纬线,10对经线。这一发现不仅说明髹漆技术和髹漆纺织品顺着丝绸之路自东而西传播,同时也说明随着汉武帝在丝路沿线营建官驿,汉代冠服制度也传播至此。[16]

图2-7 毛纱(敦煌马圈湾烽燧遗址出土)

[15]赵丰,樊昌生,钱小萍,等.成是贝锦:东周纺织织造技术研究[M].上海:上海古籍出版社,2012。

[16]荣新江,朱玉麒.丝绸之路新探索:考古、文献与学术史[M].南京:凤凰出版社,2019.

第三章 玉门花海毕家滩五凉墓地出土纺织品

毕家滩五凉墓地位于甘肃省玉门市东北约 60 千米的沙漠戈壁中,为配合当地疏勒河灌区的开发和建设,甘肃省文物考古研究所于 2002 年 6 月对毕家滩第二十二与第二十三标段的 55 座墓葬进行了抢救性发掘。该墓葬分布于一道小沙岗上,南北长 350 米,皆为小型竖穴土坑墓,部分带有偏洞,以单人葬为主,方向混乱,无一定向。此类无封上和茔圈、排列无序的竖穴土坑墓在河西地区的十六国时期墓葬中尚属首次发现,对未成年的逝者采用以土坯垒砌成棺及焚烧尸骨的葬俗在当时的中原及河西也罕见,木棺内侧的伏羲、女娲形象反映了中原文化的深刻影响。总之,此处墓地为河西走廊五凉墓葬中一种新的类型。[①]

第一节 毕家滩五凉墓地出土纺织品概况[②]

该墓地出土的文物有木器、陶器、铜器及丝织品,数量较少。其中的重要发现有《晋律注》残卷、衣物疏及丝织品。衣物疏共发现 9 件,出土时皆置于衣襟之中,揣于墓主人胸前。如此集中地出土衣物疏,在甘肃地区尚属首次(就正式的考古发掘而言)。衣物疏的年代最早为建元十六年(380 年),最晚的为麟嘉十五年(430 年)。据此可初步判断,这批墓葬的年代为 4 世纪下半叶的前凉、西凉、后凉时期。[③]

在这批出土文物中,最为重要的丝绸类文物是 26 号墓出土的织物。墓中出土女尸一具并丝绸服饰若干,且有随葬衣物疏伴出。辨析衣物疏上的文字可知,墓主人为大女孙狗女。大女为秦汉以来户籍登记中的习见之词,即指 15 岁以上的女子。对照随葬的衣物疏上的文字,这批丝绸服饰可归为 9 件。另外,29 号

①张俊民.甘肃玉门毕家滩出土的衣物疏初探[J].湖南省博物馆馆刊,2010(0):400-407.

②本节插图 3-1、3-2、3-3 皆翻拍自《甘肃丝绸之路文明》(甘肃省博物馆编,韩博文主编),92至 94 页。

③赵丰.西北风格汉晋织物[M].香港:艺纱堂/服饰工作队,2008.

墓还出土了一枚较为完整的练面衣。[④]

　　根据随葬衣物疏上的文字,这批服饰可分别定名为:紫缬襦(图3-1)、绯绣袴(图3-2)、绯罗绣裲裆(图3-3)、绿襦、绀缯被、碧裈、绀青头衣、绯碧裙、练衫。[⑤]部分实物曾于2015年在中国丝绸博物馆展出,并出版有相应的图录,即《丝路之绸:起源、传播与交流》,图录中采用的是衣物疏中的定名。

图3-1　甘肃省文物考古研究所藏紫缬襦正面图

【紫缬襦基本信息】该衣为右衽薄棉襦,左衣片残长约74厘米;右衣片残长44.5厘米。襦有浅黄色绢衬里,外层面料以深褐色绢地为主,衬里与外层面料间有丝绵,衣身与衣袖连接处用窄布拼缝,衣领及衣身下半部所用布料一样,均为浅黄色绢,前领与左右襟连接处也分别有红紫色小三角形绢拼接。衣袖及衣身上半部面料应用了绞缬染织工艺,布面有菱形纹饰。绞缬,通常也被习惯性称为"扎染",即利用捆绑织物等手段进行染色的一种古老工艺。扎染首先要设计图样,再用平针、行针等针法将待染的织物按图案设计进行缝制并抽拉成团,或直接用较结实的棉线不规则地紧紧捆扎,目的是使折叠、捆绑、缝合的地方难以染色或出现晕色,而松散、空隙处着色较深,形成一种独特的、杂乱又有序的晕色效果。此种工艺是民间工匠的实践发明,东晋时已广为流传,至南北朝,出现了一

<hr>

④赵丰.丝路之绸:起源、传播与交流[M].杭州:浙江大学出版社,2017:103.

⑤赵丰.河西走廊上的丝绸往来[J].紫禁城,2021(11):110-121.

些有名的图案，如鹿胎缬、鱼子缬等。绞缬工艺应用最鼎盛的时期当属隋唐，各类绞缬织物风靡一时。在出土实物中，最能显示其高超技术的、至今针眼和褶皱仍依稀可见的绞缬织物来自新疆阿斯塔那古墓群。绞缬工艺一直盛行至北宋初。宋仁宗天圣年间，朝廷规定唯有兵士方可穿戴缬类服饰，禁止民间使用缬类制品。这项规定直至南宋才被废止。总之，绞缬是我国古代劳动人民智慧的结晶，他们运用物理原理及化学作用，通过人为有设计性的干扰，使织物经染色后呈现出一种无层次的、特殊的晕色效果。它在我国古代印染史上，无疑是一个开拓性的成就。时至今日，这种传统工艺依然被染整行业，甚至艺术家所关注，他们兼容并蓄、融合创新，传承着中华民族优秀的传统技艺。

绯绣袴部分残片

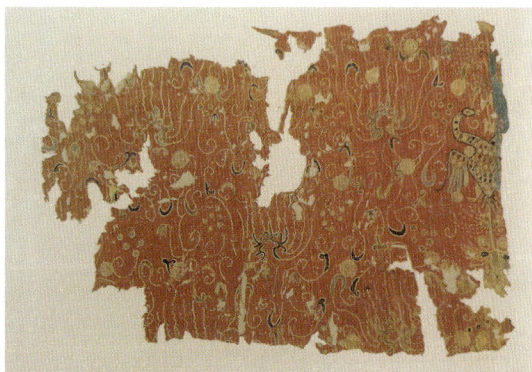

绯绣袴部分残片

绯绣袴部分残片

图 3-2 甘肃省文物考古研究所藏绯绣袴

【绯绣袴基本信息】袴腰高约 10 厘米，残长约 55 厘米，由浅蓝色绢和红地刺绣纹绢间隔拼接缝制而成，色泽鲜艳亮丽，红色绢片上绣有双头鸟及火焰云气纹等,较繁复。双头鸟绣片出土时覆于死者腿部,推测应为袴筒,其中一袴筒保存尚好,另一袴筒已残裂为三小片,以湖蓝色为主色调的部分明显为袴腰及袴臀,另外两大片均为绯绣残片,其缘边有些许蓝绢残留,可证其曾与蓝绢相连。

汉代前期,裤子类服装主要是袴(或绔),皆无裆,仅以两只裤筒套在膝盖部位,用带子系于腰间,很像今天的套裤,正如汉代刘熙《释名·释衣服》记载:"袴,跨也,两股各跨别也。"袴一般穿在里面,有外衣遮挡。汉代以后,下衣的种类增多且样式有改进,袴筒向上延长了,与袴臀和袴腰相连,且在袴筒之间搭缝了三角形袴裆,不过当时的裆部还是不缝合,整体像今天的"开裆裤"。绯绣片以绯色绢为地,纹样由红、黄、蓝、白各色丝线锁绣而成。汉代时,这种纹样在别的地方也很流行,如:蒙古国诺彦乌拉汉墓以及我国连云港尹湾汉墓、新疆若羌扎滚鲁克汉晋墓、吐鲁番魏晋墓等出土的许多刺绣均是这类纹饰。双头鸟在我国古代神话传说中又被称为共命鸟,寓意夫妻相依为命,同甘共苦;火焰纹、云气纹等都是汉代丝织品上十分流行的纹样。

【绯罗绣裲裆基本信息】
残长约49厘米,宽约44厘米,基本呈正方形,有衬里。该裲裆残存的为胸部部分。一块边长约为20厘米的方形红色罗地上有黑、绿、黄三色丝线绣成的蔓草纹、圆点纹及金钟花纹。四周另以约10厘米宽的浅黄色绢拼接镶边,并有少量下摆,

图 3-3 甘肃省文物考古研究所藏绯罗绣裲裆正面图

似与腰部的宽摆或背后部分相连。顶端靠左的绢边上缝有一宽约5毫米,高度与绢边一致的扣襻,用途不明。裲裆上部与背部相连的方法也不明。中间的罗地为四经绞横罗,上有锁绣。罗与衬里之间填充了圆形云母晶片,晶片光泽透过罗地空隙,时隐时现,别有风格。

第二节 毕家滩五凉墓地出土纺织品价值

河西走廊作为丝绸之路上的交通要道,自汉武帝时期开始,兴盛了近10个世纪,是传承、弘扬中原文化的重要基地和文化交流的中转站。特别是在五凉时

期,统治者在文化上实行延揽人才、大兴儒学的政策,河西走廊一度被誉为"多士之邦",中原文化、河西文化、西域文化以及印度佛教文化在这里互融共促,形成了独具特色、一体多元的五凉文化。政治上,五凉政权治理西域,通使东晋南朝;经济上,五凉政权注重吸收中原地区的先进生产力,国力强盛,促使汉、羌、氐、卢水胡、鲜卑等各民族融合,交流互鉴,成为之后历史上更大的民族融合时代的先导。迄今为止,这一带古墓葬中已有大批文物出土,如简牍、画像砖、木雕、彩陶、壁画等,成为各民族交往、交流、交融的实证。遗憾的是,河西走廊除古烽燧遗址外,其他墓葬遗址纺织考古的发现相对较少,尤其是成套完整的服饰更加罕见。这一点与新疆楼兰、尼雅、营盘、吐鲁番等地的墓葬出土织物较多不同。直到 2002 年毕家滩墓葬发掘出土了这批纺织品,才多少弥补了这一缺憾。

1. 五凉时期丝路纺织考古的重要发现

毕家滩五凉墓地出土的服饰主要来自 26 号墓,出土时穿着于墓主身上,大体可知层位关系,同时还出土了随葬衣物疏(图 3-4),疏文写在一片木牍上,正(共分四栏)、反两面都有内容(表 3-1)。所出衣物可与疏文一一对应。⑥

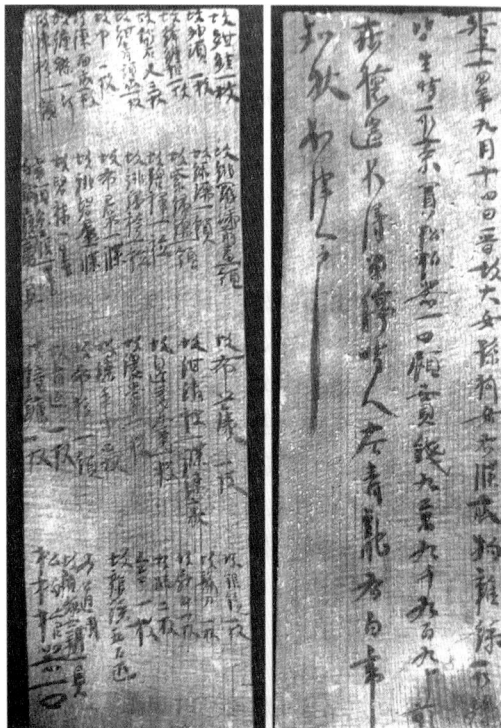

图 3-4 毕家滩 26 号墓出土的衣物疏

⑥赵丰.西北风格汉晋织物[M].香港:艺纱堂/服饰工作队,2008.

表 3-1 衣物疏正、反面释文 [7]

正面	第一栏	故绀维一枚、故绸头一枚、故绛缠相一枚、故鍮石叉三枚、故绀青头衣一枚、故巾一枚、故练面衣一枚、故缠绵一斤、故练衫一领
	第二栏	故绯罗绣裲裆一领、故绿缣一领、故紫缬襦一领、故碧裈一立、故绯绣袴一立、故布裙一牒、故绯碧裙一牒、故碧袜一量、故头系履一量、故银履簾一具
	第三栏	故布□一枚、故绀绩被一牒练裹、故边□囊一枚、故缕囊一枚、故练手巾四枚、故布衫一领、故青延一枚、故镜镰一枚
	第四栏	故银镜一枚、故发刀一枚、故尉斗一枚、故疏二枚、含一枚、故杂彩五百匹、为道用、故杂彩瓢一具、松柏棺器一口
反面		升平十四年九月十四日，晋故大女孙狗女，右牒衣物、杂彩，所持皆生时所秉，买松柏器一口，顾贾钱九万九千九百九十，所在听遣，不得留停，时人左青龙、右白虎，知状如律令。

这是一份目前所知有准确纪年而且名称基本可以与实物对应的衣物疏。这类例子在西北地区丝绸之路沿线出土的文物中还有，如吐鲁番阿斯塔那和哈拉和卓墓群出土有类似的衣物疏六七十件，甘肃境内高台骆驼城前凉墓地亦有类似衣物疏出土，且与毕家滩五凉墓地出土的9件衣物疏的书写形式和记载的衣物名称也基本一致。[8] 这也从一个侧面证实了毕家滩曾是中原葬俗经由河西走廊向西传播的重要一站，反映了丝路开通以来河西走廊在东、西文化交流方面所占据的重要地位，所以说，毕家滩五凉墓地出土的这批服饰是继敦煌、武威等地出土的纺织品之后，丝路纺织考古在甘肃地区的重要发现。

2. 五凉时期服饰的珍贵遗存

对照随葬衣物疏，可知毕家滩26号墓出土的这批服饰种类有裲裆、襦、裈、绔、头衣、裙、衫等。仰赖于干燥少雨的气候条件，这批织物在墓葬中保存相对较好，是五凉时期服饰的珍贵遗存。这些服饰也都是汉晋以来中原地区常见的服装式样和种类，屡屡见诸文献。

如，裲裆就属于中国汉民族传统服饰，是长度仅至腰部，且只蔽胸背的上衣，形似今之背心。正如刘熙《释名·释衣服》中称："裲裆，其一当胸，其一当背，

---

⑦释文中的"□"为无法辨认的字迹。

⑧寇克红．高台骆驼城前凉墓葬出土衣物疏考释[J]．考古与文物，2011（2）：88-94．

因以名之也。"军士穿的称为裲裆甲，普通人穿的称为裲裆衫。裲裆在古代文献中有"两当"或"两裆"等多种写法。两汉时多为妇女穿着，仅用作内衣，到魏晋时则不论男女，均可当作一种便服穿在外面，很是休闲，如《宋书·五行志》载："至元康末，妇人出两裆，加乎胫之上，此内出外也。"在嘉峪关魏晋壁画墓的画像砖上就发现了穿着裲裆的人物画像，（图 3-5）彼款式与毕家滩五凉墓地出土的裲裆款式完全相同。东晋干宝在《搜神记》卷十六中还提到一种"丹绣裲裆"，仅从字面理解，应该指用朱砂染色，并刺绣图案的织物缝制的裲裆。毕家滩 26 号墓出土的是用绣有图案的红罗缝制成的裲裆，应该也是丹绣裲裆之类，也许这种裲裆在当时已经成为一种较为流行的款式。新疆阿斯塔那古墓群 39 号墓也有一件相同风格的裲裆出土，它以红绢为地，上有黑、绿、黄三色丝线绣成的蔓草纹、圆点纹及金钟花纹，四周以素绢镶边，衬为本色素绢，其中也纳有丝绵。遗憾的是，这件裲裆出土时仅存前片，只可以看到其胸前的刺绣与毕家滩 26 号墓出土的裲裆十分相似，但无法复原其结构。墓主人也是一位青年女性，从墓中出土的一些随葬文书看，其中最晚的一件服饰也是升平十四年，与毕家滩 26 号墓出土服饰的年代完全一致。毕家滩 26 号墓出土的服饰第一次将裲裆的名称与实物对应起来，具有重大的学术价值。

又如，襦、裙，颜师古注《急就篇》中云"短衣曰襦"，正可与出土实物相印证。裙作间裙，以几种色彩相间，其形象亦可见于甘肃酒泉丁家闸魏晋墓的壁画上（图 3-6）及新疆阿斯塔那十六国时期墓葬出土的木俑（图 3-7）上。又如裤，颜师古注《急就篇》云"合裆谓之裈，最亲身者也"，用现代的话说就是内裤，这类实物在出土文物中甚为少见。

图 3-5 嘉峪关魏晋壁画墓画像砖上的"裲裆衫"样式（左边人物所穿）

图 3-6 酒泉丁家闸魏晋墓壁画上的"间裙"样式（左边人物所穿）

图 3-7 新疆阿斯塔那十六国时期墓葬出土的木俑(左)及其服饰形制图(右)

根据这批服饰出土时穿在墓主身上的层次顺序可知,当时服饰的搭配大致是:上身从内到外依次为衫、襦、裲裆;下身从内到外依次为裤、袴、裙。这样的服饰搭配可从上文提到的酒泉丁家闸魏晋墓壁画上得到部分验证。另外,这批服饰的色彩保存较好,据衣物疏可知有绯、绿、绀、紫、碧、绀青等色,这对认知当时的色相亦有重要的意义。⑨

3. 五凉时期染织技术交流的生动实例

这批服饰所用面料皆为丝绸,其种类有绢、练、罗、锦等,所用工艺有织造、刺绣、扎染等。诸多的丝织物品类及工艺出自当时的边地,且作为一般民众(大女孙狗女)可将其用于随葬之物,说明当时丝织品的应用已较为普遍。关于这一点,嘉峪关魏晋壁画墓砖画中有关种桑养蚕的画面也可证实。历史上,河西地区的桑蚕业发展较早,且一度形成了相当大的规模,这正好与相关文献记载吻合。据《十六国春秋·前凉录》记载,张轨拜为凉州刺史之初,就在河西地区"课农桑"。

这批服饰中的紫缬襦运用了绞缬工艺。从出土甚众的同类实物看,这种染织技艺在五凉时期已比较成熟,偏远的西北地区都已很流行绞缬了。敦煌佛爷庙北凉墓 M1 棺木上粘着的蓝色地绞缬绢,其年代可以判断为 405 年,属西凉时期。新疆吐鲁番阿斯塔那古墓群 TAM1 中也出土有绛地绞缬绢,其年代为 417 年。嘉峪关、酒泉魏晋墓葬砖画上采桑人物所穿衣物的颜色、图案等,也与其类似。此外,新疆营盘墓地也有红色地绞缬绢出土,其年代为 4 至 5 世纪。

墓中出土的一件碧裤上的一片织锦更是反映了这一时期中国东西部之间织

---

⑨赵丰.丝路之绸:起源、传播与交流[M].杭州:浙江大学出版社,2017:107.

造技术的交流。这一织锦缀于碧裤长方形兜裆的下部,其上织有云雁纹,属于平纹纬二重组织,Z 捻,锦作红地,白、褐色丝线显花。这种组织结构与纹样在汉晋西北地区的纺织品中颇为典型,或者说它就是新疆当地产织锦,与新疆扎滚鲁克汉晋墓地、营盘墓地、吐鲁番墓地出土的同类织物的组织结构与纹样完全一致。(图 3-8)此件织物具有非常明确的年代,在同类织物中,是目前已知最早有准确纪年的丝织品。[10]

图 3-8 毕家滩 26 号墓(左)及新疆营盘墓地(右)出土的平纹纬锦

---

[10]赵丰.西北风格汉晋织物[M].香港:艺纱堂/服饰工作队,2008.

第四章 敦煌莫高窟出土唐宋纺织品

敦煌位于河西走廊的最西端,其地域处在中原与楼兰之间,从汉代开始就一直是中原通往西域诸国最主要的交通要道,也是西域和中亚等各地商旅出入河西的门户。商人们在这里贩运丝绸、漆器、粮食、服饰等,同时,中西方不同的文化也在这里汇聚、碰撞、交融,因此,史称敦煌为"华戎所交一大都会"。众所周知,敦煌莫高窟因精美的壁画和彩塑闻名于世,也因17窟藏经洞的丰富收藏吸引着国内外的专家学者。笔者认为,敦煌引人注目的不仅有壁画、彩塑和文书,精美绝伦的丝绸也是研究其历史地理、宗教文化、政治经济等的重要内容。一方面,丝绸反映了古代敦煌作为"丝绸之路"咽喉地带的繁华生活;另一方面,丝绸为我们研究古代纺织科技史提供了非常重要的实物证据。莫高窟的纺织品文物主要包括流失海外的藏经洞收藏品和莫高窟南区、北区的考古发现。近年来,国内学者陆续对英、法、俄等国收集的藏经洞丝织品进行了系统研究,并陆续出版了研究报告。此外,在敦煌研究院的努力下,莫高窟出土的部分纺织品也陆续得到研究与保护,使敦煌地区的丝绸文物受到了不少专家学者的关注,也逐渐被世人所了解。

第一节 莫高窟出土纺织品概况

莫高窟纺织品文物的发现主要有三次:一是20世纪初期藏经洞封存纺织品文物的发现,如甘肃省博物馆藏北宋佛教故事画《报父母恩重经变》图轴(图4-1)等;二是新中国成立初期,在加固莫高窟南区石窟危崖、壁画及清理第125、126、130窟前流沙过程中发现一批盛唐时期丝织物[①]:横幅花边、一佛二菩萨说法图、发愿文、供养人像、大批绢幡、绮幡以及北魏刺绣等;三是在莫高窟北区,主要是B222窟中出土有百衲、蝴蝶结等绢、绮、锦,其年代多为唐代,级别较高,多为一级、二级、三级文物。敦煌莫高窟的纺织品文物基本是佛教供养用

---

①樊锦诗,马世长.莫高窟发现的唐代丝织物及其它[J].文物,1972(12):55-67,71,75.

樊锦诗.新发现的北魏刺绣[J].文物,1972(2):54-60,73-74.

具——经幡及其残片(图 4-2、图 4-3)、少量的刺绣品及百衲,说明当时的敦煌地区普遍用丝绸制作佛教用品。丝织物的种类以绢为主,次为纹绮、纱和锦。纹绮的组织都是平纹地斜纹显花,提花方法多为纬线起花,少量的是经线起花。纹样可分为两类,一类是柿蒂纹、菱纹、方点纹、散点纹等,另一类是连续的人字纹、菱形纹、回纹、龟背纹、宝相花纹等,其中人字纹的绮较罕见。

图 4-1　甘肃省博物馆藏《报父母恩重经变》
图轴(国宝级文物)

【《报父母恩重经变》图轴基本信息】画面长约 182 厘米,宽约 127 厘米,褐色绢地,绢质细腻,画面有敷彩、绘佛等,内容是北宋佛教故事画。此图轴原出土于敦煌莫高窟藏经洞,现藏甘肃省博物馆,是一幅国内现存保存最完整、内容最多、幅面较大且有纪年的绢本佛画,对研究当时的佛教文化以及绘画艺术都具有重要的价值。

整个画面分说法图和故事画两大部分,菩萨和僧俗等有 110 多人。画面中心位置为说法图,一佛二菩萨坐莲花座上,绘有火焰纹头光和三角纹圆形背光。阿弥陀佛坐于正中,着大披肩,敷金彩,半跏趺坐,结说法印。观世音、大势至两位菩萨分坐两旁,皆上身裸露,饰臂钏,垂璎珞,帔帛飘拂,各侧举一手。两位菩萨的两侧和前面绘十弟子、十二菩萨,或斜视而立,或捧物供奉。画面整体庄严肃穆,金碧辉煌。说法图的上部绘"七佛",佛像皆有彩色圆形头光和背光,肩披袈裟,跏趺坐于莲台上,佛像旁写有佛名,有"南无毗婆尸佛""南无毗舍浮佛""南无释迦牟尼佛""南无迦叶尸佛"等。又绘"七宝"于"七佛"之下的两侧,左起绘一雕花篚的盝顶,上置如意宝珠,题曰"藏宝";绘一马飞驰,背上驮一光芒四射的宝珠,题曰"宝珠";绘身着甲胄的武士,跪地礼佛,题曰"兵宝";绘头戴乌纱帽、身穿红袍的文官,跪地朝拜,标题不清。[②]下半部为故事画,描绘的是孩子从出生到蹒跚学步的成长过程。整幅画反映了敦煌地区民众的宗教信仰和民俗风情。

图 4-2 敦煌研究院藏染缬绢幡

【染缬绢幡基本信息】长约168厘米,宽约24厘米,为盛唐时期丝织品,1965年10月被发现于莫高窟第130窟。幡头斜边由一整条红色绢对折缝制而成,三角形幡面为团花灰缬纱。幡身由6块边长为12.5厘米的正方形染缬绢缝制而成,相邻两块染缬绢间夹缝硬挺的芨芨草秆,每一块染缬绢两侧还各缝缀一蓝色丝线小流苏,已很糟朽。幡身有2块绿色地,3块褐色地,1块黄色地。绿色和褐色地上面的图案均为白色小菱形,外框边线清晰,内部呈晕染效果;黄色地上面的图案由飞鸟、立鸟、朵云和小花树构成。幡足为两片上宽下窄的白色绢缝合而成,中间部分重叠,呈燕尾状。

【彩色绮幡基本信息】长43.4厘米,宽约16厘米,为盛唐时期丝织品。该幡也出自莫高窟第130窟。幡头斜边由一块红色绮对折缝制而成,斜边在幡头顶端顺势形成一个环形的襻扣便于悬挂,幡身由4块绮与1块本色丝绢缝制而成。幡面是白色菱格纹绮,4个小菱格形成一个大菱形,像一朵四瓣花。幡身使用的织物从上至下依次为:红色葡萄纹绮、绿色柿蒂纹绮、黄色菱格纹绮、浅褐色葡萄纹绮和白色绢。

---

②赵广田.文物摄影概论[M].兰州:甘肃文化出版社,2013.

图 4-3 敦煌研究院藏彩色绮幡

第二节 莫高窟出土纺织品价值

1. 反映唐代敦煌丝绸经幡的使用状况

佛教用的幡有两类，一类是作为表示宣扬佛的"伟德"的工具，或悬挂于塔和宝盖的两侧，或执之引路为前导（图4-4）；另外一类是佛教徒为了消灾祛病、求福延寿而制作的发愿文幡，在130窟内就发现了两件此类幡，其中的"开元十三年"发愿文幡（图4-5）上写有文字。此幡为唐代织物，长162厘米，宽15厘米，形制明确，幡头、幡身、幡手和幡足均保留完整。幡头为一块红色双层三角形绢，顶部钉有本色绢襻。幡身由4块米色和3块红色方形绢交替缝制而成，幡身每两块

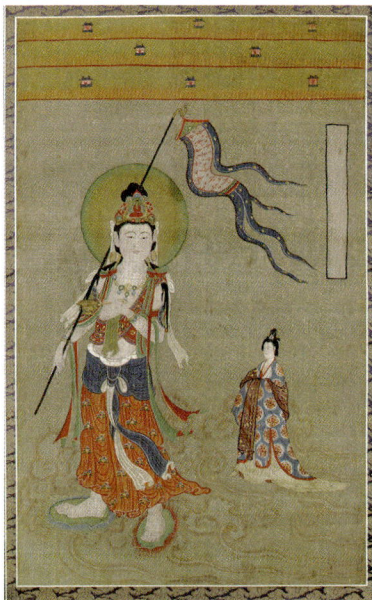

开元十三年七月
十四日康优婆
姨造播（幡）一口为己身
患眼若得捐（损）日
还造播（幡）一口保佛
慈旦（因＝恩？）故告

图 4-4 莫高窟藏经洞出土的引
路菩萨绢画

图 4-5 莫高窟 130 窟出土的发愿文经幡
（Z0003）及幡上的文字[③]

③樊锦诗，马世长．莫高窟发现的唐代丝织物及其它[J]．文物，1972（12）：55-67,71,75.

绢交接处插缝芨芨草类硬草秆，挺阔又不笨重，便于保持幡身平整垂顺。每一交接处的两侧都缝有本色绢短幡手，长度与单块幡身长度相近，共15根，幡头与第一块幡身交接处有一根短幡手缺失。幡足是一块长63厘米，宽14.5厘米的本色绢，从下端中间向上裁开成2块，最上方依旧相连，呈燕尾状，随风飘动，自然轻巧。

第一块米色绢幡身上有墨书6列共38字：

　　　　开元十三年七月 十四日康优婆 姨造播（幡）一口为己身 患眼若得损（损）日 还造播（幡）一口保佛 慈曰（因＝恩？）故告。[④]

2. 体现唐代敦煌丝织品的色彩和印染工艺

莫高窟出土纺织品文物的颜色鲜艳悦目，有黄、绿、蓝、白、紫等色。关于当时的色彩，敦煌文书中有不少记载，如：俄藏敦煌文书《蒙学字书》第10册"颜色部"列有苏木、皂矾、红花等37种矿物、植物染料及它们所能染出的颜色。英藏敦煌文书S.617《俗务要名林》第二卷"彩色部"记有青、黄、赤、白、红、紫、绯、绛、绿、碧、乌、皂、苏方等18种颜色。可见，当时染织技艺已能染得众多鲜亮的颜色。经幡还有用绞缬和蜡缬制成的。绞缬，即今日所称的扎染，在敦煌莫高窟出土实物中就有反映。（图4-6）特别值得关注的是蜡缬，即用蜡作为防染剂而染出花纹的一类染缬技法。蜡在当时较为难得，因而也显得蜡缬织物较为贵重。敦煌研究院藏花鸟纹蜡缬幡的纹样生动形象而又富于变化，是蜡缬织物中的佳作。（图4-7）这件经幡除用了绞缬、蜡缬外，也有简单但又漂亮的缀花装饰，表现了唐代时期高超的染织工艺。经幡除了丝绸材质的，还有麻质的。相对来说，丝绸要比麻布贵重，而敦煌当地的丝绸更有可能是在外地生产织造后传入，经幡的发现也是对唐代敦煌丝绸使用情况的真实反映。

图4-6 莫高窟出土的彩色绢幡（Z0010）上的绞缬

图4-7 敦煌研究院藏花鸟纹蜡缬幡绢片（Z0041）

④樊锦诗，马世长 . 莫高窟发现的唐代丝织物及其它[J]. 文物，1972（12）：55-67，71，75.

第五章 漳县汪世显家族墓出土元代纺织品

元代在历史上存在时间不长，又经常处于战乱之中，所以文物遗存较少。甘肃省漳县东南方两千米处的徐家坪分布有稠密的元代墓葬，共 270 多座。1972 年至 1979 年，文物部门先后在此发掘清理了 27 座，均为汪氏家族墓葬。这批墓葬基本上是坐西向东的砖结构单室墓，规模不大，基本按辈分自南向北依次排列，地位高者葬于墓区的南端，同辈者的墓葬为横向排列，兄长墓葬为纵向排列。汪氏家族的墓区长约 200 米，宽约 150 米，约始建于公元 1243 年，止于公元 1616 年，时间跨度为 370 多年，前后历经了汪氏家族 14 代人。迄今为止，规模如此庞大，排列顺序依然合乎礼制的家族墓群在国内墓葬中很罕见。汪氏家族墓也是目前国内发现最集中，且保存最完整的元代墓葬。[①] 该墓葬群发掘出土各类文物 735 件，包含陶器 200 余件、瓷器 60 余件、漆木器 140 余件、铜器 50 余件，还有金器、玉器、丝织品等。这些文物种类丰富，品质精美，有很高的研究价值。其中，被列为国宝的玻璃莲花托盏是元代玻璃器皿的典型代表。13 号墓出土了一件置于棺盖上的 7 间歇山顶木屋，木屋的斗拱、房檐、耍头以及门窗等都是雕画出来的。木屋通脊高约 78 厘米，长约 156 厘米，宽约 32 厘米，南、北木墙中间开有较大的木门，门内有女主人和侍女画像，均为彩绘，其装束为认知元代贵族妇女及侍女的着装提供了实证。（图 5-1）木屋虽属于随葬品，但其构造应是元代典型的民居形制，是研究元代贵族居住环境、民居建筑风格等的重要资料，结合其上的人物画像来看，墓主人当时的一些生活状况也能得到一定的反映。[②]

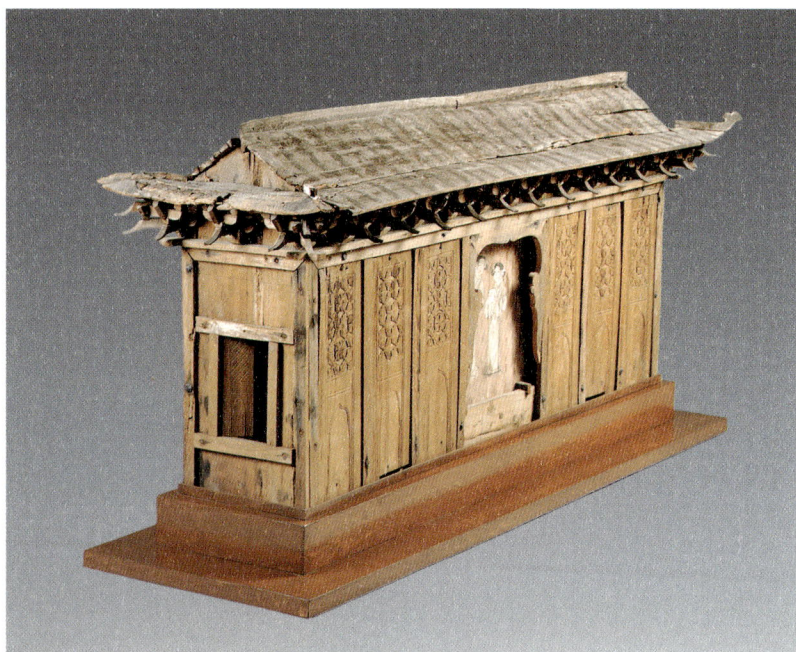

木屋正侧面

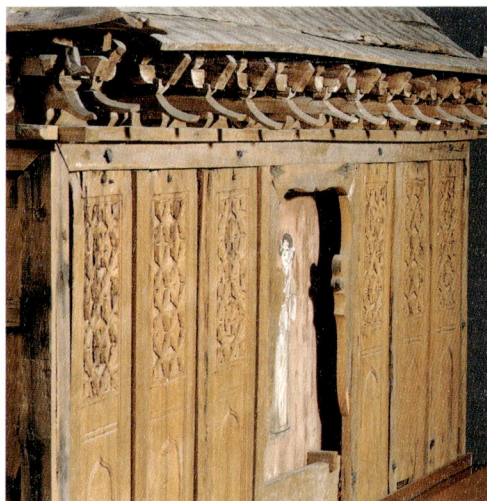

木屋细部

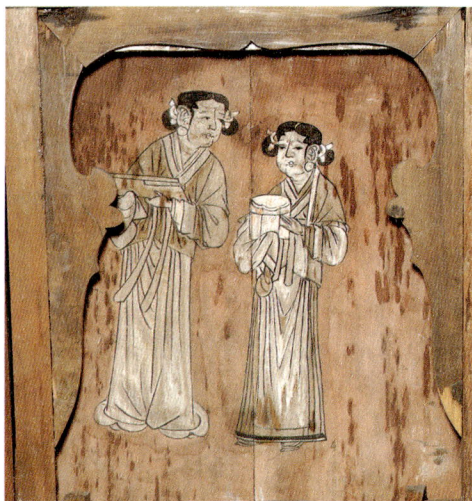

彩绘侍女

图 5-1 汪世显家族墓出土的木屋

第一节　汪世显家族墓出土纺织品概况

该墓葬除了出土大量有明确纪年的珍贵文物外，关于汪世显家族复杂的家史也在碑文中有记述。考证出土的汪惟正神道碑碑文可知：墓主人多是元、明上层社会的官僚显贵,结合出土实物对这些墓主人进行深入调查研究,不仅能补充历史文献对汪氏家族的生活、军事活动范围等记载之不足,而且对研究元代社会政治、经济、文化、军事等也具有颇高的价值。

汪氏家族墓中所出土的服饰及丝织物很珍贵,大小有50余件,包含男子官帽、上衣、女裙、夹衫、夹袄、袍服、腰带、裤、鞋等服饰类,还有荷包、手帕、枕头、被褥、口袋、铭旌等日用品。(图5-2至图5-10)服饰类既有典型的蒙古族服饰,也有汉族服饰。

【铭旌基本信息】全长约347厘米,宽55.5厘米,甘肃省博物馆藏,1号墓出土,现以装裱形式保存。铭旌为黄色绢地,"故考镇国上将军征西都元帅汪公灵柩"16个用白粉书写的文字清晰完整。从汉代以来,甘肃地区一直都有以铭旌盖棺的丧葬风俗,这在一定程度上为明确墓主人身份等提供了确切的资料,如:陇西明代畅华墓、会宁清代董开疆墓等均有类似实物出土。

图 5-2 汪世显家族墓出土的铭旌

图 5-3 汪世显家族墓出土的纱面竹胎钹笠帽

【纱面竹胎钹笠帽基本信息】甘肃省博物馆藏,4号墓出土,帽高9.2厘米,口径约18厘米,帽檐底径最大处约为35厘米。帽子整体由细竹篾编成,里面用茶色织物裱敷,外部用黑色纱织物罩敷,帽顶正中间缝钉有一粒类似金镶玉的圆扣,扣上挂有一串形状各异的珠子,珠子质地、颜色也各不相同,有红色、灰白色、白色等,大小共31粒,串珠末尾还有一绺黑色毛发,表现出蒙古族官帽的鲜明特色,是元代冠服革新的历史见证。此帽被评定为国家一级文物。帽子在古代被称为"头衣",有贵贱等级之分,是服饰的重要组成部分,种类包括:巾、幞、冕、弁等。这种钹笠帽流行于元成宗大德年间(1297年—1307年),后来一直沿用,凡遇重大节日时,官员便戴此帽。汪世显为元朝重臣,其子孙屡任朝廷要职,在其家族墓中出土此帽,正与文献相印证。

【前加檐笠帽基本信息】甘肃省博物馆藏,高12.5厘米,长37.5厘米,宽约30厘米。帽顶由四块硬质材料构成,中心有一圆形纽扣固定,后部为圆弧形,前边是较长的圆弧形帽檐。据《甘肃省博物馆文物精品图集》记载,这种式样的帽子相传是元世祖忽必烈的皇后发明的。元世祖忽必烈骑马射猎时日光炫目,因此,皇后为他设计了这种前面加檐的帽子以遮挡阳光,忽必烈非常喜欢,将这种帽子式样固定下来,国人纷纷效仿,成为当时流行的帽子款式。

图5-4 汪世显家族墓出土的前加檐笠帽

【丝带基本信息】甘肃省博物馆藏,22号墓出土,丝带用黄色纱(纱线较粗,或为细腻的棉麻)织成,长约48厘米,宽约36厘米。丝带上有7个深蓝色金属饰物,饰物有两种图案,分别为镂空的圆形花朵和菱形花朵,从留存的印痕观察,圆形花朵与菱形花朵交错排列,其中3个完整,4个残缺。

丝带正面

丝带细部

图5-5 汪世显家族墓出土的丝带

图5-6 汪世显家族墓出土的凤戏牡丹纹绫夹衫

【凤戏牡丹纹绫夹衫基本信息】甘肃省博物馆藏,衣长约63厘米,通袖长约115厘米,对襟直领,襟上镶棕色边。花纹为挖梭织制,即妆花,图案为二方连续的花鸟纹,凤凰和花朵相间排列。此衣物似是女子套在窄袖衫外面的半袖衫。

元完成大一统之后,疆域空前辽阔,服饰制作技术得到了进一步发展。织金织物被大量应用,纱、罗等丝织品无不加金。在服装上使用色彩鲜明的织金锦在当时很流行。元代服饰上衣紧窄,下裳较短,为典型的质孙服,又叫一色衣,有精粗之分。据载,元代官员常在大朝会上穿同一色质孙服,为了区分其职位的高低,便在服装上饰以大小不同的花朵。男子穿礼服时,笠帽是不可或缺的,无论其质地、装饰物,还是造型等,都力求华美。皮帽是妇女在正式场合的标配。女子一般穿宽大貂皮袍,多为左衽。有的女袍用大红织金锦、吉贝锦等加工而成,袍长曳地,甚为华丽。

汪氏家族是元代一个十分显赫的大家族,由此看来,凤戏牡丹纹绫夹衫是一件贵妇人所穿的衣服。夹衫上的妆花凤戏牡丹是古代丝织物常用的图案。牡丹花大,色艳,形美,富丽堂皇,雍容华贵。自古,我国人民视牡丹为和平、幸福、富贵的象征。凤凰是中国古代传说中的百鸟之王,经常与中华传统文化中的龙并称。古人非常喜欢"凤戏牡丹"图案,把凤和牡丹装饰在衣服上,更能增添服饰的情趣,象征美满和幸福。

【对襟罗衫基本信息】甘肃省博物馆藏,衣长66.1厘米,两袖通长约177厘米。用四经绞罗缝制而成。黄褐色对襟直领,领口用一色绢镶边,短衣窄袖,两袖口与正面右襟边镶有褐色边缘,下摆为约2厘米宽的镶边,用的是与衣身同样

图5-7 汪世显家族墓出土的对襟罗衫

的织物。这样的设计,除凸显漂亮别致以外,因罗织物轻柔易变形,镶边也可以帮助塑形,可见缝制者的用心之处。夹衫中间填充有薄层絮棉,罗衫布满细碎的本色暗菊花纹样,尤显精致细腻。这是汉族妇女穿的冬装,长及腰部,一般在其下面配一件长裙,能充分展示女性婀娜的身姿。

【妆花云雁衔苇纹纱夹袍基本信息】甘肃省博物馆藏,衣长158.5厘米,两袖通长约190厘米。这是一件男式纱质夏装。浅黄色,交领,左衽,窄袖。整件袍子的图案为四方连续的云雁,云雁展翅飞翔,口衔芦苇。袍子的前胸部还绣有鸾鸟、花卉、如意云纹等图案。袍子的衬里为方孔纱。面料薄至透明,显示了元代高超的纺织技术。元代袍服大体分为圆领袍与交领袍,汪世显家族墓葬出土的这件妆花云雁衔苇纹纱夹袍是一件典型的蒙古族交领袍,袍长至膝下,腰间应

以带束之。这种袍服常与四方瓦楞帽或圆顶笠帽、长筒靴等冠履搭配成套,构成蒙古族贵族男子的日常装束。元代的圆领袍服有窄袖和宽袖之分,长短也不一样,短至膝间,长有及至脚面者。这种袍服常与幞头、长靴相配套,是元代汉族男子服饰的基本搭配。

图 5-8 汪世显家族墓出土的妆花云雁衔苇纹纱夹袍

图 5-9 汪世显家族墓出土的缠枝莲纹浅褐妆花缎夹被

【缠枝莲纹浅褐妆花缎夹被基本信息】甘肃省博物馆藏，长约160厘米，宽约88厘米，由4块面料拼接而成。被面主体为浅褐地，黄、白色丝线显花，缠枝莲纹紧密排列，团团相簇，图案有含苞待放的花蕾，也有丰满厚实的莲蓬，呈现出生机勃勃的景象。被头缎地颜色较深，比较耐脏耐磨，颇为实用。小部分缎面上为二方连续莲花纹。

【粧金纱基本信息】该残片长约8厘米，宽约4厘米。粧金纱是高级缎纹织物的一种，花色品种很多，如：棕色团花粧金缎、粧金或银天马纹缎、粧银簇花纹缎等。甘肃省博物馆收藏的这件粧金纱残片是罕见的早期缎纹织物标本，非常珍贵。

图5-10 汪世显家族墓出土的粧金纱

第二节 汪世显家族墓出土纺织品价值

1.元代贵族装束的展示

元代社会等级制度森严，反映在穿戴方面，甚至用法律详细规定区别和限制，非常苛刻，不许随意。《元典章》卷五十八（工部卷之一）就留下了许多帝王口传的关于绸缎织造、穿着装束的"圣旨"，如：龙织五爪算犯罪；王公贵族平时衣着要金彩辉煌、红紫耀眼，依照法律，五品以上官员都穿紫花罗；一般官员和当差办事人只许穿着棕檀色或其他暗色衣服；一般平民、奴婢不能穿红着绿，特殊情形下的仆从穿着可以例外，但其身份依然低下。

元代对帽子的制式规定更加严苛，帽子不可随意缝制。据《元典章》记载，皇帝本人有各种各样的帽子，一律用精美、珍贵的材料做成，上加贵重珠宝装饰，和衣服相配，应节令更换，也会赏赐给亲信宠臣。帽子名目繁多：冬帽有金锦暖帽、七宝重顶冠、红金答子暖帽、白金答子暖帽、银鼠暖帽。夏天有宝顶金凤钹笠、珠子卷云冠、珠缘边钹笠、白藤宝贝帽、金凤顶笠、金凤顶漆纱冠、黄雅库特宝贝带后檐帽、七宝漆纱带后檐帽。帽上多镶嵌珠宝，用的宝石有许多种，红宝石有四种，绿宝石共计三种。据《道园学古录》卷二十三记载，镶有宝石的帽子有金貂裘帽、玉顶笠、七宝笠等。

元代已婚妇女戴的是高高的帽子，名为"罟罟"，亦可称为"顺姑""姑姑"等，样式大体相同。在当时，有爵位的蒙古族贵妇才能戴这样的帽子。叶子奇在《草木子》中记载："元朝后妃及大臣之正室，皆带姑姑、衣大袍。其次即带皮帽。"罟罟冠高二尺许，用红色罗、竹木苇胎等制成。

在严格的等级制度下，元代女性衣服所代表的身份的尊卑贵贱很明显，主要体现在材质和颜色上。女性衣服式样差别不大，合领左衽为固定形制。男子公服大多为右衽，衣服上的花样各不相同，穿着饰有大花官服的为大官，小官只能着碎花、暗花官服。平民不许穿着色彩鲜艳的衣物，因此，染工就特别染制出了褐色、银灰和黝紫等数十种暗色，这种做法一直沿用到明代。

汪世显家族墓出土丝织品数量可观，品味高雅，大多藏于甘肃省博物馆。这批丝织品从质地上说，有绢、纱、罗、绮、绫、缎、织金锦等；从纹样上说，有菱格纹、海棠纹、团花纹、瑞兽纹、天马纹、缠枝西番莲纹、簇花纹、宝相花纹、龟背纹、鸾鸟衔枝纹、凤凰戏牡丹纹、回纹、云纹、"卍"字纹等；从服饰类型上说，有罟罟冠、钱笠帽、加檐笠帽、夹袍、夹衫、夹袄、对襟褂、女士内衣、长裙、夹裙、棉袄、霞帔、荷包、香囊、女鞋、丝带、手帕等。其中的纱面竹胎钹笠帽上镶串有各种金玉珠宝，凤戏牡丹纹绫夹衫、妆花云雁衔苇纹纱夹袍、缠枝莲纹浅褐妆花缎夹被等的形制及花样都印证了文献记载。

服装是易朽物品，时代久远者难以保存、流传，后世只能通过传世的文学、美术作品中的一些描绘，约略知晓历代服装的概貌。然而，文籍图录等只能帮助我们间接地了解古人的外服形态，至于内衣，特别是妇女的内衣形制，它们就无能为力了。汪氏家族墓出土衣物中的"黄地宝相花织金锦女式内衣"③，即现代所称的女子"抹胸"，工艺精湛。此衣麻布为里，织金锦为面，对襟有9对棕褐色盘扣，背连系带，紧窄贴身，但严而不窒，有良好的透气性，既美观，又实用。这件织金锦内衣作为元代妇女一种内衣的实物，其价值自不言而喻。（图5-11）另外，汪氏家族墓出土的样式独特的"罟罟冠"（图5-12）形制很完整，实物恰与敦煌

---

③俄军,甘肃省博物馆.甘肃省博物馆文物精品图集[M].西安:三秦出版社,2006:272.

·70·

榆林窟6窟前室西壁壁画内容相印证,从壁画中可以清楚地看到元代已婚贵族妇女佩戴此类型的帽子(图5-13)。这种冠饰图像在秦汉之际的空心砖上就有发现。到北朝晚期,高句丽古迹中,乘鹤驾鹿仙人的头上戴着同款式高冠。[④]总之,汪氏家族墓出土的织物展示了元代贵族的服饰特点,使我们在了解元代丝织工艺的同时,也对元代贵族们的穿戴装束有了直观认知。它们不仅具有纺织史上资料标本的意义,还具有社会史上民族学和服饰学方面的意义。

正面

反面

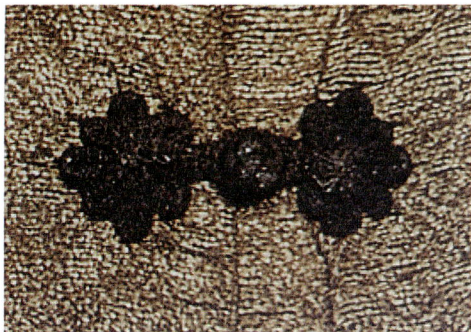
盘扣

纹饰细部

图5-11 汪世显家族墓出土的黄地宝相花织金锦女式内衣

【黄地宝相花织金锦女式内衣基本信息】甘肃省博物馆藏,元代女子内衣,衣长约26厘米,平铺半胸围约30厘米。形似背心,为两层,表层为色彩艳丽的菱格宝相花纹织金锦,衬里为褐色的麻织品。前面开襟,有9对棕褐色盘扣,背

④沈从文.中国古代服饰研究[M].香港:香港商务印书馆,1981:47.

后有两条下垂的浅黄色带子，与衣服两侧缝合固定，但长于衣身部分无固定（一边长出的带子已断裂残缺），这两条带子有系束的作用。除了这两条带子外，背后还有两条相交叉的棕色布带。衣服背部上面的部分残缺严重。

图 5-12 汪世显家族墓出土的罟罟冠

图 5-13 榆林窟 6 窟前室西壁北侧壁画上的蒙古族供养人（右侧妇女佩戴罟罟冠）

【罟罟冠基本信息】内蒙古博物院藏，汪氏家族墓出土的罟罟冠是元代已婚蒙古族贵妇的一种独特冠饰，内层由竹子编成，外层包敷花色丝织物。丝织物大部分虽已脱落，但纹饰排布与色泽依然清晰艳丽。罟罟冠正面中间部位镶嵌有一四瓣形珠宝。罟罟冠竹胎整体较完整，对研究古代冠饰具有标本意义。敦煌榆林窟 6 窟前室西壁北侧壁画上有蒙古族供养人形象，女性供养人的冠饰正是罟罟冠。（图 5-13）

2. 元代织金工艺的体现

织金锦是元代上层社会特别推崇的一种高级丝织品，蒙古语谓"纳石失"，是指纺织时加金的丝织品，通常有两种类型：一种是片金锦，即把切成长条的薄金箔夹织在丝线中，这种锦金光璀璨，视觉效果好，但耐磨性差，难以长时间保持夺目的光彩；另一种是圆金锦，即将薄金箔捻成细金丝，同丝线交织在一起，这种锦看上去不如片金锦那么耀眼，但金与丝结合牢固，经久耐用。汪氏家族墓所出"黄地宝相花织金锦女式内衣"，即用圆金锦制成。我国的织金工艺在战国时期即已出现，因为原料太稀缺，后来未能发扬光大。到元代，织金锦非常流行，其织造进入全盛期。王公贵族们非常喜欢织金锦,官员们的礼装袍服,贵妇们的日常衣着,宫廷或富豪之家的帏帘帐幕等,多以织金锦缝制或镶饰,皇帝也常以织金衣袍赏赐臣下。⑤ 本文中的"黄地宝相花织金锦女式内衣"用织金锦作为主要面料,尤显华丽,不但是墓主人高贵社会地位的直观反映,而且体现了古人对美好生活的祈愿,他们认为内衣用鲜艳的织金锦面料缝制,能护佑身体,意味着平安、富贵、吉祥等。

3. 文献资料的有力补充

目前,汪世显家族墓出土的文献主要有:汪惟贤、汪惟孝、汪懋昌的墓志盖及墓志铭。关于汪氏家族的研究主要有:胡小鹏的专著《元代西北历史与民族研究》第六章"元代巩昌汪氏集团",对元代巩昌进行了详备考察与介绍,是迄今研究元代汪氏家族最有力的文字资料。相关研究论文有:乔今同写的《甘肃漳县元代汪世显家族墓葬 —— 简报之一》;胡小鹏写的《元代巩昌汪氏家族事略》;汪楷所作《元朝巩昌汪氏的族属探秘》;臼井佐知子所写的《徽州汪氏家族的迁徙与商业活动》;樊秋丽写的博士论文《陇右汪氏家族兴衰研究》;赵一兵写的硕士论文《元代巩昌便宜都总帅汪氏家族的初步研究》等。

由于刊布的资料有限,学界对汪世显家族的研究多以出土实物为主要依据,因此,本文列举的这批纺织品文物作为实物资料尤显珍贵。

---

⑤甘肃省博物馆,俄军.汪世显家族墓出土文物研究[M].兰州:甘肃人民美术出版社,2017:300.

第六章 陇西畅华墓出土明代纺织品

陇西位于甘肃东南部,自古是交通要塞。东至关中,西通西域,南进四川,北抵大漠,秦朝驰道、丝绸之路、唐蕃古道都经过陇西,至元、明、清,陇西地区的驿站更加发达。十几万年前的旧石器时代,这里已有人类活动;秦统一六国后,建立了陇西郡;汉代实行州、郡、县三级制,陇西郡属凉州刺史部辖领。郡治狄道,辖地设豲道、襄武、首阳三县。唐时,高祖武德二年(619年)改陇西郡为渭州;金哀宗正大六年(1229年),陇西又设巩昌府和陕西西路巩昌总帅府;元世祖中统二年(1261年)改设巩昌等处便宜都总帅府,辖地最大时领5府27州;到明代,陇西已成为甘肃政治、军事、经济、文化的中心,当时的洮岷兵备道道尹、茶院行台、都察院巡抚行台、分守陇右道道尹、巩昌府知府、巩昌卫指挥使等都驻陇西,遂形成文化遗存较多的优势。①

新中国成立以来,陇西地区已被确定的文物保护单位有几十家。古文化遗址、遗迹有梁家坪遗址、暖泉山遗址、吕家坪遗址、西河滩遗址、战国秦长城等。出土文物也颇丰富,迄今,陇西地区出土纺织品最多的墓葬当属明代畅华墓。该墓位于陇西县原昌谷乡湾儿坪,是畅华及其夫人齐氏的合葬墓。根据墓志铭文考证,畅华是明代正德年间进士、巩昌府陇西人,曾任明代山西按察司佥事。20世纪70年代,文物部门对畅华墓进行了抢救性发掘,共清理出土文物79件,有畅华及其夫人的墓志、石刻、服饰、锡器、铜器、金器等各类文物。这些文物较完整地呈现了明代中叶陇西地区上层阶级物质生活的面貌,对于研究明代的服饰文化、社会制度、纺织工艺、丧葬习俗等具有重要的历史、文化和艺术价值。畅华夫妇合葬墓是新中国成立以来陇西地区清理的级别最高、最为完整的明代墓葬。

第一节 畅华墓出土纺织品概况

畅华夫妇合葬墓出土纺织品文物数量多,共计23件(套):软靴1双,巾帽

①鲁泽.陇西史话[M].兰州:甘肃文化出版社,2008:3-8.

·74·

1顶,肚兜1件,丝巾2件,夹裤1件,衣裙4件,袍服5件,护膝1件,铭旌1件,裹布4件,褥子2件。出土纺织物品种全,有单衣、棉袍、夹衫、褶裙、裤子、巾帽、护膝、肚兜、裹布、褥子、铭旌等,以服饰为主;材质多为丝织物,有绢、锦、缎等,全部为三级文物;尺寸较大,尤其是裹布和袍服(有长度达480厘米的裹布,袍服的长、宽都在1米以上)。可惜的是,这些出土纺织品普遍受到严重污染,衬里、填充物等十分糟朽,仅有少部分保存较好,形制完整。从服饰的样式、材质、纹饰、工艺等方面看,这批服饰整体规格较高。(图6-1至图6-11)

图6-1 陇西县博物馆藏明代云纹丝绸长袖袍正(左)、反(右)面图

【明代云纹丝绸长袖袍基本信息】衣长约126厘米,通袖长约120厘米,袖宽约53厘米,重1.3千克,陇西县博物馆藏。袍服为浅黄色,本色丝线显花,较规整的朵云纹排列细密。盘领右衽,大袖,袖两旁有摆。袍的前胸和后背偏上处各织有长方形的动物(似为獬豸、麒麟等)云气纹补子,边线清晰,与袍服合为一体。此类将补子与袍服织为一体的织造工艺和做法在明代较普遍。这种袍一般较长,袖长过手,袖椿(指袖身)宽一尺三寸,袖口宽六寸,是明代儒士等的服装形制,也是明代官吏的主要服饰。官员们头戴乌纱帽,身穿盘补服,以补子来区分官职。平民百姓所穿的盘领衣在颜色上必须避开玄色、紫色、绿色、柳黄、姜黄及明黄等颜色,其他如蓝色、赭色等无限制,俗称"杂色盘领衣"。明朝建国以后,朝廷对官吏常服出台了新的规定,凡文武官员,不论级别,都必须在袍服的胸前和后背缀一方补子,文官用飞禽图案,武官用走兽图案,以示区别,这是明代官服中最有特色的装饰。另在左右肋下各缝一条本色面料制成的宽边,当时称"摆"。明代太监刘若愚的《酌中志》一书就专门讲述到这一点。他说:"其制后襟不断,而两旁有摆,前襟两截,而下有马面褶,从两旁起。"这种衣服对所用的面料和纹样都有一定的要求。此件袍服正与文献相印证。

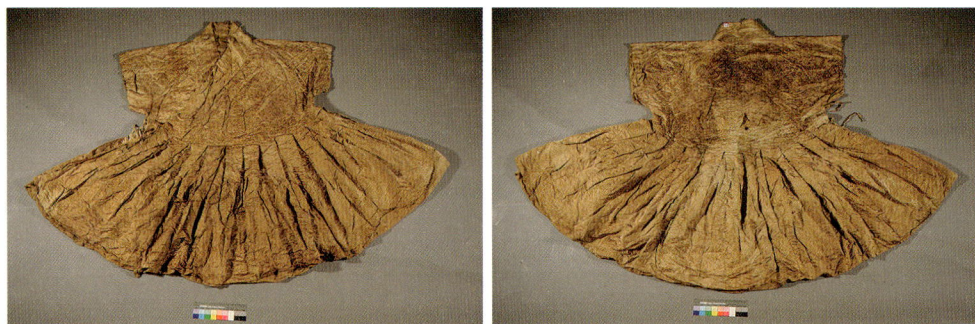

图 6-2 陇西县博物馆藏明代花卉纹短袖百褶连裙正（左）、反（右）面图

【明代花卉纹短袖百褶连裙基本信息】长约 123 厘米，袖长约 45 厘米，袖口宽约 33 厘米，平铺半腰围约 68 厘米，重 0.97 千克，藏于陇西县博物馆。裙子整体为浅黄色，织有本色暗花纹，交领右衽，短袖，右侧身有两处用同色细带系结。腰线为裙长的中线，将裙子分为上下长度相等的两部分，腰线处缝有 24 个均匀的褶子。裙褶在明代十分盛行，有些文献中又将这类衣裙称为"褶子衣"，其形制主要受到元代腰线袄的影响，下摆与腰线袄差异不大，有细密的褶子，不过上半身并非圆领而是交领。明末学者方以智在著作《通雅》中写："近世褶子衣……而下幅皆襞积细折如裙。"通过文献、图画、考古文物等资料可知，褶子衣多流行于上层社会，并没有在民间流行。畅华墓出土的这件短袖百褶连裙纹饰细腻雅致，做工也很讲究，正是墓主人身份尊贵、生活富足的体现。

图 6-3 陇西县博物馆藏明代云纹丝绸女袍正（左）、反（右）面图

【明代云纹丝绸女袍基本信息】衣长约 123 厘米，通袖长约 116 厘米，袖最宽处约 56 厘米，重 1.12 千克，陇西县博物馆藏。女袍整体为浅黄色，织有本色暗云纹，交领右衽，长袖宽松，右胸部位应有排扣，已脱落。腰线为袍长的中线，

腰线处缝有 24 个均匀的褶子,类似现代女装百褶裙,缝制工艺精细。这样的褶子形制未见于唐宋,更早的魏晋、汉代也没有,应与元代流行的腰线袄有渊源。腰线袄是元代相当重要的袍服,有着鲜明的游牧民族服饰特色。曾出使蒙古汗国的南宋使臣彭大雅在《黑鞑事略》中对此有粗略描述:"腰间密密打作细折,不计其数 …… 又用红紫帛捻成线,横在腰上,谓之'腰线'。盖欲马上腰围紧束突出,采艳好看。"由此可知,腰线袄有华丽、便于骑马等特点,不过,该服饰在蒙古汗国仅贵族能穿。元代以后,有资格穿腰线袄的人逐渐增多,《元史》曾载,元代宫廷仪卫武士、卤簿仪仗(皇帝专用的仪仗)人员身上穿的即是多种花色的腰线袄。

图 6-4 陇西县博物馆藏明代坎肩云纹丝绸上衣正(左)、反(右)面图

【明代坎肩云纹丝绸上衣基本信息】黄地,织有四合如意云纹,质地密实,衣形宽大,肩宽约 80 厘米,领宽约 30 厘米,重 0.89 千克,平铺半胸围约 125 厘米,每一侧摆宽约 21 厘米,平铺下摆弧长约 176 厘米,衣长约 122 厘米。从形制与尺寸看,此上衣应为男式坎肩,右衽,斜领,两侧均开口,右腋下有系带,单层,后心位置有残缺和严重的血渍污染。早期,这种坎肩被武士穿在衣服里边,唐代、明代的一些图画中依稀可见凸起的"藕臂",其实是外衣下面的坎肩支撑所致。明末至清代,坎肩样式已有很大变化,如"十三太保"款式就很有代表性。前胸部位有 7 枚扣子,左右两侧各 3 枚,起到装饰的作用,中间的一枚起到系结的作用。若解开扣子,整件衣服就可解体为片状,穿脱很是方便。

【明代绿地云纹丝绸女衫基本信息】衣长约 110 厘米,肩宽约 70 厘米,重 0.44 千克。此衣为女式比甲,类似男式坎肩,低胸,无袖,对开襟,绿地,暗云纹,材质很柔软,脱色严重。腋下两摆处有开口,腰线以下的前片部位是细密的褶子,做工细腻精致，裙摆里面是丝绵，已成丝缕状，缠绕成团，别处也有丝绵残痕，无完好丝绵，也许是糟朽脱落所致。此款式应为明代青年女性较钟爱的式样，类似现代的公主裙。

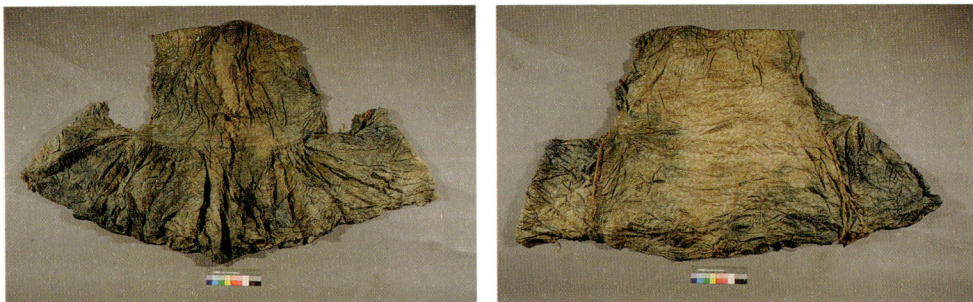

图 6-5 陇西县博物馆藏明代绿地云纹丝绸女衫正（左）、反（右）面图

图 6-6 陇西县博物馆藏明代铭旌正（左）、反（右）面图

【明代铭旌基本信息】全长约 126 厘米，宽约 55 厘米，重 0.08 千克，藏于陇西县博物馆。铭旌呈长方形，正面为黄色绢地，上下两头各绘有一朵银色大瓣莲花，左、右长边通绘蓝色、褐色几何形图案，中间绢地上用白粉书写"明故……"大字，字迹模糊不清。此铭旌再次证明：从汉代以来，甘肃地区一直都有以铭旌盖棺的丧葬风俗，铭旌不仅在河西地区多见，地处陇东的墓葬也有实物出土。

图 6-7 陇西县博物馆藏明代蓝地菊花纹丝绸巾（左）、反（右）面图

【明代蓝地菊花纹丝绸巾基本信息】长约 55 厘米，宽约 35 厘米，重 0.03 千克，藏于陇西县博物馆。该巾正面整体以浅黄色绢为地，蓝、白色丝线显花，中

间有细密的小朵菊花纹,约占整条丝巾长度的三分之一,菊花纹两边各有6条宽度不一的蓝色带状纹与地色间隔排列,呈对称状,其中两条蓝色带状纹上织有8组"相王"字样和飞奔的小动物,还有两条蓝色带状纹上织有16组"卍"字符号。丝绸巾两条宽边的边缘是8厘米长的地色流苏,糟朽缠绕严重。

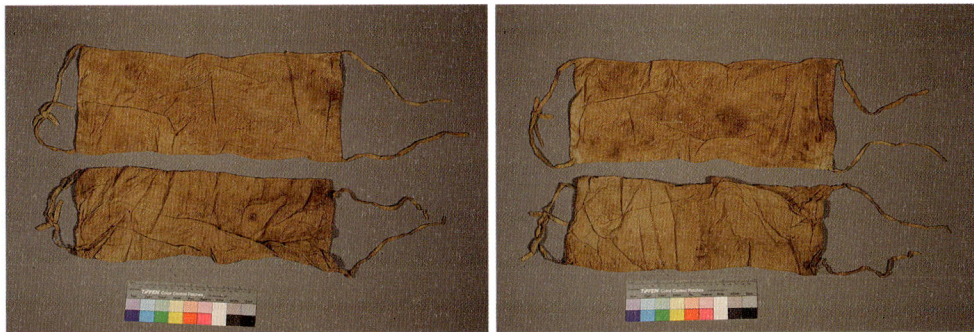

图 6-8 陇西县博物馆藏明代丝绸护膝正(左)、反(右)面图

【明代丝绸护膝基本信息】长约43厘米,宽约17厘米,重0.05千克,藏于陇西县博物馆。护膝为一对,材质均为浅黄色绢,有背衬,表面有较多白色结晶颗粒、褐色血渍等污染物。护膝上下两头边角处缝有同色细带,起绑缚作用。在寒冷的西北地区墓葬中,出土丝质的护膊较多,护膝很少见。可喜的是,近年发表的考古报告显示,[②] 甘肃省武威市唐代吐谷浑王族墓葬之一的慕容智墓中出土有一对圆形护膝。护膝直径约为30厘米,膝盖部位为黄地团花纹锦,周边以土黄色罗作缘边,缘边用细褶缩口,便于穿戴时固定,也能使护膝的包覆更加紧实,且缩口留在膝窝处,行走蹲起很方便。两侧面留有开口可套于腿上,并有长条带子用以系结,背面整体用黄绢作衬。

【明代花卉纹丝绸肚兜基本信息】长约66厘米,宽约53厘米,重0.08千克,藏于陇西县博物馆。肚兜正面为蓝底花卉纹绢,领口呈圆凹形,周边是正面的蓝底花卉纹绢向里折包与里料缝合,形成2厘米宽的缘边,两肩膀处有较长的细带。在我国古代,无论男女,都有将肚兜作为贴身内衣的习惯。随着时代的演进,肚兜的形制、材质、颜色等都有变化。此件肚兜显然曾为女士所用,既能护胸又能护腹,做工也很精细讲究。

---

②陈国科, 刘兵兵, 沙琛乔, 等.甘肃武威市唐代吐谷浑王族墓葬群[J].考古,2022(10):29-47,2.

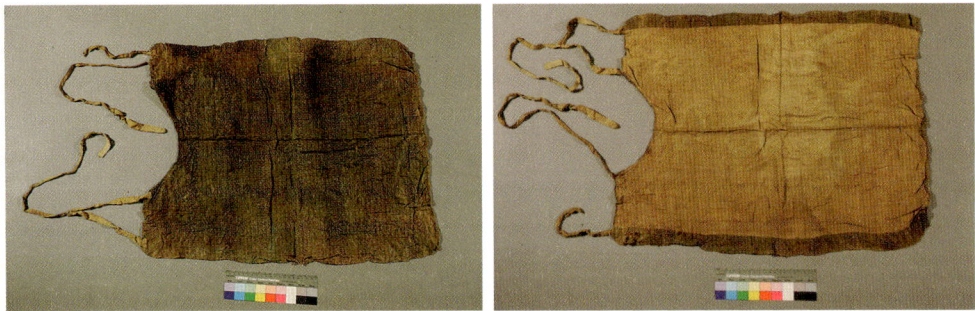

图 6-9 陇西县博物馆藏明代花卉纹丝绸肚兜正（左）、反（右）面图

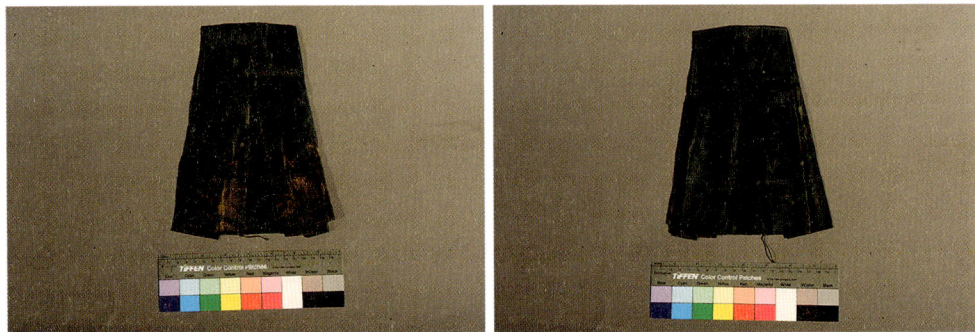

图 6-10 陇西县博物馆藏明代黑缎巾帽正（左）、反（右）面图

【明代黑缎巾帽基本信息】帽高 22.7 厘米，帽径约 28 厘米，重 0.05 千克，藏于陇西县博物馆。明朝帽子种类较多，不仅有之前唐宋时期的一些样式，还有一些特有的帽子样式，如：方巾、四方平定巾、六合一统帽、网巾、乌纱帽、东坡帽、飘飘巾等。畅华墓出土的黑缎巾帽的样式与文献中描述的四方平定巾非常相似。这种巾又被称为"四角方巾"，在明朝，戴此巾的多半是书生和官员。《阅世编》载："其便服，自职官大僚而下至于生员，俱戴四角方巾 …… 其后巾式时改，或高或低，或方或扁，或仿晋、唐，或从时制，总非士林，莫敢服矣。"

【"八仙"饰品基本信息】陇西县博物馆藏，饰品全套为 8 件，至今色彩艳丽，保存完好，均为丝织品缝制而成，工艺精巧，呈立体状。除织物本身色彩外，还用彩绘的方式描绘出了神仙们的面貌及着装，表情惟妙惟肖，颇为传神。八仙的传说很早就在我国民间流传，在日常生活中，"八仙过海，各显神通"的俗语经常从老百姓口中脱口而出。八仙传说的形成应与全真教、道教的兴盛有密切关系。元末明初，有关八仙的传说故事开始在戏曲作品里出现，马致远的杂剧《吕洞宾三醉岳阳楼》中的八仙为：吕洞宾、铁拐李、汉钟离、蓝采和、徐神翁、张果老、韩湘子及曹国舅。八仙的排名顺序并不固定，无尊卑之分。八仙分别被人格化和个性化，各自成为具有独特面貌的典型形象，所反映的是非、善恶、邪正观念，给予世人许多启迪。这样的神仙群体成员固定，事迹生动，具有复合型的文化内涵。这套饰品的出土为研究明代的文学、艺术、历史、宗教、民俗等提供了实证。

图 6-11 陇西县博物馆藏"八仙"饰品正面图

第二节 畅华墓出土纺织品价值

陇西畅华墓纺织品文物的发现，在甘肃地区明代纺织考古领域具有十分重要的意义。衣物基本形制、纹样也很有时代特征，其价值主要表现在以下4个方面。

1.上层社会服饰特点的反映

明朝建立以后，废弃了元朝的服制，并根据汉族人的习俗，重新制定服饰制度。《七修类稿》中称："洪武二十三年三月，上见朝臣衣服多取便易，日至短窄，有乖古制。命礼部尚书李源名等，参酌时宜，俾有古义。议：凡官员衣服，宽窄随身，文官自领至裔，去地一寸，袖长过手复回至肘，袖椿广一尺，袖口九寸，公候驸马与文职同，耆民生员亦同，惟袖过手复回不及肘三寸。庶民衣长去地五寸，武职官去地五寸，袖长过手七寸，袖椿广一尺，袖仅出拳。军人去地七寸，袖长手五寸，袖椿七寸，袖口仅出拳，颁示中外。"此规定重点对官僚服饰提出了相关的要求,以区别于平民,显示等级制度。到明代中期以后,京城的官服样式变化不大,平民衣着的样式繁多,已经很难统一了。

明代妇女的服装样式变化较大,种类较多,据《明史·舆服志》记载,女式服饰主要有衫、袄、霞帔、褙子、比甲、襦裙、云肩及袍服等基本样式,大多仿自唐宋,一般为右衽,其中霞帔、褙子、比甲为对襟,左右两侧开衩,成年女子的服饰随个人的家境及身份的不同,有各种不同形制。男性服饰一般有交领、圆领、盘领,大袖、长袖、短袖,长袖两旁或有摆等,总体以交领右衽为主。关于"摆",明代太监刘若愚在《酌中志》一书中称:"其制后襟不断,而两旁有摆,前襟两截,而下有马面褶,从两旁起。"

畅华墓出土的明代云纹丝绸长袖袍正是大袖圆领右衽,在左右肋下各缝一条本色丝绸制成的宽边,即为"摆"。袖椿(指袖身)宽一尺三寸,袖口宽六寸,这是明代男性儒士等的典型服装样式。另外,衣服上的裙褶在明代也十分盛行,有细密褶纹,也有大褶纹。因而,在一些文献中,明代的衣服被称为"褶子衣",明末学者方以智在著作《通雅》中写:"近世褶子衣 …… 而下幅皆襞积细折如裙。"畅华墓出土的明代花卉纹短袖百褶连裙及明代云纹丝绸女袍围绕腰线缝有均匀的22 或 24 个褶子,腰线为衣裙长度的中线,缝制工艺精细考究。这些实物的形制特征正好印证了文献记载,使我们对明代士官、上层社会妇女的服饰特点有了更加直观的认识。同时,这些衣物也体现了官宦之家的着装风格。

2. 封建专制思想的体现

任何一个朝代,人们对服饰的审美标准与当时的政治、经济背景是分不开的。明代也不例外,其哲学理论和理性化思潮影响了人们的审美理念,服饰方面体现出了鲜明的封建专制思想的特征,"上承周汉,下取唐宋",统治者对服饰的形制、纹饰、色彩及用料等方面都有严格的等级规定。官员袍服补子上所织绣的禽鸟异兽是区别身份的标志。普通百姓的服饰颜色和元代时一样,只允许用褐色等暗色,禁止使用紫色、玄色、明黄色、姜黄色等。总体来讲,明代服饰对图案、款式、色彩等的要求都是空前严苛的,就连丝绸发展鼎盛期的汉、唐两代也不能与之匹敌。③

另外,明代统治阶级喜欢用一些吉祥、平安、富贵、和合等寓意深刻的图案和

---

③华梅.中国服装史[M].北京:中国纺织出版社,2007.

服饰名称来粉饰太平、麻痹民众,如"四方平定巾""六合一统帽"等,试图从服饰上表现出百姓安居乐业、其乐融融的景象,希望国家太平、政局稳定,即使普通的方巾也能带来好运。④畅华墓出土的黑缎巾帽的形制即与文献中描述的四方平定巾的样式相符,实物正好印证了文献记载。

3. 织物品种的典型代表

明代提花丝绸的品种已经相当丰富,组织涵盖现代梭织种类的平纹、斜纹、缎纹、绞经、特结经多重组织与起绒组织。提花织造技术也已达到成熟阶段,束综提花织机是织造提花图案的工具。依据《天工开物》记载:花楼机一般应用于小型图案织物的生产,大型织物需要较复杂的妆花工艺,相应的大花楼机的花本与织造技术已经具备。⑤畅华墓出土服饰文物的材质均为丝绸,品种主要有绢、绫、锦、缎等,如:有3件袍服的用料一样,都是以浅黄色缎为地,布满本色提花四合如意云气纹样。

4. 明代服饰图案艺术特点的体现

明代服饰的图案较之前的元代和后来的清朝,有其鲜明的时代特征,各类寓意吉祥的事物被广泛运用于服饰纹样上,借此表达人们对美好生活的期盼,比如"三羊开泰""连升三级""富贵万年"等。《明史·舆服志》《新知录摘抄》《三才图会》中均有记载:文武官公服,多以右衽盘领为主,用缎或纱罗绢,袖宽三尺。一品至四品,绯袍;五品至七品,青袍;八品至九品是绿袍,未入流的杂职官员,袍、笏、带与八品以下同。公服花样,一品大独科花,径五寸;二品小独科花,径三寸;三品散答花,无枝叶,径二寸;四品五品小杂碎花纹,径一寸五分;六品七品小杂花,径一寸;八品以下无纹。

畅华墓出土服饰上的纹样有与文禽武兽补子相关的獬豸或麒麟纹、狮子纹,有与自然景象、花卉相关的三角云纹、四合如意云纹、菊花纹、牡丹纹,也有与佛道思想相关的"卍"字、莲花等纹样。这些纹样都是明代着装理念的表现及流行纹样的实证。

---

④张志云.明代服饰文化研究[M].武汉:湖北人民出版社,2009.

⑤阙碧芬.明代提花丝织物研究(1368—1644)[D].上海:东华大学,2005.

第七章 馆藏征集纺织品

第一节 馆藏征集纺织品概况

　　目前，甘肃省文博单位在纺织品文物征集方面的力量还很薄弱，各地（州、市、县）的文保部门对纺织品文物仅能尽到看管职责，大多还没有研究和保护的实力，征集品很少。在省直文博单位中，甘肃省博物馆做得相对较好，近年来征集到的纺织品有衣服、靴子、囊袋、器物饰件及残片等，种类上有汉晋时期的织锦、南北朝时期的刺绣织物、唐代各式团窠纹锦，还有宋辽的绮织物，表现出丰富性和典型性，纺织品上的装饰纹样等都具有鲜明的时代特征。（图7-1至图7-21）

图 7-1 黄地团窠宝花纹半臂正（左）、反（右）面图

　　【黄地团窠宝花纹半臂基本信息】材质为汉晋时期的斜纹纬锦，三级文物。通袖长约91厘米，下摆宽约85厘米，衣长约75厘米，袖口宽约40厘米。半臂为右衽交领，短袖，衣领已开线脱落，衣长较短，及腰部，颜色较鲜艳。整体以黄色锦为地，上饰团窠宝花纹，主花为单朵绽放的宝花，一朵即为一团窠。较独特的是，团窠内的花瓣外翻，外缘均为白色联珠纹装饰，让人感觉花瓣稠密、饱满，底层的花叶呈尖角的居多。宾花为宝花组成的十字花，最外层是两大片树叶托着含苞待放的花蕾。衣身有污染，衣领及袖边处糟朽严重。

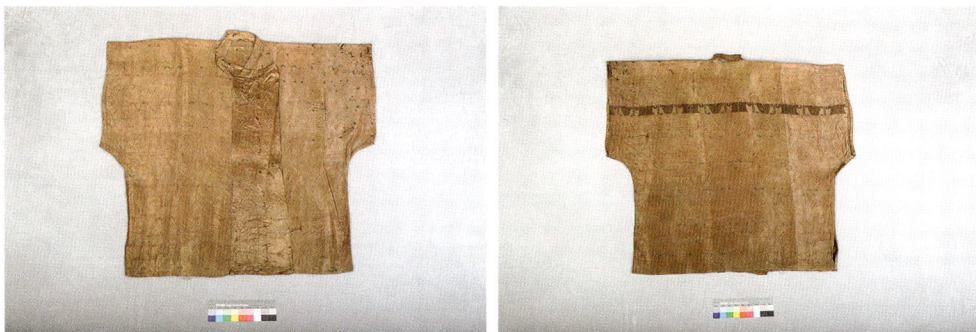

图 7-2 褐地花卉纹锦半臂正（左）、反（右）面图

【褐地花卉纹锦半臂基本信息】材质为唐代斜纹纬锦，三级文物。通袖长约 87 厘米，下摆宽约 53 厘米，衣长 67.5 厘米，袖口宽约 35 厘米，领口宽 11.5 厘米，衣襟长约 67 厘米。盘领，领口处的盘扣已脱落，偏左衽，短袖。衣领及左肩部位糟朽、虫蛀等病害严重。通体以黄褐色锦为地，主体纹饰以本色暗花为主，局部以红、棕、蓝等色丝线显花，四角互相交叠的方形内又装饰花卉、桃心、方块、圆点等纹样，呈横排布局。织锦里面有较长纬浮，且肩背处有一条褐色的装饰带，带子上的每组纹样之间由竖条联珠纹间隔，较特别。

图 7-3 红地团窠对鸟纹锦半臂正（左）、反（右）面图

【红地团窠对鸟纹锦半臂基本信息】材质为唐代斜纹纬锦，三级文物。通袖长约 87 厘米，下摆宽约 68 厘米，衣长约 65 厘米，袖口宽 32.5 厘米，左胸部位有较大残缺。半臂为右衽交领，短袖，衣摆下边有缝痕，衣身为两种不同颜色的立鸟纹织锦。衣身主体面料为红地团窠对鸟纹锦，衣袖及两侧边部分为浅红地团窠立鸟纹锦，里面纬浮较长。衣身主体面料上的团窠之内是对鸟，笔挺站立在棕榈花盘之上，尾羽弯曲上翘形成优美的弧线，最长翅羽后翘直抵项后，鸟头上有两根柔软的角羽竖起，两鸟之间是一束花。衣袖面料上的团窠之中是一只单腿

站立、双翅展开的小鸟，团窠之外饰以圆形宝花，花蕊之外有联珠纹组成的正方形和直角三角形等几何图案。

图 7-4 番锦襟袖黄地团窠宝花纹锦半臂正（左）、反（右）面图

【番锦襟袖黄地团窠宝花纹锦半臂基本信息】材质为唐代斜纹纬锦，三级文物。左衽交领，通袖长约 93 厘米，下摆宽约 80 厘米，衣长约 72 厘米，袖口宽约 36 厘米。半臂由两种不同颜色的织锦缝制而成，衣身主体部分为黄地锦，上饰团窠宝花纹，大宝花之内又有小宝花，花形饱满，层层套叠。团窠之间以十字花作为装饰，十字花又由许多团花构成。纹饰整体排列不是很致密，留白较多，显得大气。少部分衣襟和衣袖的面料为蓝地锦，饰有联珠团窠宝花纹，大联珠团窠圈内又饰较小的联珠团窠和宝花花蕾，联珠团窠之外再饰十字花。

图 7-5 红地团窠对鸟纹锦正（左）、反（右）面图

【红地团窠对鸟纹锦基本信息】唐代斜纹纬锦，三级文物。形状基本呈梯形，较长的底边长约 75 厘米，另一底边长约 58 厘米，高约 49 厘米。此织锦残损比较严重，特别是上部边缘部分有残缺，颜色脱落，丝线缠绕、糟朽甚至断裂。左右两边有拼接痕迹，中间纵向折痕明显，四边均有折边缝痕。锦作红地，以黄、蓝等

色丝线显花。由散点花卉状饰物组成的团窠内饰有立于棕榈叶盘之上的对鸟。鸟尾羽修长，羽翎呈卷草状后翘直抵项后，尾羽倒钩，羽毛上饰以方格纹。团窠之外饰以对称的十字宾花，基本呈方形，织锦背后的纬浮较长。

图 7-6 兽面几何纹织锦残片正（左）、反（右）面图

【兽面几何纹织锦残片基本信息】宋元时期的织物。长约 103 厘米，宽约 60 厘米。锦为黄地，有带状花纹，以棕色、绿色丝线显花，色泽亮丽。残存部分略呈长方形，由三块长条形织物拼接而成，最大的一块两长边均保留有幅宽，幅宽约为 50 厘米。整体较为残破、糟朽，还有大面积动物损坏及深色污染物。

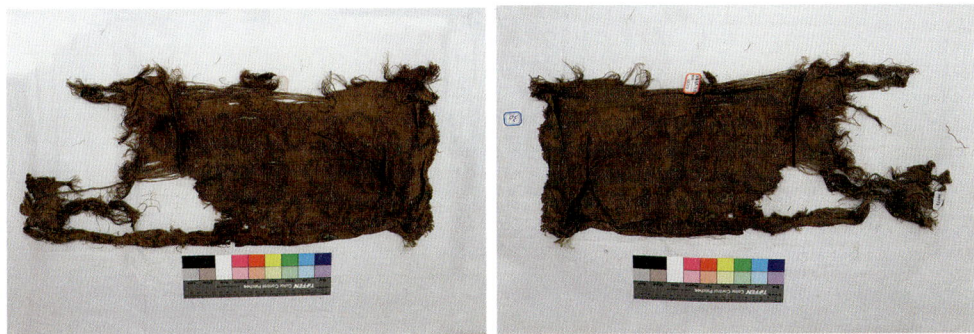

图 7-7 团窠宝花对鹿纹锦残片正（左）、反（右）面图

【团窠宝花对鹿纹锦残片基本信息】唐代时期的织物。长约 51 厘米，宽约 25 厘米。锦为斜纹纬锦，黄地，以绿色、蓝色丝线显花，缺失严重，残存部分呈长方形。锦上的团窠由 8 朵相接的宝花构成，团窠内是相视的对鹿，抬蹄呈行走状。平行团窠之间有 2 厘米左右宽的素面间隙，4 个团窠之外有宝花组成的十字形宾花。整体图案与红地联珠团窠对鸟纹锦袜（图 7-19）袜靿上的图案颇为一致，应也是难得的一件"陵阳公样"的织物实例。此锦虽色泽艳丽，但多处已糟朽为丝缕状。

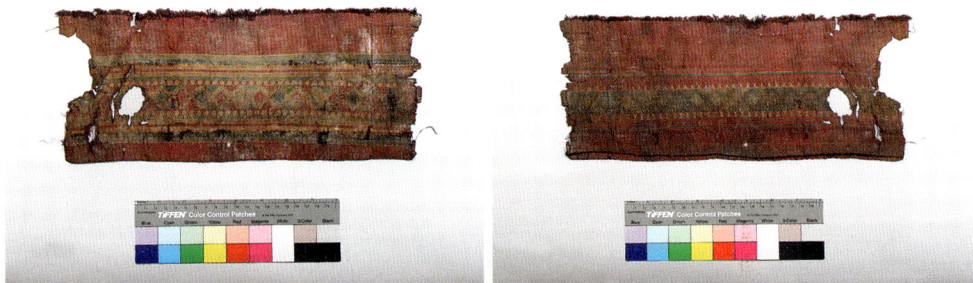

图 7-8 红地联珠菱格条纹锦正（左）、反（右）面图

【红地联珠菱格条纹锦基本信息】唐代时期的斜纹纬锦。长约35厘米，宽约15厘米，呈较规整的长方形，一长边为紧边，另一长边为毛边，毛边有针线缝痕。由此可知，此锦或原为袍服、裙襦等衣物的局部。通幅为红地，用黄、蓝、绿色丝线织出花纹。其上有不同颜色的条状织物装饰，中心图案为一个个紧密相连的菱格纹，以蓝、红、黄、红、蓝的次序排列，黄色菱格已基本褪色。菱格纹带被两条联珠纹带夹持，其外再饰以各色条纹。此类织锦在古丝路沿线，特别是新疆地区很常见，异域风味较浓郁。

图 7-9 红地团窠对鸟纹锦正（左）、反（右）面图

【红地团窠对鸟纹锦基本信息】唐代时期的斜纹纬锦。长约70厘米，宽14.2厘米，浅红地（或为脱色所致），用黄色、浅褐色等丝线织出花纹。四周都是向里的折边，且两长边处有针线缝痕，针脚不规整，较粗糙，折痕随意，应是较独立的一块织物，整体呈长方形。锦面上由花卉类饰物组成大团窠，团窠之内饰以对鸟，立于平直的棕榈叶盘之上。两鸟尾羽修长，翅膀微张，翼角微翘，与图7-5所示的红地团窠对鸟纹锦上的鸟纹明显不同的是尾羽并无倒钩。两鸟之间有圆形的饰物。团窠之间又饰以圆形花卉纹宾花。残存的锦边上缀有浅黄色绢片，

似为衬里,织锦里面的纬浮较长。

图 7-10 黄地瓣窠鸟纹锦正(左)、反(右)面图

【黄地瓣窠鸟纹锦基本信息】唐代时期的斜纹纬锦。残长约 28 厘米,宽窄不一,单层,脱色严重。锦为黄地,以蓝、白等色丝线显花。残缺较多,仅存部分由 4 块织物拼缝而成,基本呈筒状。此锦为瓣窠鸟纹锦,残存部分仅能看到部分瓣窠、鸟的尾羽及鸟头,鸟头戴有联珠环。底部有折边缝痕。目前,其整体形制尚不明确。

图 7-11 红地团窠鸟纹锦正(左)、反(右)面图

【红地团窠鸟纹锦基本信息】唐代时期的斜纹纬锦。长约 41 厘米,宽约 17 厘米。锦由两部分组成,用浅黄色明线缝钉连接,边缘密布针脚,由此判断,此锦当属衣服的局部。锦为红地,以黄、蓝等色丝线显花。现存部分为略带弯度的条块状残片,主体纹饰为心形组成的大团窠,团窠之内饰以鸟儿立于台座上。鸟儿残缺,仅存尾羽回勾,后翘直抵项后。团窠之外又间隔有较小的心形团窠,小心形团窠之内套以联珠小团窠和由四个心形组成的花蕊。

【红地团窠对鸟纹锦残片基本信息】唐代时期的斜纹纬锦。长约 23 厘米,宽约 22 厘米,基本为正方形。锦地红色较鲜艳,用黄色、棕色、褐色等丝线织出花纹。单层,整体糟朽、变形、酥脆严重,中间裂口较大。锦上仅存一树叶状纹,纹样内部有对鸟直立,共衔一饰物。纹饰整体大气,遗憾的是,残缺多,已无法复原完整纹样,连主花与宾花也已分辨不清。

图 7-12 红地团窠对鸟纹锦残片正(左)、反(右)面图

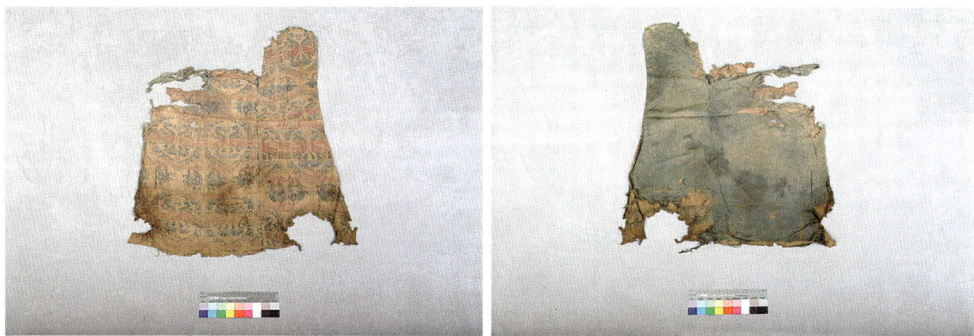

图 7-13 黄地团窠对鸟纹锦正(左)、反(右)面图

【黄地团窠对鸟纹锦基本信息】唐代时期的斜纹纬锦。长约 63 厘米,宽 61.5 厘米,残存部分形状不规则。浅黄地,红、蓝色丝线织花,织工细腻。背后有绢质衬里,呈淡蓝色(或为蓝色褪色所致)。锦由两部分拼接而成,拼合较随意,两部分的花纹有些错乱。连续的小花状纹样组成了大团窠,内饰鸳鸯或鸭子类的对鸟。憨态可掬的对鸟立于棕榈花盘之上,翅膀和尾羽上翘回勾,翅膀侧面又有一朵小花,对鸟共衔饰物。团窠之外的对鸟似为对鸡,尖嘴短小,立于台座之上,羽毛修长后翘,直抵项后。两部分锦上团窠之外的对鸟间隔距离略有不同。

【黄地联珠狩猎纹锦基本信息】唐代时期的平纹经锦。长约 45 厘米,宽约 15 厘米。双幅边完整,基本为长方形。浅黄色地,用蓝色丝线织出花纹。顺着长边饰有一列直径约为 12 厘米的团窠。团窠之内是狩猎场景,最上方有对牛和对鹿类动物相对奔驰,中间似为一站立状的花豹,花豹两侧各有一人骑马向相反方向驰骋，下面是两只猎犬在相向吠叫。两个团窠相切处饰一兽面。团窠之外还间隔有十字小宾花、葡萄纹（树叶纹）、人物纹样等。图案整体为场景化叙事，对称的猎手与动物成行排列，营造的是狩猎盛景。

图 7-14　黄地联珠狩猎纹锦正（左）、反（右）面图

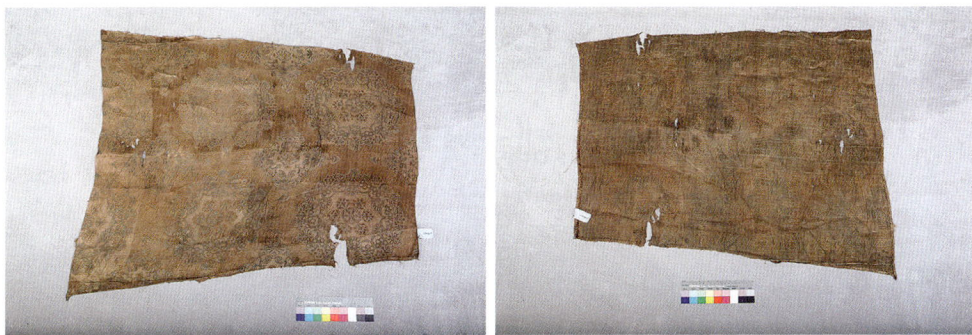

图 7-15　黄地宝花纹锦残片正（左）、反（右）面图

【黄地宝花纹锦残片基本信息】唐代时期的斜纹纬锦。最长边 95.5 厘米，次长边约 92 厘米，最短边约 56 厘米。锦周边有折边拼接痕迹，应为衣物的局部。黄地，以浅蓝、浅黄（或白）等色丝线显花，脱色严重。主体纹饰是由花枝相缠的宝花构成的大团窠，团窠之内饰以六瓣形的宝花及花蕊。团窠之外的十字花由四朵小宝花组成。纹饰整体疏密有致，圆形团窠很规整。

【团窠对鸟纹锦基本信息】唐代时期的斜纹纬锦。长 52.5 厘米，宽 44.5 厘米，基本为正方形，四边均有折边缝痕，应为相对独立的衣物局部，背后纬浮较长。红地，用黄色、蓝色丝线织出花纹。主体纹样是由联珠、花卉、联珠等要素构成的大团窠，内饰对鸟。较为独特的是，对鸟并未立于棕榈花盘之上，而是立于圆形花盘上，花盘枝叶舒展，中间还有一枝花苞。对鸟的头圈由联珠纹构成，两鸟的头圈之间有花卉状的饰物，花上还有较大的凸起的花蕾。对鸟尾羽修长、上翘，直抵项后。大团窠之外又有花卉团窠。

图 7-16 团窠对鸟纹锦正（左）、反（右）面图

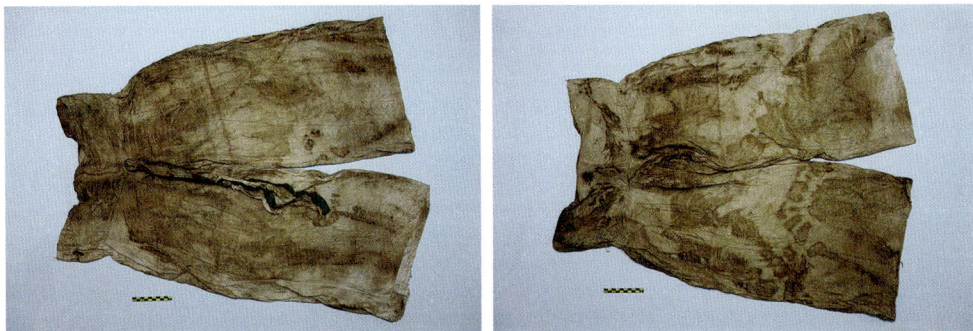

图 7-17 系带合裆绫裤正（左）、反（右）面图

【系带合裆绫裤基本信息】材质为辽代的平纹绢，三级文物。裤通长约 86
厘米，腰围约 87 厘米，腰高约 12 厘米。裤，古称袴、绔，《说文》中写："绔，胫衣
也。"《释名》中写："袴，跨也，两股各跨别也。"这说明古代的裤子只有两个裤腿，
没有腰，也没有裆。此件裤子较难得，腰部系带，有裆且缝合，整体由暗绫纹的黄
褐色绢缝制成，裤腰正面有本色和蓝色绢带四条。此裤保存较好，形制完整，是
早期真正意义上的一条裤子。

图 7-18 锦勒绣靴正（左）、反（右）面图

【锦鞡绣靴基本信息】靴子为一对,是南北朝时期的织物,三级文物。靴子通高 45.5 厘米,靴鞡高 21.5 厘米,靴口周长约 38 厘米。锦鞡绣靴主要由靴面和靴鞡两部分组成。靴面主要材质为平纹褐色绢,绢地上有锁绣的大团花,十字花蕊之外是一圈圈涡状云纹,再外圈有花瓣状纹样紧密相连。团花之间点缀忍冬纹样。靴鞡以浅黄色为地,带状浅褐色图案与浅黄地色上的暗花间隔循环排列。靴面整体完整,刺绣精美。靴鞡残损、污染较严重,靴头翘起。靴子有明显的游牧民族服饰特征。此图案仅在青海都兰热水墓葬中发现过同类,在别处尚不曾见到,且同一或近似形制的织品尚未见他例,可谓独一无二。

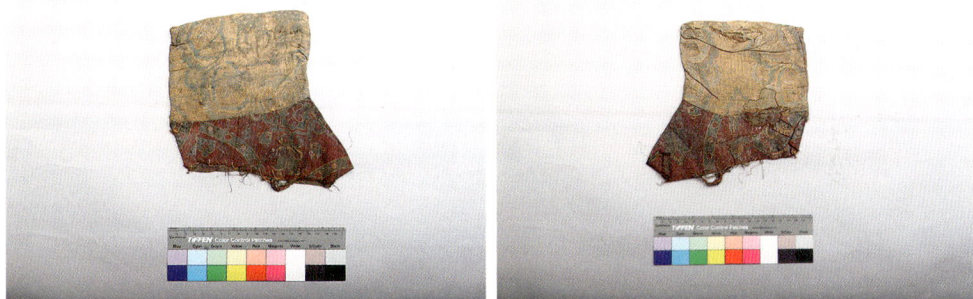

图 7-19 红地联珠团窠对鸟纹锦袜正(左)、反(右)面图

【红地联珠团窠对鸟纹锦袜基本信息】材质为唐代斜纹纬锦,三级文物。高约 16 厘米,袜口直径约 16 厘米,袜底通长 23.5 厘米。袜鞡为黄色锦地,饰有宝花组成的团窠,内饰对鹿,鹿身上饰有不规则三角形。袜面为红色锦地,饰有联珠纹组成的大团窠,内饰对鸟,团窠外是花枝相缠的宝花纹。袜底缺失。袜鞡和袜面均是蓝色丝线显花,团窠间有十字花。此袜上的纹饰应为"陵阳公样"。

图 7-20 黄地联珠团窠猪面纹马面饰正(左)、反(右)面图

【黄地联珠团窠猪面纹马面饰基本信息】唐代时期的织物,通长约 80 厘米,

宽约 75 厘米。眼睛、鼻子、眉毛等部位都镶有用蓝色丝线显花的黄地联珠团窠猪面纹的锦缘。锦缘最外部分与黑色、棕色、绿色、黄色、褐色绢拼接而成的扉边相连。整体用浅黄色绢作衬里，糟朽十分严重，所幸马面饰的基本形制比较完整，可依据线索复原。此类马面饰在中国丝绸博物馆也有一件，其眼部与地色绢整体相连，没留眼孔。甘肃省博物馆还收藏有另一件蓝地白花马面饰，保存较完好，留有眼孔。

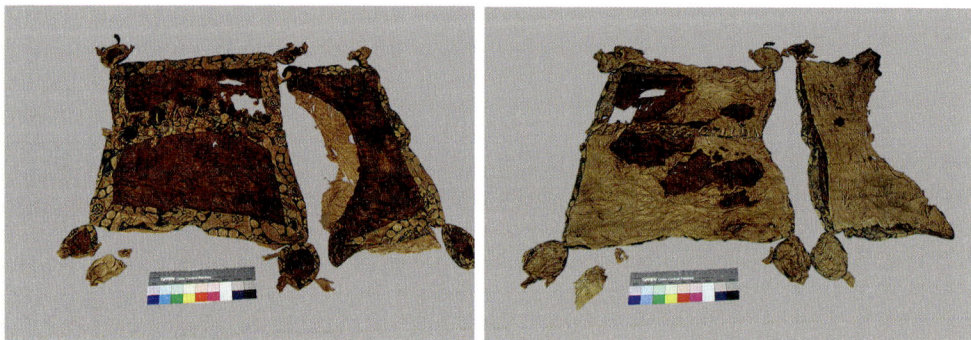

图 7-21 黄地联珠团窠猪面纹锦正（左）、反（右）面图

【黄地联珠团窠猪面纹锦基本信息】唐代时期的织物，通长约 56 厘米，宽约 45 厘米。大（左）小（右）两块锦虽为一件文物，但又相互独立，并没有缝合为一体，形制均较完整，有衬里。大块锦由两块相同的褐色绢缝合而成，周边镶有黄地团窠联珠猪面纹锦缘，有磨损痕迹，纹路机理已下坠变形，四角缝缀有圆形饰片，还有一束束的花枝状流苏被夹缝在两块锦之间，花梗是由黄色丝线缠绕的硬质细木棍，末端是丝线制作的花球。较小块锦呈凹形，主体面料与大块锦完全一样，也是褐色绢。缘边用的锦有所不同，无猪面纹，同为黄地，蓝色丝线显花，有射猎纹和"吉"字纹等。笔者认为这两块锦也许为两件物品的局部。其具体用途还有待学者进一步研究考证。

甘肃省博物馆征集到的汉晋时期的一些纺织品，有的上面饰有寓意吉祥的文字，正是上层社会追求享受和儒家"孝道"思想的反映；有的以丝线绣联珠动物纹，体现出波斯萨珊王朝艺术的特点；靴鞡上的团窠褐地花卉纹与都兰吐蕃墓出土的丝织品风格一致，据征集渠道了解，此类织物很可能就来自都兰吐蕃墓。总之，这批织物数量多，品种全，纹样精美，织造技艺高超，有着明显的东西方文化交流的印记，其价值可从下文中的 6 个方面进行挖掘认知。

第二节 馆藏征集纺织品的价值

1. 服装样式的代表性

1.1 半臂

甘肃省博物馆现藏纺织类征集品中的完整服装主要有上衣、女裤、靴袜等。其中上衣以半臂居多,这是中古时期所特有的服装式样。《中国古代服饰研究·隋唐篇》中有论述:魏晋以来,由于妇女常穿的裙子腰部日渐增高,所以上衣(也称上襦)便日趋短小,衣袖渐窄,长度只及腰部,便于穿脱。可见"半臂"是从魏晋以来的上襦发展而来的一种无领(或翻领)、对襟(或套头)短外衣,又称半袖。它的特征是袖长齐肘,身长及腰。在其发展演变过程中,形制时大时小,一直在变化。晋末到齐梁时,半臂的样式走上另一极端,衣袖加宽到二三尺,男女款相同,上行下效,南北同风。《中华古今注》云:"隋大业末,炀帝宫人、百官母妻等绯罗蹙金飞凤背子,以为朝服及礼见宾客、舅姑之长服也。"可知半臂曾流行于隋代宫廷内,为宫中的宫人们所穿。至唐代,半臂流行于民间,成为一款男女都能穿的服饰。《唐六典》《通典》均提及成都和广陵织贡锦、做半臂事宜。从考古发现的唐代陶俑、壁画和半臂实物可见,半臂为唐代时尚而动人的服饰之一,多用锦制成,衣长及衣袖有所变化,一般穿在长裙之上,尤其受体态丰腴的唐代贵妇喜爱。中唐以后,如传世画卷《宫乐图》及较晚的《宫中图》中,半臂即不再出现。晚唐诗歌中,虽还有咏半臂的,但从现有的文字、雕塑、壁画等资料来看,已不再有半臂样式的衣服,这应与唐代政治制度有一定关系。在古丝路沿线,除甘肃省博物馆征集的几件半臂之外,青海都兰墓葬中出土半臂较多。2022年,由甘肃省文物考古研究所、武威市文物考古研究所、天祝藏族自治县博物馆联合发表的甘肃省武威市唐代吐谷浑王族墓葬群考古报告记载,甘肃省武威市唐代吐谷浑王族墓葬之一慕容智墓中出土一件较完整的半臂,有襕和腰带,呈右衽、垂领、半袖状,上半身织物为深黄地缠枝团窠鹿纹锦,团窠之间有十字宾花,腰带断裂为几节,但位置明确。襕为深蓝色菱格纹罗,内衬整体为灰绿色重格菱形纹绮。整体衣长约93厘米,通袖长约86厘米。从报告中的半臂复原图看(实物有褶皱,无法显示准确数据),襕的长度略小于上半身衣长。遗憾的是,甘肃省博物馆现存半臂都无襕和腰带,(图7-1至图7-4)但在衣服的下摆处都有很窄的折边、针线缝痕和腰带遗留痕迹,后期修复中可参考文献与现有出土实物进行复原。

1.2 锦袜、锦靴

中国古代的靴子大致有三种式样。第一种为官服的履，通称"高墙履"，前头高昂一片呈长方形，由南北朝的"笏头履"发展而来，做法要遵循一定的制度。第二种式样显然受西域或波斯影响，多是软底透空锦勒靴，必配上条纹小口袴，以及翻领小袖齐膝长袄子，即成为一套胡服新装。一般来说，这身装束的人多为身份较低的女侍，有些"女扮男装"的意味。永泰公主墓及章怀、懿德二太子墓的壁画中，女侍脚上均穿着这一类型的靴子。中晚唐时，乐舞伎还穿这种靴子，一般妇女已不常穿。第三种是尖头而略作上弯的样子，样式近于新型靴子，汉代就已出现，似从勾履发展而来，盛唐又复流行，又有软底靴，或线靴、软底锦勒靴之称，区别或在使用材料上。《新唐书·车服志》载："武德间妇女曳履及线靴，开元中初有线靴，侍儿则着履。"一般的履有罗帛织的，也有草编的。

甘肃省博物馆征集纺织品文物中的锦袜、锦靴之前也曾见于青海都兰和新疆阿斯塔那唐代墓葬。[①]唐代慕容智墓中也出土有丝质袜、靴和鞋。以上几处墓葬出土的袜子的形制基本一致，可见这是唐代丝路沿线地区人们常穿的袜子样式。甘肃省博物馆征集所得南北朝时期的靴子（图7-18）与慕容智墓中出土的靴子外形有区别，慕容智墓出土的靴子为高勒靴，靴口缝有两根系带，与腿绑缚固定或打结起装饰作用，靴头浑圆。这便是不同时期服饰样式发展变化的直观反映。

2. 装饰图案的典型性

甘肃省博物馆征集到的纺织品文物装饰纹样非常丰富，且具有鲜明特征，既有浓郁西方审美意味的外来纹样，也有经改造而创制的本土纹样。联珠纹包括单层联珠、双层联珠；各式团窠有宝花团窠，椒瓣、心瓣团窠，散点花叶团窠，连块状团窠等。有各式禽鸟纹，如：含绶鸟，或单或双，形态多样；对鸟，或立于棕榈花盘，或立于缠枝花蔓，或头有背光，或展翅站立。有对鹿，翼马纹等；有跨牛奔驰之形，骑马狩猎之态；也有云气动物纹、几何纹、龙纹、孔雀纹、猪头纹、缠枝西番莲纹等。这些装饰纹样充分显示了此批纺织品文物的年代特征和制作技术特点。

2.1 联珠纹

联珠纹又称连珠纹、圈带纹等，一般由一串彼此相连的圆形或球形组成一字形、圆弧形或S形。它是中国传统文化中的一种几何图形纹饰，被学者认为是史

---

①许新国,赵丰.都兰出土丝织品初探[J].中国历史博物馆馆刊,1991（0）:63-81.

前文化太阳崇拜的延续,也有吉祥、完满、团圆之意。发展至魏晋南北朝时期,盛
行于波斯萨珊王朝时期的联珠纹经由中亚传入中国,与本土联珠纹发生了融合。
传承过程中,连珠纹不可避免地与西域一些国家的派生纹样发生了糅合,特别
是粟特文化的风味较浓,同时又得到中国中古时期工匠们的汰选、创新,在隋唐
时期发展至鼎盛。其典型特征是:散落的圆点被有序连接成圆形、菱形、心形、
方形及套环形等,成为联珠圈,用以包围主题纹样,其中以团窠联珠纹最为著名,
窠内多以动物、花卉图案填充。②

甘肃省博物馆征集的纺织品文物中有好几件联珠团窠对鸟、对兽纹锦,有些
联珠圈不是由圆点组成,而是小花、花瓣、心形等构成了团窠,风格与粟特锦一
致。此类纹饰的特征与青海都兰吐蕃墓中出土丝织品纹饰的特征相一致。许新
国先生在《都兰吐蕃墓出土含绶鸟织锦研究》一文中总结了该墓出土的粟特织
锦的特点:(1)团窠环内均有对兽、对鸟纹样。对兽、对鸟的足下均有形式较为
统一的棕榈叶座,有的从棕榈叶座的中心向上伸出枝条组成生命树纹。对兽的
种类有对狮、对羊和对马等;对鸟的种类有对孔雀、对鹅,大部分鸟为立鸟,颈后
系有绶带。(2)团窠环的形状较为多样化,有联珠形、花瓣形、对错S纹形、连续
小花形、连续桃形(或称心形),亦存在小花和联珠共同组成的团窠环。团窠环
也有圆形、竖椭圆形、横椭圆形等不同形状。(3)宾花形式亦较为多样,有轴对
称和十字对称等形式,也有以对鸟和人物作为宾花的情况。(4)作为团窠环以
及鸟兽体装饰的联珠,形式亦较多样,有小联珠、六角形联珠、大小相错联珠等。
联珠纹不仅是构成团窠的要素,在鸟、兽的颈部、腹部、尾部等都普遍用联珠纹来
装饰。

甘肃省博物馆藏红地团窠对鸟纹锦(图7-5)的纹样保存较完整,配色讲究,
以上述都兰吐蕃墓粟特织锦的特点验之,发现该织锦的特点与之吻合,表现在:
(1)此锦纹饰是团窠环中有对鸟,对鸟为立鸟,鸟的脚下踏有棕榈叶座,尾羽分
开上翘下勾;(2)团窠环为连续小花形组成的圆形花环;(3)团窠环内的纹饰
均左右对称,团窠环外饰有宾花,为十字对称;(4)团窠环内立鸟的腹部、尾部羽
毛均用连续的方格纹来装饰。

②姜伯勤.敦煌与波斯[J].敦煌研究,1990(3):7-21,117.

罗丰.胡汉之间:"丝绸之路"与西北历史考古[M].北京:文物出版社,2004.

此外,在南北朝时期的织物刺绣上也可见联珠圈内有孔雀、翼马和猪头等珍禽瑞兽图案,这些纹样显然都非中国传统所有。

这种风格的联珠纹一直流行至九世纪末十世纪初。[③] 在莫高窟的南北朝、隋代时期的壁画中,这类联珠纹很是多见。[④] 如 277 窟(隋代)龛口边缘壁画上的联珠对马纹即是这类风格,联珠纹骨架内有带翼的对马相向而立,还饰以忍冬纹样。[⑤] 这样的构图是波斯原产,还是与粟特地区的纹样融合后进入了中原? 这个问题有待更多资料进行考证。

2.2 陵阳公样

甘肃省博物馆征集的纺织品文物的装饰纹样中,除外来纹样外,不少也是本土的创造,如宝花纹、陵阳公样。宝花纹是唐代出现的具有浓郁中原特色的装饰纹样,辽金时期亦有使用。宝花团窠之中饰以各种对称的动物纹样,史称"陵阳公样"。[⑥] 张彦远《历代名画记》卷十载陵阳公窦师纶"性巧绝,草创之际,乘舆皆阙,敕兼益州大行台检校修造。凡创瑞锦宫绫,章彩奇丽,蜀人至今谓之陵阳公样……高祖、太宗时,内库瑞锦对雉、斗羊、翔凤、游麟之状,创自师纶,至今传之"。红地联珠团窠对鸟纹锦袜(图 7-19)和团窠宝花对鹿纹锦残片(图 7-7)上的纹样,即为陵阳公样,实物能与文献验证,实属难得。这类锦都是斜纹纬重组织,普遍比较厚实,以花瓣、小碎花或枝叶相缠的大花等构成团窠骨架,对鸟、对兽等为窠内主体纹样。

2.3 狩猎纹

早期,人类的狩猎活动是一种生活方式,主要是为了获取充饥的食物和御寒的皮毛而捕杀动物,往往靠集体的力量才能完成。后来,狩猎活动逐渐与战争相关联。高超的骑射武艺自古就被人们钦佩和崇敬,国外存世的萨珊银盘、乌兹

③ BELENIZKI A M.Mittelasien Kunst der Sogden[M].Leipzig:[s.n.],1980:7-8, 30.

④ BAKER J.Art of the SuiDynasty caves at Dunhuang[D].Kansas:University of Kansas, 1980.

关友惠.莫高窟隋代图案初探[J].敦煌研究,1983(0):26-38,4-5.

梁银景.莫高窟隋代联珠纹与隋王朝的西域经营[M]// 荣新江.唐研究:第9卷.北京:北京大学出版社,2003:457-476.

梁银景.隋代佛教窟龛研究[M].北京:文物出版社,2004:182-195.

⑤梁银景.隋代佛教窟龛研究[M].北京:文物出版社,2004:187.

⑥赵丰,徐铮.经纬锦绣:中国古代丝绸纺织术[M].北京:文物出版社,2017.

别克斯坦出土的花剌子模时期的骑士猎狮浮雕残块[⑦],以及中国古代的绘画、铜镜、壁画等均反映出了这一点。由于中亚、西亚丝织品的生产织造起步较晚,所以与骑射相关的狩猎纹应用于丝织品装饰的起源时间、流行地域、传播途径等的文献及考古实物,迄今较罕见。在我国,1983年,青海都兰热水吐蕃墓出土一件北朝时期红地云珠圈狩猎纹锦(红地云珠日天锦),纹样主体骨架为一圈圆珠和一圈卷云纹组合而成的连珠圈,圈内纹样有两组。第一组描绘的是两名头戴小帽、身穿紧身衣裤、脚蹬长靴的猎手骑着双峰骆驼相对而驰,骆驼身后有猛虎扑咬,射手转身拉弓欲射击猛虎;第二组描绘的是同样装束的猎手在骑马相对奔跑过程中,转身欲射一只因惊慌而呆立的鹿。马颈饰小花,鹿身饰圆点。连珠圈经向以兽面纹作纽连接,纬向以八瓣花作纽连接,圈外有对兽、云气纹等。

发展至唐初,狩猎已成为贵族娱乐性的体育活动。加之唐王朝的开放与包容,织锦上狩猎纹样所凝聚的东西方意蕴更加丰富,狩猎图案多以骑士、骏马、狮子、鹿、猎犬、猎鹰为主,花草鸟木为辅,其中狮子、猎犬、猎鹰带有明显的外来文化意味,如图7-14黄地联珠狩猎纹锦中的猎犬图案说明这是件富含粟特文化意味的织锦。粟特人信奉拜火教,高度崇拜犬,视犬为上苍派来赐福的动物。[⑧]还值得关注的是:图案中的连珠圈由一圈小圆珠组成内圈,外圈则由一圈卷云纹组合而成,连珠圈之间以一兽面作纽连接,圈内为狩猎主题的纹样,内容更趋抽象、简洁,卷云纹元素显然是中原工匠把异域纹样题材汉化后的结果。

与早期壁画、陶瓷、铜镜上的传统狩猎场景相比,这件黄地联珠狩猎纹锦的图案更趋程式化,少了围猎的恢宏气势,注重刻画人与动物的动作,如反身射箭的动作强调的是猎者的沉着、冷静与胜券在握。在图案布局上也有别于传统纹样,此锦虽采用的是汉锦的经向丝线显花技术,却以纬向进行图案叙述。这类织锦可能是迁徙到中原的西域工匠织造,也可能是中原工匠织造的专门向西方销售的外销品,毕竟和西方国家的丝织品相比,中国的产品质量明显要更好,为了商品能在中亚、西亚一带畅销,粟特人更喜欢贩卖中国的丝织品,因此要求中国

---

⑦林梅村.轴心时代的波斯与中国:张骞通西域前的丝绸之路[M].西安:西北大学出版社,2021.

⑧刘惠,钟蔚.唐代纺织品中狩猎纹的解读[J].丝绸,2019,56(4):79-84.

工匠织造他们喜欢的纹饰,这也是完全讲得通的。⑨所以,该锦无疑是中西两种文化碰撞、融合、互鉴后的产物。

隋唐时期,这类异域风格的锦多供帝王赏赐有功的大臣,或者番邦的使臣。唐代韦端符的《卫公故物记》中有关于这类锦的记载,唐高祖曾赐给李靖紫色花绫窄袖袍。这件袍子的上半截纹样为树纹,下半截纹样为奔跑的马、狻猊(今为狮子)和其他猛兽,以及射手。从莫高窟壁画以及都兰吐蕃墓、慕容智墓等出土的类似的实物看,这类锦在丝路沿线较为流行。至安史之乱,"胡文化"在中原地区几乎成为叛乱的代名词,具有异域风格的狩猎纹样也就逐渐退出了历史舞台。

3. 工艺技术的多样性

3.1 锦

锦是一种熟织的提花织物,制作工艺复杂,耗时费力,在众多丝织品中,其品质、规格等都较高。《释名》云,"锦,金也,作之用功重,于其价如金,故其制字从帛与金也"。在我国,锦的历史悠久,在春秋战国时期的文献中就可以看到有关于锦的记载,《诗经·秦风·终南》中有"君子至止,锦衣狐裘"的语句;《诗经·小雅·巷伯》中有"萋兮斐兮,成是贝锦"的表述;《左传》中有"子有美锦,不使人学制焉"等记载。古人对锦的理解要更直接,从锦的汉字结构也能看出,汉字锦是形声字,由"金"字和"帛"字组合而成。由于锦用料考究、工艺繁复、颜色绮丽,人们将其比喻成黄金以示其昂贵。南宋文学家戴侗在《六书故》中对锦的解释为:"织采为文曰锦。"翻开历史资料,我们能看到许多关于锦的记载,时代、地点不同,锦的具体名称也不同。《诗经》里有贝锦,汉代有襄阳织锦,唐代有蜀锦,南京有云锦,苏州有宋锦……中国最早的织锦为平纹经锦,后受到中亚及西方的影响,将平纹经锦翻转90度而成平纹纬锦,这一技术后又传入中原,进而才出现了斜纹纬锦。纬锦的出现,在中国的纺织织造史上具有划时代的意义。⑩

甘肃省博物馆征集的纺织品文物中最具特色的当属唐代斜纹纬锦,如蓝地翼马纹锦。该织锦为国家三级文物,保存较完整,翼马身生双翼,在胸前呈张开状,翅膀下有卷云纹,翅膀前侧作龟背形,中间饰有一条连珠带,后侧装饰成羽毛状,尾部卷曲。马具完备,装饰丰富。翼马头顶有花样冠饰,项戴连珠纹项圈,并系飘带,水平向后飘扬。马腿及马尾亦用绸带系缚作为装饰。翼马呈昂首行

---

⑨孙志芹,李细珍.萨珊艺术东渐下狩猎纹锦艺术流变与织造技术特征[J].丝绸,2021,58(9):100-109.

⑩赵丰.丝绸艺术史[M].杭州:浙江美术学院出版社,1992.

走状。通过对头饰、颈饰、翅膀等的信息进行研究分析可知，该锦上翼马纹样颇具 7 至 9 世纪波斯、粟特地区翼马造型的特点。[11] 此锦两条短边残损严重，目前尚缺乏其他信息，以致不能辨识其原有形制，也不能断定它的原始用途及织造产地等，所幸两匹翼马身上存留的纹饰可以互补，加之根据锦面右下角残存的少许纹饰（右行的马脸、翅膀局部及冠饰小花）推断，整幅锦上的主要图案应是一排排相向而行的翼马。据此，考古工作者利用计算机绘图技术复原出了完整的翼马纹样，为后期继续研究织锦的来源等问题提供了有力佐证。从织造技法上看，这件颇具异域装饰特点的锦即为斜纹纬锦，它通过经纬组织的变化，显示纹样的不同色彩。（图 7-22）

正面图

反面图

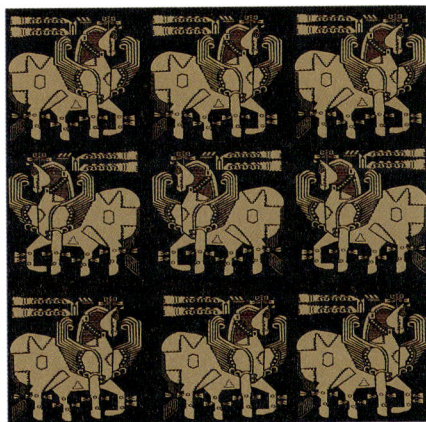

翼马纹样复原图

图 7-22 蓝地翼马纹锦图

【蓝地翼马纹锦基本信息】唐代时期的织物。长约 54 厘米，宽约 31 厘米。该锦基本呈长方形，两条长边都存在明显的折叠和缝钉痕迹，两条短边残缺严

---

⑪许新国.都兰吐蕃墓出土含绶鸟织锦研究[J].中国藏学,1996（1）:2,3-26,161.

重。锦的正面为蓝地，以黄、白色丝线显花，两匹较完整的翼马呈昂首行走状，一匹左行，一匹右行，造型十分优雅。马腿及马尾系有绸带，这是丝绸之路上马匹的常见装饰。锦的反面有较长的纬浮。翼马造型在西方艺术中出现很早，表现手法也很自然。随着中西方交往日益密切，用于丝织品装饰的翼马形象也有了一些融合，从细节处对比中原翼马（即唐系纬锦系统）和西域（即波斯纬锦系统）翼马造型，两者的区别主要体现在：中原翼马翅膀的前侧呈龟背形（正如该件蓝地翼马纹锦），而西域翼马翅膀的前侧多为羽毛状；马头上的装饰也有不同，西域翼马头上饰有一新月及小花，或是圆珠形冠，中原翼马头上偶有一束红缨，多数没有任何装饰；西域翼马颈上通常饰以联珠纹绸带，绸带一直水平飘到身后，中原翼马的前胸通常有浅色过渡。

　　征集纺织品文物中有一件锦缘黄地团窠宝花纹锦半臂，（图7-23）其面料是黄地纬锦，饰有大的团窠宝花，为唐式缎纹组织。此组织结构应是由斜纹纬重组织演变而来，虽织物机理已严重变形，纤维也很糟朽，但本色花纹色泽依然明亮，这与其组织结构不无关系。[12]

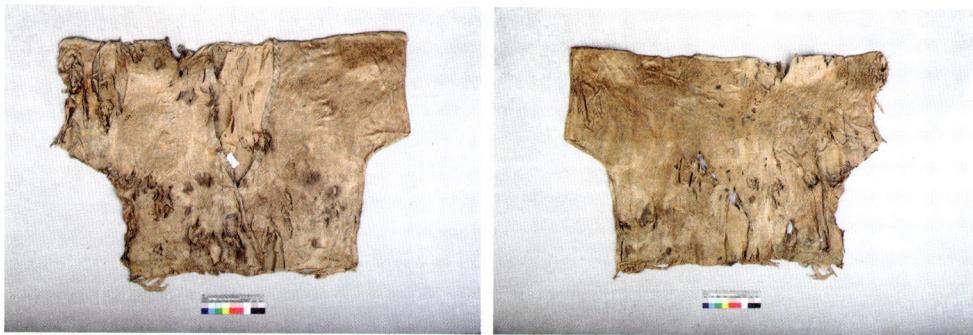

图7-23 锦缘黄地团窠宝花纹锦半臂正（左）、反（右）面图

　　【锦缘黄地团窠宝花纹锦半臂基本信息】材质为唐代缎纹纬锦，三级文物。此锦的组织结构在甘肃省博物馆征集品中较少见。半臂通袖长约113厘米，下摆宽约71厘米，衣长约63厘米，袖口宽约32厘米。其形制与其他几件半臂一样，均为交领、短袖，衣长较短，刚及腰部或臀部。锦以黄色为地，绿色、蓝色、白色等丝线显花。整体饰紧密排布的大朵宝花，大宝花之间又有十字形宾花，宾花由小

---

⑫袁宣萍，赵丰.中国丝绸文化史［M］.济南：山东美术出版社，2009.

朵宝花构成。衬里为浅黄色绢。此半臂之前显然是发生了腐蚀、虫蛀等病害,已糟朽不堪,但缎面的色泽保持得尚好。

以上几件织锦的风格与青海都兰吐蕃墓葬出土的织锦风格非常一致,粟特艺术风格非常明显。这与青海地处丝绸之路沿线,中西交往频繁不无关系。[13]

除此之外,甘肃省博物馆征集到的纺织品中还有几件汉晋时期的铭文锦,主要以铭文为主题,其上还铺设一些花卉纹、云纹、珍禽异兽纹等。这些纹饰多以"变形"的样式出现,如龙凤、麒麟、云气、茱萸等。动态的纹样之间穿插有静态的汉隶吉祥文字。文字按照从右向左的顺序排列,有"汉大乐""宜""吉""福""受君福禄""当大孝""宜子""福受右"等。这种动、静结合的图案架构整体的和谐感很强。(图7-24至图7-26)

此类织锦在西北地区丝绸之路沿线汉晋时期的墓葬随葬品中较多,如:甘肃武威磨嘴子汉墓群M1中出土的"广山"铭文锦有3块(图1-7为其中之一),出土时覆盖于墓主人面部及身上(也许为锦被残片),锦以棕红色为地,黄色、褐色、绿色丝线显花,平纹经重组织。锦上织有青龙、白虎、珍禽、瑞草及祥云等图案,"广山"二字穿插其中。最大的一块锦残长约139厘米,幅宽约50厘米,经密为26根/厘米,纬密为16根/厘米。1980年在楼兰城郊墓葬、1995年在尼雅遗址,都曾出土此类有"广山"字样的锦,同时出土的织物还有红色素面平纹绢、织锦衣领边饰带、蓝地印花绢、白色素面平纹绢、绿色素面平纹绢镜套等。[14]

不仅如此,在一些魏晋时期的铜镜上也常有此类铭文出现,如:武威辛家河滩墓[15]、敦煌祁家湾墓[16]、敦煌新店台墓[17]、新疆和田墓[18]等处均出土有"君宜高

⑬霍巍.粟特人与青海道[J].四川大学学报(哲学社会科学版),2005(2):94-98.

⑭朱安,张振华,韩小丰,等.甘肃威武磨嘴子汉墓发掘简报[J].文物,2011(6):4-11,1.

⑮甘肃省文物考古研究所,戴春阳,张珑.敦煌祁家湾:西晋十六国墓葬发掘报告[M].北京:文物出版社,1994:124-125.

⑯李遇春.新疆民丰县北大沙漠中古遗址墓葬区东汉合葬墓清理简报[J].文物,1960(6):9-12,5-6.

⑰李岩云.敦煌历史与出土文物[M].呼和浩特:内蒙古人民出版社,2006:39-41.

敦煌市博物馆.敦煌文物[M].兰州:甘肃人民美术出版社,2002:77.

⑱新疆社会科学院历史研究所.新疆简史(第一册)[M].乌鲁木齐:新疆人民出版社,1980:76.

照""君宜官位""君宜高官""位至三公"等铭文的铜镜。

由是以观,汉晋时期的中原文化对河西、西域诸地有着相当深刻的影响,甘肃省博物馆馆藏的汉晋织锦反映的就是这一文化现象。

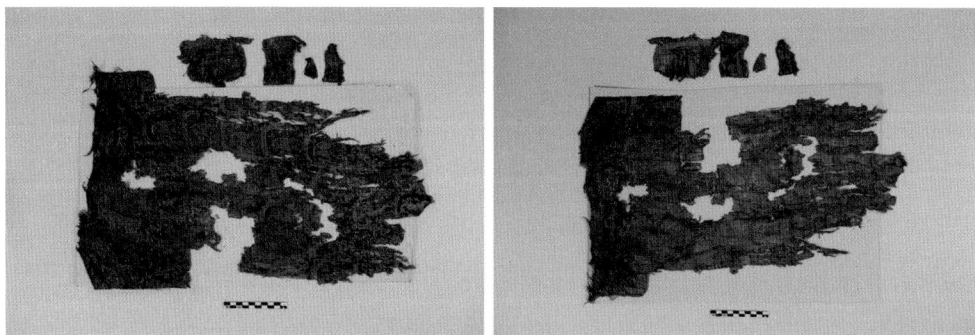

图 7-24 "君福禄"织锦残片正(左)、反(右)面图

【"君福禄"织锦残片基本信息】汉晋时期的织物。长约 56 厘米,宽约 34 厘米。锦由两部分拼接而成,曾被夹持于有机玻璃当中,与玻璃发生了粘连,现已酥脆,且残损严重。锦以蓝色为地,以土黄、绿色丝线显花。织有龙、凤、山状祥云等变体纹样,还有类似虎、鹿、麒麟、鸟等珍禽瑞兽形象,空隙处穿插有"君福、禄、当孝、大宜、子孙"等字样,用以表达长生以及福佑子孙的思想与愿望。

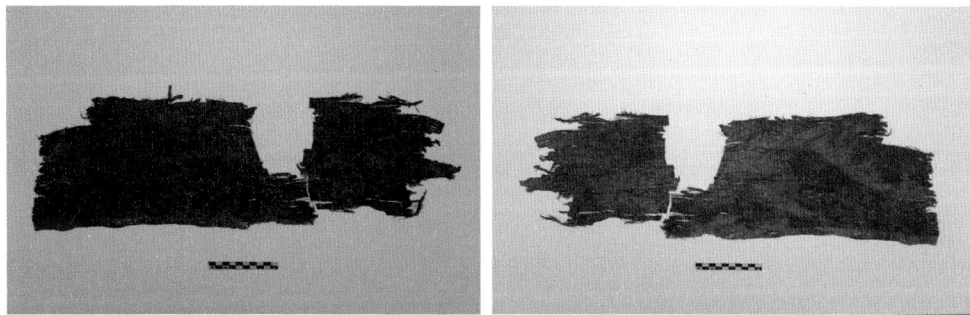

图 7-25 "福寿佑"织锦残片正(左)、反(右)面图

【"福寿佑"织锦残片基本信息】汉晋时期的织物。长约 41 厘米,宽 17.5 厘米。锦以蓝色为地,主体图案用黄、绿色丝线织成。变形的大片云气、茱萸等成排分布,内弧弯曲处饰以麒麟等瑞兽,再在空隙处饰以"福受右"等铭文。织物断裂为两块,质地脆,破损严重。织物上的云气如山岳般连绵起伏,珍禽奇兽奔腾飞跃于云气缭绕中,强调动作和力度的夸张,画面浪漫而灵动,神秘而壮观。其中的"受"应为"寿"之异写,"右"为"佑"之异写,"福寿佑"为汉晋时期吉祥语。

2003 年，新疆维吾尔自治区博物馆于乌鲁木齐市征集到一块东汉锦片，比较完整，仅有左右两侧有残损，上书铭文"大长乐明光承福受右"。甘肃省博物馆的藏品上仅存"福受右"三个字，揆诸保存相对完好的乌鲁木齐市征集的东汉锦片可以确认，残毁部分应为"大长乐明光承"，故而该锦的完整名称应该是"大长乐明光承福受右"蓝地黄绿云气纹织锦。

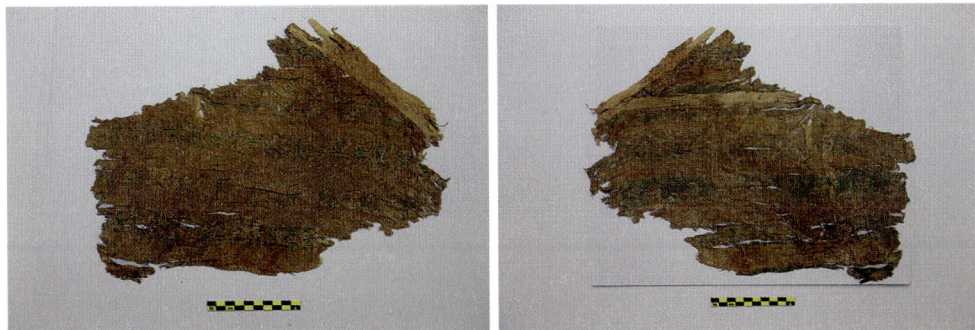

图 7-26 "大汉乐" 织锦残片正（左）、反（右）面图

【"大汉乐"织锦残片基本信息】汉晋时期的斜纹锦，三级文物。长约 56 厘米，宽约 34 厘米。锦为黄地，以蓝、绿等色丝线显花，以弧线勾勒成山岳状构成纹样的"骨骼"贯通整个幅面，在弧线之间的空槽位置分布鸟、云气纹样，再在鸟上、下饰"乐"字，在云纹上、下饰"大汉"字样铭文。这种有明确"大汉"字样铭文的织物较少见到，非常珍贵。织锦残损严重，破裂较多，质地酥脆。汉晋时期传播到漠北和西域的织锦上常织有吉祥文字，如：1924 年至 1925 年蒙古国诺彦乌拉墓地出土的锦上有"新神灵广成寿万年""仙境"字样；[19]1913 年，英国人斯坦因在楼兰古城发现了有"长乐明光"字样的织锦[20]；新疆民丰尼雅墓葬中出土的锦上有"五星出东方利中国""万世如意""延年益寿大宜子孙""延年益寿长葆子孙"等文字。[21] 推而论之，此织锦与"君福禄"织锦、"福寿佑"织锦也可能是现今甘肃河西走廊、青海海西、新疆塔里木盆地等地出土的织物。

---

⑲梅原末治.蒙古ノイン·ウラ發見の遺物[M].東京：東洋文庫,1960：55–57.

⑳STEIN A. Innermost Asia,Detailed Report of Explorations in Central Asia, Kan–Su and Eastern Iran[M]. Oxford：The Clarendon Press, 1928.

㉑于志勇.楼兰—尼雅地区出土汉晋文字织锦初探[J].中国历史文物, 2003 (6)：38–48, 89–95.

　　这些早期的织锦多以经线显花,采用平纹经重组织织造。商周时期,我国就已出现了对蚕、蚕丝及丝织物的崇拜。人们认为蚕是上天的使者,细长的蚕丝能传递天之意图,民间常有对蚕神的供奉和祭拜,甚至形成了"顺天命,求永生"的信仰。用蚕丝进行纺织时,经线是主体骨架,被视为织物之根本,因此,经线显花的工艺模式曾在汉晋持续了很长一段时间,这与古人的文化和信仰不无关系。[22]《左传》中讲:"经纬天地曰文。"《国语》中讲:"天六地五,数之常也。经之以天,纬之以地。"文献足以证明,自周代起,"顺天命"的思想就已在丝织品生产中有了体现,经线通天,纬线连地,经纬交织,天地相通。这种思想在一定程度上限制了丝织品织造工艺技术的发展,为了不"违背天意,改变天命",平纹经锦一直是丝织品的主流。直到魏晋后期,尤其是南北朝时期,中原地区战乱连绵,西方人在经锦织造基础上改良而成的纬锦技术才得以在中国普及。[23]

　　在中国纺织历史上,平纹经锦虽然影响深远,其显花技术却很有局限性,不能织造出体量较大的花形,这应是由汉代织机的构造决定的。在一组单元图案中,循环的纬线根数较少,长度很短,一般只有几厘米,这就决定了织不出大的花形。而一批经线一旦上了织机以后,就意味着纺织品的花纹色彩都固定了,不可能再改变[24]这也是汉晋铭文锦上的文字都比较小的原因。如前文中的"君福禄"织锦残片,其长约56厘米,宽约34厘米,每单元的花纹为5~6厘米的长度循环(变形严重),穿插于上下两单元之间的文字只有不足2厘米宽。目前考古发现的汉晋时期的铭文锦都是这样。在中国古代纺织史上,这类锦是绝无仅有的,不仅反映了汉晋时期织造技术的水平,还体现了当时的风俗习惯、社会心理等。

　　汉晋时期,国内战乱不止,致使百姓颠沛流离,民不聊生,祈求和平盛世、延年益寿、子孙昌盛遂成为人们对生活的美好向往,加之神仙思想盛行,人们渴望跨越死亡,永住神仙所在的乐土,对羽化升天思想的崇尚在生活中几乎随处可见。这种思想在丝绸艺术中的反映即为诞生了颇具特色的主题图案之一——云虚纹,我们把这样的织锦称为"云气动物纹锦"。它以云纹和各种祥禽瑞兽描

　　[22]李斌,李强,杨小明.联珠纹与中国古代织造技术[J].南通大学学报(社会科学版),2011,27(4):85-90.

　　[23]刘安定,李斌,邱夷平.铭文锦中的文字与汉代织造技术研究[J].丝绸,2012,49(2):50-55.

　　[24]陈维稷.中国纺织科学技术史(古代部分)[M].北京:科学出版社,1984.

绘仙山仙境,同时还在其中织入祈福寿类的吉祥文字,充分表达了当时已饱受战争之苦的人们渴望和平、安定、长生,期盼万寿无疆、子孙满堂,祈愿过上风调雨顺、五谷丰登的富足生活的愿望。这类织锦在汉晋时期十分流行,已在西北地区大量出土。汉晋之后,此类织锦随着神仙思想热潮的消退而走向衰落,在出土的北朝时期实物中已基本不见。[25]

3.2 绮和绫

绮和绫都属于提花织物。绮的名称出现较早,《楚辞·招魂》中有"纂组绮绣"之句,《战国策》中亦有"曳绮縠"之句,其注皆与《说文》相同:"绮,文缯也。"文缯是有花纹的平素类织物,与战国秦汉时期的出土实物相比较,可知它是指当时的平纹地暗花织物,亦即平纹地提花织物,在汉代被称为绮。到了魏晋南北朝时期,绮的名称除了在诗文中偶尔见到之外,在现实生活中很少出现。与此同时,平纹类暗花织物的种类与数量却与日俱增,唯一的解释就是这类织物到此时已不再被称为绮了。绮的名称最终为绫所取代,尤其是在唐宋时期,一般的平纹地暗花织物均被称为绫,所谓"汉绮唐绫"即指这一现象。为了与斜纹绫相区别,又可以具体地称其为平纹绫。[26]目前甘肃所见出土的绮、绫织物并不多,甘肃省博物馆近年来征集的纺织品文物中有几件绮、绫,为研究、认知该类织物提供了实证。(图 7-27 至图 7-31)

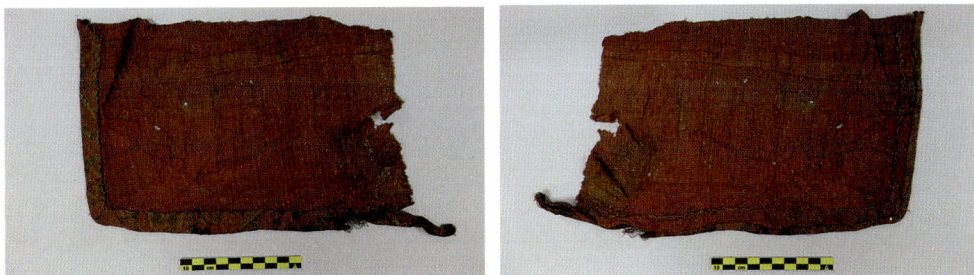

图 7-27 锦缘红地绮(唐代)正(左)、反(右)面图

【锦缘红地绮基本信息】长约 32 厘米,宽 17.5 厘米,呈平行四边形,绮由两部分拼接而成,红地,绿色丝线显花,花卉纹轮廓较模糊,也许为脱色所致。两条边的锦缘为较完整的斜纹纬锦,红地,以黄、蓝、绿色丝线显花,似有心形纹样。另两条边的锦缘缺失。

㉕徐铮.馆藏汉晋时期"恩泽"锦赏析[J].文物鉴定与鉴赏,2020,180(9):22-25.

㉖周趄.中国古代三大名锦的品种梳理及美学特征分析[J].丝绸,2018,55(4):93-105.

图 7-28 团窠卷云纹朵花纹绮（宋元）正（左）、反（右）面图

　　【团窠卷云纹朵花纹绮基本信息】长 60.7 厘米，宽 33.5 厘米。绮由多块织物拼接而成，基本呈长方形，为深黑色。主体纹饰为大团窠，团窠外圈是相连的卷云纹，内圈是朵朵盛开的菊花，团窠中心还饰有动物等。团窠之外是花树、卷草等，枝叶相缠，分布密集。

图 7-29 菱形纹绮残片（宋元）正（左）、反（右）面图

　　【菱形纹绮残片基本信息】长约 35 厘米，宽 15.5 厘米。绮为黄地，呈筒状，中间略粗。有一个缝口已开线，细碎的暗菱形纹排列不太规整，反面的菱形花纹处有较短纬浮。

　　【褐地刺绣花卉纹绫袋基本信息】长约 15 厘米，宽 9.5 厘米，系带长分别为 12.5 厘米、11 厘米、8 厘米不等。绫为黄褐色地，上饰有紧密相连的本色菱格纹，菱格纹上用锁线针法绣出类似三叶草的图案。绫袋上还用锁线针法绣出两条线，两线之间绣有圆珠状的纹饰，底部无线，亦有圆珠状纹饰。绫袋顶端系浅黄色带子，带子末端还有较多的流苏。绫上的菱格纹排列规整，反面花纹处有纬浮。织物以1上1下平纹为地，分别以1上1下左右向斜纹相对起暗花。此类异向绫在唐代比较流行，著名诗人白居易有一首《缭绫》诗，"异彩奇文相隐映，转侧看花花不定"，将此类绫的特点形容得非常生动。

图7-30 褐地刺绣花卉纹绫袋（唐）正（左）、反（右）面图

图7-31 红地刺绣圆珠纹绫袋（唐）正（左）、反（右）面图

【红地刺绣圆珠纹绫袋基本信息】长约12.5厘米，底部直径约为9厘米。织物以1上1下平纹为地，以3上1下右向斜纹起暗花。袋子应呈圆柱形，上端封口处的带绳抽系后，使其变为宝瓶形。暗花绫为浅红色，袋身与底部均以浅黄色绣线锁绣绣花，主体花纹为层层圆圈中套有小圈，中间绣数条平直的线，线间又绣以三瓣花卉装饰，袋子底部亦绣三瓣花卉等。

3.3 缂丝

迄今为止，缂丝工艺还是一种纯手工的、机器未能代替的织造技艺。从出土文物看，较早期的实物是阿斯塔那唐墓出土的几何纹缂丝带子。缂丝的织造技法甚为简单，只需要两杆平机就可织制，基本织法有平缂和绕缂两种。织法没有固定的模式，事先可有画稿，织工可以依据画稿缂织，也可充分发挥手工技巧进行缂织。缂丝整体看起来很细腻，很有意境，添笔少，风格质朴。织造缂丝时，采用的是"通经断纬"（或称"通经回纬"）的方法，通常经线用本白色丝，纬线用彩色丝，使用小梭将各色纬线依画稿以平纹组织缂织。其独特之处是纬线不会贯穿整个幅面，而是根据颜色需要只织入一段即可。[27]具体织法和特色，宋代庄绰的《鸡肋编》中有描述："定州织刻丝，不用大机，以熟色丝经于木棦上，随所欲作花草禽兽状，以小梭织纬时，先留其处，方以杂色线缀于经纬之上，合以成文，若不相连。承空视之，如雕镂之象，故名刻丝。如妇人一衣，终岁可就。虽作百花，使不相类亦可，盖纬线非通梭所织也。"此文中提到的"刻丝"即为缂丝，有时也被写作剋丝、克丝等。

丝绸之路沿线地区出土的古代缂丝实物较多，如：和田山普拉墓葬中出土的人马武士图、吐鲁番阿斯塔那张礼臣墓出土的绢画舞乐图、敦煌莫高窟藏经洞出土的缂丝残片、都兰热水墓出土的蓝地十字花缂丝等。唐代缂丝也曾东渡日本，被奈良东大寺正仓院收藏。缂丝的渊源应与古代西域缂毛的技法有关联，缂毛技法传入中原后，经内地工匠的改进和发展，成为缂丝工艺。到宋代，缂丝达到鼎盛期，技术已相当成熟，成品能与中国传统刺绣一起受到名家青睐，可登大雅之堂了。缂丝至明清衰落，作品虽多，但多粗制滥造，甚至以画补缂或以画代缂。缂丝往往与纺织、刺绣技法同步发展。如明代的缂丝普遍使用金线，甚至使用孔雀羽线，出现画缂结合的作品。[28]

甘肃地区出土与征集到的缂丝文物较罕见，主要见于甘肃省博物馆所藏蒙元飞鸟花卉纹缂丝残片等。（图7-32）

图7-32 蒙元飞鸟花卉纹缂丝残片正（左）、反（右）面图

[27]徐铮.馆藏汉晋时期"恩泽"锦赏析[J].文物鉴定与鉴赏,2020,180（9）：22-25.

[28]周赳.中国古代三大名锦的品种梳理及美学特征分析[J].丝绸,2018,55（4）：93-105.

【蒙元飞鸟花卉纹缂丝残片基本信息】织物呈方形,边长约25厘米,由绿色、浅黄色、褐色、黑色丝线缂织。图案有仰头张望的小鸟、大朵的花、类似水草的绿叶等,正反两面的差别不明显。缂丝机理变形,糟朽严重。

4. 繁复刺绣工艺的展示

中国古时虽然把"锦、绣"并称,但由于刺绣完全是手工和技巧作品,艺术价值和经济价值都要比当时的织锦高出许多。先秦贵族的服装无不以刺绣为尊贵,《诗经》中不乏相关的句子。中国古代传统的刺绣工艺是在缝纫的基础上发展而来的,有其独特的魅力,当先民们从用树叶、兽皮御寒蔽体到穿针引线、缝制衣服,继而发展到用丝线进行刺绣,装饰美化衣物,已是把人类文明向前推进了一大步。从考古发掘的实物看,我国旧石器时代的山顶洞人使用骨针缝缀兽皮是在约1.8万年前;新石器时代的河姆渡遗址中出现的纺织痕迹,距今有7000多年。很多遗址都有用于捻线的纺轮出土,说明史前纺织就已很普遍。如:西安半坡姜寨遗址中出土的陶器底部有清楚的布纹印痕,江苏苏州草鞋山遗址、浙江吴兴钱山漾等遗址中都有纺织品残片出土。由此可见,服饰工艺的发展与人类文明的进程息息相关,经历了一个漫长的过程。

"慈母手中线,游子身上衣。"中国古代社会以农耕为主,在3000多年的岁月中,以农为本的思想深入人心,男耕女织的制度也已建立。纺纱、织布、裁衣、缝纫等自然是女性必须要掌握的技艺,刺绣也与此紧密相关。有一种职业叫"绣娘",曾在苏州、杭州一带盛行,她们专门向有钱人家的女儿传授刺绣技艺,为待嫁女儿家缝制嫁妆,绣制荷包、香囊、鞋垫、手帕之类的绣品。刺绣技艺的高低是衡量女性是否心灵手巧的标准。

民间曾流行《绣荷包》的小调,大江南北都有流传,曲调和内容大同小异。小调讲述了一个故事,主要内容是:一少妇独自在家,忽闻狗吠声,出门接到丈夫来信,丈夫希望戴上妻子绣的荷包,以解相思之苦。少妇欣喜,匆忙买绸选线,连夜赶绣,绣了龙凤,又绣鸳鸯,还绣人物、美景⋯⋯她恨不能绣尽世间美好,通过一个荷包来寄托对丈夫的思念之情。绣完已天亮,恰捎信人也到。故事感情真挚、动人。由此可知,中国刺绣或许便是在这样的民间基础上发展起来的。

较早期的刺绣针法叫"辫子股",这本是一种女孩子的发式,即将三股秀发辫结成一条。在刺绣中,"辫子股"是一种来回锁连的针法。"辫子股"也称"辫绣""锁绣"。它不但可以绣出长长的连缀不断的线条,而且将线条排列起来,能够形成不同色彩的块面。

刺绣凸显于织物表面,易磨损,保存难度大。考古实物中,较早期的刺绣品是殷商和西周时期的,因附着在泥土上,所以得到了较好保存,绣制的纹样尚依稀可见。该件绣品采用的是单线绣制,为"辫子股"针法。汉唐以来,刺绣工艺日臻完善,作品也更加精致华美。在古代,几乎所有女孩子都要有精湛的"女红"技艺傍身,刺绣自然是不可或缺的"功课",这恐怕是中国历史所独有的一种现象。对于那些富贵人家的千金小姐们来说,刺绣也是她们修身养性、消遣娱乐、精神享受的活动之一,"闺绣"就是在这样的背景下产生的。

闺绣与绣者的文化修养和优厚的物质条件分不开。闺绣作品不但绣得精细,掺和晕染,而且开启了刺绣书画之风,所以也称作"画绣"。到了明代,由于文人的参与,画绣技艺得到很大提高和发展。上海著名的"顾绣",不仅名噪一时,而且影响深远。

中国的刺绣最先是绣在服饰品上的,而后才绣在日用品上,进而又扩展到观赏品上。迄今,刺绣品依然分作生活用品和书画观赏品两类。绣书画者多是专业的艺人,有的已成为著名的工艺大师。他们所用到的"粉本"主要是著名书画家的作品,也有的是画家专门提供的画稿。刺绣逐渐发展到一定规模,并形成了地区性的特色,有苏绣(主要是江苏地区,以苏州为中心)、湘绣(主要是湖南地区,以长沙为中心)、广绣(主要是广东地区,以广州为中心)、蜀绣(主要是四川地区,以成都为中心),另外还有鲁绣(山东)、汴绣(开封)等。中国的书画刺绣已成为一个介于手工艺和绘画之间的艺术门类。除了常用的丝线之外,还有人用头发绣制图案。古代的"发绣"是佛教徒用自己的头发绣制佛像和观音像,以表示虔诚。

对于广大群众特别是农村妇女来说,她们的刺绣品主要是制作一些常用的生活用品和装饰品。人多量大,刺绣品形成了一个纷繁的艺术世界。汉族的民间刺绣,大至绣幛、绣被,小至枕套、枕顶和婴儿的鞋帽、围嘴,以及各种绣花荷包和刺绣挂件等。中国是个多民族国家,除汉族以外,很多民族也有刺绣。如苗族姑娘绣嫁衣,潜心专注,动辄要三年五载才能完成。从衣领、袖口到围裙、裤脚,绣满了美丽的图案。至于背小孩的背带心,更是意象万千,别具风采。这种民间刺绣艺术的原发性很强,结合自己的生活进行创造,把美好的愿望施于刺绣之

中，质朴纯真，表现出内心的深情。^㉙

甘肃省出土及甘肃省博物馆征集到的刺绣类纺织品文物中不乏精品。(图7-33 至图 7-35)

图 7-33 联珠动物纹刺绣剑臂(南北朝)正(左)、反(右)面图

【**联珠动物纹刺绣剑臂基本信息**】长约 65 厘米，宽约 20 厘米，剑臂整体呈长条状，一头为圆弧形，另一头为平直的开口，正面以黄绢为地。背面整体以黄绢作为背衬，有破裂及深色污染物，形制较为完整。剑臂上刺绣有不同的动物纹饰，绣工精良、细腻，动物头部均向右侧。圆形白色联珠形成六大团窠，团窠是图案骨架，窠内主体纹样从右向左分别为：翼马、神兽、翼马、猪头、孔雀、神兽。两只神兽造型颇为相似，均鬃毛弯曲茂密，毛发短而向上，尾巴上翘，张口吐舌，尖耳小巧，颈部和身体有类似云纹或花瓣的纹饰。两匹翼马身生双翼，浓密的鬃毛短而整齐，均向上翘，两翼侧面是鱼鳞纹。两匹翼马的造型和颜色略有差异。孔雀侧向站立，双翅张开，点缀有圆形珠饰，连接成串，尾部半开屏，尾羽上翘直抵项后，小嘴，头部有三朵小花作为冠饰。猪头颈部有短而浓密、整齐的鬃毛，颜色为绿、黄、浅黄，一对獠牙外露，似野猪的形象。动物纹样整体古朴而灵动，刺绣工艺精细。这些纹样显然都非中国传统所有。南北朝时期，我国中原与西方诸国的交往更加频繁，外来的装饰纹样大大影响了中原的纺织业，翼马、神兽等形象开始出现，"格里芬"的艺术特征和审美观念也开始流行。甘肃省博物馆还收藏有一件春秋时期的青铜器，名为"翼兽形提梁铜盉"，器物上面的图案是带翼的神兽，与"格里芬"艺术风格类同。这件青铜器出土于平凉古丝绸之路旱码头，应是中西方文明交流互鉴的产物。

㉙徐铮.馆藏汉晋时期"恩泽"锦赏析[J].文物鉴定与鉴赏,2020,180(9):22-25.

图 7-34 团花刺绣剑臂（南北朝）正（左）、反（右）面图

【团花刺绣剑臂基本信息】剑臂基本呈长条形，长约 77 厘米，宽约 25 厘米，为南北朝时期的织物，一头为圆弧形，另一头为平直的开口，周边以黄、蓝、褐等条带纹织锦作为缘边，形制明确。绢地为褐色，刺绣用线为黄、绿、蓝、褐等色，团花共 4 朵，由大到小布满整个剑臂。团花的结构由外而内分别是卷云、花瓣、卷云、花瓣、花蕊，5 层刺绣十分紧密地相簇相拥，团花之间又有较小的团花相拥填充。背面为深褐色绢。剑臂除主体外，还有小饰件，应是与剑臂口沿等部位缝缀连接的，现已脱落。整件剑臂刺绣针法细腻，纹样繁复，配色协调，缝制工艺精湛，具有非常鲜明的游牧民族文化特征以及地毯纹饰痕迹。

图 7-35 褐地刺绣花卉纹囊袋（唐代）正（左）、反（右）面图

【褐地刺绣花卉纹囊袋基本信息】长约 13 厘米，宽 7.5 厘米，唐代时期织物，1/1 平纹组织，三级文物。囊袋呈圆柱形，上部开口缘边由黄绿色丝线编织而成，应有带子拉系收缩口部，带子已缺失。囊袋底部为一独立的圆形刺绣织物与袋身拼接，袋身展开应为长方形刺绣物。囊袋通体以黄色为主色，褐、蓝等色绣线穿插其中，用劈针、锁针等绣法绣出四瓣花、独立花苞、叶子等纹样。

5. 高超染织技艺的表现

纺织品之所以绚烂夺目，一方面在于纺织品上所装饰的纹样，另一方面也在于其染织的技术。中国的染织技艺由来久远,早在先秦时期就已较为发达,秦汉以后,随着社会生产力的提高,染织技艺更是快速发展。在染料方面,我国古代主要采用的是植物染料和矿物染料。甘肃省博物馆征集的纺织品文物中有一件南北朝时期的刺绣绢,其红色的绢地为植物染料所染,颜色至今都非常鲜艳。(图7-36)矿物染料染红色,其效果往往较好,而植物染红色历经千年还能鲜艳如昨,可见当时的染色技术已很高超。另需注意的是,瓣窠含绶鸟纹锦等织物上的红色很有可能是由胭脂虫染色而得。(图7-37)

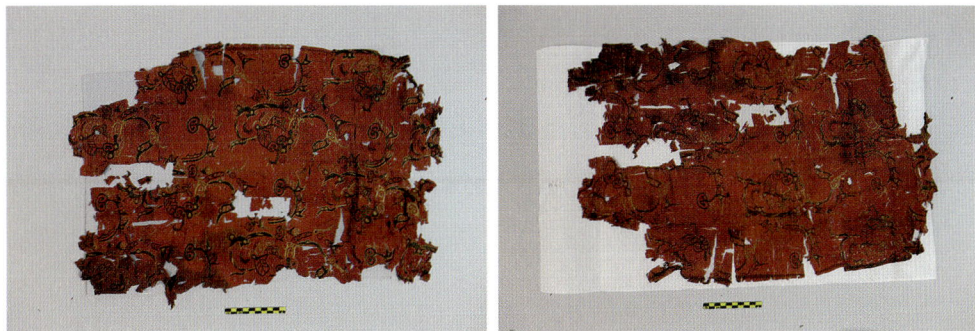

图7-36 红底凤鸟纹刺绣绢(南北朝)正(左)、反(右)面图

【红底凤鸟纹刺绣绢基本信息】刺绣残片长66厘米,宽42厘米。绢地为非常鲜艳的红色,其上用同样鲜艳的黄色和绿色丝线施绣。纹饰为一字排开的变体凤鸟纹,上下穿插排列;鸟尾弯曲上翘直至与前翅相连,翅膀张开有力、质朴生动。这件织物质地非常脆弱,工作人员从织物旁边经过都能使碎片飘起来。此绢色泽依然艳丽,绣工精美细腻,整体有飘逸、灵动、浪漫的感觉,与汉晋南北朝时期的艺术风格和社会审美观一致,且刺绣中蕴含波斯文化因子。该件征集品以其独特的纹样造型、罕见的艳红色泽,补充了甘肃省博物馆丝织品的收藏内容,成为馆内丝织品藏品中的一件精品。在克里米亚出土的同时代毛料织物上也有相似的刺绣纹样。[30]

【红地瓣窠含绶鸟纹锦基本信息】长约137厘米,宽约35厘米,唐代斜纹纬锦,经线密度为50根/厘米,纬线密度为40根/厘米。锦为红地,以黄、蓝等色丝线显花。残存部分呈长三角形,三边都有清晰的折边和针线缝痕。瓣窠之

---

[30]李遇春.新疆民丰县北大沙漠中古遗址墓葬区东汉合葬墓清理简报[J].文物,1960(6):9-12,5-6.

内饰以立于台座之上的含绶鸟。含绶鸟有两类,分为上、下两层间隔排列。一类头戴光圈,项系联珠绶带;另一类嘴衔飘带,项系联珠绶带。瓣窠外缘的每一个花瓣上也饰有联珠纹,瓣窠之外有十字宾花。织锦背后有纬浮。这一团窠花卉含绶鸟纹锦的时代特征、质地、图案与艺术特点等与青海都兰唐代吐蕃墓葬出土的丝织品颇为近似。考古资料[31]显示:青海省都兰县境内分布着近3000座吐蕃墓葬,20世纪80年代以来,青海省文物考古部门发掘了其中60座,出土丝织品350余件。这些丝织品包括锦、绫、罗、绢、纱、缂丝、平纹类织物等,几乎囊括了所有唐代纺织品的品种。图案丰富且不重复的品种有130种,其中112种为中原织造,18种为中亚、西亚地区织造,而在这18种织品中,以粟特锦居多。[32]遗憾的是:这一墓葬群曾不幸遭遇过大火焚烧,而且多次被盗,即使留有些许遗物,也早已被破坏得凌乱无序,丝织品残片较多(也许是盗墓者故意为之)。[33]多年以来,墓葬群中的大批丝织品文物流失于海内外。据调查,不仅国内的一些博物馆收藏有成批的都兰丝织品,如甘肃省博物馆、中国丝绸博物馆等,美国的一些收藏机构也收藏有都兰丝绸,品相都很好。由是观之,甘肃省博物馆征集的部分丝织品有可能为都兰吐蕃墓葬群的出土物,或非常有可能来自青海都兰地区其他墓葬。透过这些织物,可以看出古代各民族依托丝绸之路在纺织技术、纺织文化、纺织贸易等方面交流、交融,共同发展的历程。

图 7-37 红地瓣窠含绶鸟纹锦(唐代)正(左)、反(右)面图

[31]夏鼐.新疆新发现的古代丝织品:绮、锦和刺绣[J].考古学报,1963(1):45-76,156-170.

[32]北京大学考古文博学院,青海省文物考古研究所.都兰吐蕃墓[M].北京:科学出版社,2005:10.

[33]北京大学考古文博学院,青海省文物考古研究所.都兰吐蕃墓[M].北京:科学出版社,2005:1.

6. 丝路重要地位的突显

仅就甘肃省博物馆征集的纺织品文物而言,联珠猪头、翼马、对鸟、对鹿等装饰纹样尚未在甘肃以东地区的出土织物上见到,而这类纹样在新疆以及甘肃以西地区的出土织物上都有得见。上述的红地瓣窠含绶鸟纹锦以往多出土自青海都兰等地的吐蕃墓葬中,这类纹饰的源头也是在西方。在日本正仓院、法隆寺,俄罗斯南西伯利亚、北高加索地区以及我国的甘肃敦煌、青海都兰、新疆阿斯塔那,此类纹样都有广泛存世和出土。[34]这些存世点和出土地,直观地勾画出了一条丝绸之路的路线。由此可见,甘肃是古丝绸之路的必经之地。

---

[34]赵喜梅,杨富学.甘肃省博物馆新入藏的八件中古织绣品及其所反映的东西方文化因素[J].石河子大学学报(哲学社会科学版),2018,32(5):86-92.

甘肃馆藏纺织品文物
科学保护

甘肃馆藏纺织品文物以丝织物居多，由于其纤维具有易损、易氧化、易水解等特性，在埋藏与传承过程中，很容易发生污染、糟朽、生霉、虫蛀等病害，相比其他类文物，其保护修复难度更大。特别是早期出土的一些丝织物，因保护不力或修复方法不当，致其病害加重甚至濒临损毁。对这些珍贵文物进行科学保护，探寻最适宜的修复方法、修复材料等，对延长文物寿命、丰富馆藏纺织品资源、研究纺织文化等意义重大，也是目前文保工作者迫在眉睫的责任和义务。本书在调研甘肃地区馆藏纺织品文物保存状况、病害类型的基础上，结合甘肃地区气候特点等因素，对文物进行健康状况评估和病害成因分析。针对西部地区沙尘污染严重、温差大、湿差大等客观情况，笔者分别从纺织品文物保护及修复的起取、消毒、清洗、平整、加固等环节入手，总结个人多年来在纺织品保护、修复方面的实践经验，将糟朽丝织品文物的展存及保护等方面的一些成功经验与读者分享，以期为今后西部地区同类纺织品文物的保护、修复提供参考。

第八章　馆藏纺织品文物健康状况调查评估

第一节 馆藏纺织品文物分布及保存状况

1.馆藏纺织品文物分布情况

　　甘肃全省馆藏纺织品文物数量巨大,就目前的统计数据来看,仅马圈湾遗址、居延遗址和悬泉置遗址就发掘出土纺织品3609件,现藏甘肃简牍博物馆。[①]全省馆藏三级或三级以上珍贵丝织类文物共175件,涉及收藏单位23家(表8-1)。[②]还有部分馆藏纺织品因缺失基本的有效信息,暂无法统计。调查统计范围虽不甚全面,但全省纺织品文物基本分布情况与数量可见一斑。

表 8-1 甘肃全省馆藏珍贵丝织类文物收藏数量统计　　　　单位:件

序号	单位名称	收藏数量
1	甘肃省博物馆	45
2	敦煌研究院	24
3	陇西县博物馆	24
4	高台县博物馆	22
5	肃南裕固族自治县民族博物馆	10
6	天水市博物馆	9
7	武威市博物馆	7
8	榆中县博物馆	5
9	敦煌市博物馆	1
10	兰州市博物馆	3
11	嘉峪关长城博物馆	3
12	会宁县博物馆	3
13	张掖市博物馆	2

　　[①]张德芳.丝绸之路上的丝绸:以河西出土实物和汉简为中心[M]//荣新江,朱玉麒.丝绸之路新探索:考古、文献与学术史.南京:凤凰出版社,2019:3-20.

　　[②]康明大,陈庚龄,田小龙.甘肃全省馆藏珍贵丝织类文物科技保护健康评估[J].丝绸之路,2012(18):96-98.

序号	单位名称	收藏数量
14	瓜州县博物馆	2
15	白银市平川区文化馆	2
16	永昌县博物馆	2
17	漳县博物馆	2
18	武威市文物考古研究所	1
19	酒泉市肃州区博物馆	1
20	临洮县博物馆	1
21	靖远县博物馆	1
22	华池县博物馆	1
23	华亭市博物馆	1

2. 保存状况

博物馆纺织品文物的存放一般有两种情况,或放在展柜,或放在库柜。展柜中的展品都要经过消毒、清洗等基础处理后才能进行展览,一些污染源已被有效阻断。加之近几年,随着文物保护意识的加强和国家对博物馆扶持力度的加大,文物展览环境日趋改善并标准化,部分文博单位的展厅相继添置恒温恒湿柜等设备,展柜中的灯光、温湿度、空气质量等有了一定的人为把控能力,纺织品在展柜中发生病害的概率相对要小很多。对于展柜中的纺织品文物而言,带有密闭性好的亚克力盒罩的展具是最安全的。也有部分纺织品被直接裸放于展柜中,灯光、空气等的污染不可避免。相比之下,库柜中文物的保存状况就不容乐观,主要原因有两个:库柜中文物的保存环境和保存方式。

2.1 保存环境

经调研,甘肃各文博单位纺织品文物的保存环境有所不同,甚至可以说,存在着比较明显的差异。条件好一些的单位,如甘肃省博物馆、甘肃简牍博物馆、敦煌研究院、甘肃省文物考古研究所等文博单位的纺织品文物库房,除基本的通风及监控设施外,还配置有恒温恒湿设备等,用于保持库房湿度和温度的恒定,并对有机质文物采取了基础性的防虫防蛀等措施,如放置樟脑丸、卫生球,进行甲烷熏蒸等。目前,部分库房湿度基本能维持在 45% ~ 50%,温度能控制在 15 ~ 20℃。纺织品文物主要放在无酸纸盒、囊匣、木盒中,或用宣纸夹持,存放于库房的密集柜或文物架上,外部环境对于纺织品文物的保存是较为安全的。对于保存条件较差的一些市级或县级博物馆,文物库房的保存环境基本还处于自然状态,没有现代化的通风、恒温恒湿等设备,也没有密闭柜和专门的文物架,纺织品文物只能和其他类文物存放在一起,或者因为体积大,一般文物存放柜放不下,只能简单包裹后直接放置于地面上,长期受到库房环境中不利因素的伤害。

2.2 保存方式

条件好的博物馆,无论墓葬出土还是征集来的纺织品文物,都先进行了基础性的消毒、除尘、干燥等处理,简单包装后暂时存放在库房,有的纺织品文物还用专门制作的无酸纸盒包装盛放,为后期陆续实施修复做好准备。近年来,随着文保力量的加强,甘肃省博物馆等单位已在库房和展柜中陆续安装恒温恒湿、消毒、空气净化等设备。条件差一些的文保机构,由于保护文物的材料有限,或因发掘时间紧,保护力量不够等,许多单片纺织品都用硬质材料夹持存放;有些条形织物直接被缠绕在木板或有机玻璃板上;较大的衣物、碎布、渔网、毛毡片等,或用布料、袋子包裹,或用废旧纸箱盛放;有些棉衣等直接被放置于库房地面,甚至被挂在墙面的挂钩上。

第二节 文物病害评估及成因分析

1.病害评估及统计

依据《纺织品文物病害腐蚀程度评估标准》(见本书附件),我们抽取甘肃省馆藏纺织品文物中的 139 件珍贵纺织品进行了健康评估。(表 8-2)

表 8-2 甘肃省馆藏 139 件珍贵纺织品文物健康(腐蚀程度)状况评估

藏品序号	文物名称	藏品号	年代	文物级别	质地类别	收藏单位	健康状况评估(腐蚀程度)
1	彩绘墨书铭旌	10215	汉代	一级	丝织品	甘肃省博物馆	基本完好
2	铜竖筒套	13002	—	三级	丝织品	甘肃省博物馆	重度
3	狩猎联珠纹缂丝	47171	—	二级	丝织品	甘肃省博物馆	基本完好
4	奔鹿纹缂丝	47172	—	二级	丝织品	甘肃省博物馆	基本完好
5	四合宝花纹缂丝	47174	—	二级	丝织品	甘肃省博物馆	基本完好
6	四合宝花纹缂丝	47173	—	二级	丝织品	甘肃省博物馆	基本完好
7	黑色车马纹缎	47175	—	三级	丝织品	甘肃省博物馆	重度

藏品序号	文物名称	藏品号	年代	文物级别	质地类别	收藏单位	健康状况评估（腐蚀程度）
8	褐黄色丝带	46860	—	三级	丝织品	甘肃省博物馆	基本完好
9	蓝地四朵花卉纹印花绢	47063	—	三级	丝织品	甘肃省博物馆	重度
10	花卉纹锦	47062	—	三级	丝织品	甘肃省博物馆	重度
11	莲花、金刚杵纹织金锦银缎	47026	—	二级	丝织品	甘肃省博物馆	基本完好
12	铭旌	10214	汉代	一级	丝织品	甘肃省博物馆	重度
13	绛紫平纹绢	17116	—	三级	丝织品	甘肃省博物馆	重度
14	浅黄平纹绢	17118	—	三级	丝织品	甘肃省博物馆	重度
15	米黄平纹绢	17115	—	三级	丝织品	甘肃省博物馆	重度
16	湖蓝平纹绢	17117	—	三级	丝织品	甘肃省博物馆	重度
17	刺绣鞋	10239	—	三级	丝织品	甘肃省博物馆	重度
18	诰封	10822	清代	三级	丝织品	甘肃省博物馆	基本完好
19	诰封	20876	清代	三级	丝织品	甘肃省博物馆	基本完好
20	诰封	20875	清代	三级	丝织品	甘肃省博物馆	基本完好
21	诰封	10812	清代	三级	丝织品	甘肃省博物馆	基本完好
22	诰封	10823	清代	三级	丝织品	甘肃省博物馆	基本完好
23	诰封	38025	清代	三级	丝织品	甘肃省博物馆	中度
24	诰封	38026	清代	三级	丝织品	甘肃省博物馆	中度
25	诰封	46475	清代	三级	丝织品	甘肃省博物馆	基本完好
26	诰封	38024	清代	三级	丝织品	甘肃省博物馆	基本完好
27	诰封	16972	清代	三级	丝织品	甘肃省博物馆	中度
28	绣狮纹方形丝枕	10314	明代	一级	丝织品	甘肃省博物馆	中度
29	彩绘墨书铭旌	10215	汉代	一级	丝织品	甘肃省博物馆	中度
30	绢地平绣人像	14946	汉代	一级	丝织品	甘肃省博物馆	中度
31	黄地宝相花织金锦女士内衣	22004	元代	一级	丝织品	甘肃省博物馆	中度
32	妆花云雁衔苇纹纱夹袍	47122	元代	一级	丝织品	甘肃省博物馆	重度
33	罗质交袄	47120	元代	一级	丝织品	甘肃省博物馆	中度
34	烟色罗帽	47123	元代	一级	丝织品	甘肃省博物馆	重度

藏品序号	文物名称	藏品号	年代	文物级别	质地类别	收藏单位	健康状况评估(腐蚀程度)
35	烟色罗帽	47124	元代	一级	丝织品	甘肃省博物馆	重度
36	绣山石牡丹纹纱束带	47125	元代	一级	丝织品	甘肃省博物馆	基本完好
37	妆花凤戏牡丹纹绫夹衫	47121	元代	一级	丝织品	甘肃省博物馆	重度
38	蓝地织花丝巾	10248	明代	一级	丝织品	甘肃省博物馆	重度
39	缬染花叶纹经袱	10460	元代	一级	丝织品	甘肃省博物馆	重度
40	彩绘墨书铭旌	21363	汉代	一级	丝织品	甘肃省博物馆	中度
41	蓝绸带	11683	汉代	二级	丝织品	甘肃省博物馆	中度
42	妆金莲花方孔纱	17137	元代	三级	丝织品	甘肃省博物馆	重度
43	深绛色万字花缎	17133	元代	三级	丝织品	甘肃省博物馆	中度
44	烟色团花缎	17142	元代	三级	丝织品	甘肃省博物馆	重度
45	番莲纹缎	17128	元代	三级	丝织品	甘肃省博物馆	重度
46	印金花包袱	818	明代	一级	丝织品	兰州市博物馆	中度
47	印金花手巾	00336	明代	一级	丝织品	兰州市博物馆	中度
48	玄宰款暗花黄缎荷包	1431	明代	二级	丝织品	兰州市博物馆	基本完好
49	暗花团龙绣牡丹纹蓝绸裙	1549	清代	二级	丝织品	榆中县博物馆	基本完好
50	龙纹黄缎袍	1552	清代	二级	丝织品	榆中县博物馆	中度
51	绣盘龙蓝绸补服马夹	1548	清代	二级	丝织品	榆中县博物馆	基本完好
52	暗花团寿纹绿绸衣	1550	清代	二级	丝织品	榆中县博物馆	中度
53	梅兰菊纹绿绸衣	1551	清代	二级	丝织品	榆中县博物馆	中度
54	残绢	195-01	汉代	三级	丝织品	武威市博物馆	中度
55	绢裙	199	汉代	二级	丝织品	武威市博物馆	中度
56	残绢	196-02	汉代	三级	丝织品	武威市博物馆	中度
57	明天启六年敕封杨嘉谟奉天诰命	1761	明天启六年	二级	丝织品	武威市博物馆	基本完好
58	清光绪敕封李锡光奉天诰命	1369	清光绪二十九年	三级	丝织品	武威市博物馆	重度
59	清光绪敕授李铭汉奉天诰命	1370	清光绪二十九年	三级	丝织品	武威市博物馆	重度
60	织锦	3228-137	唐代	二级	丝织品	武威市博物馆	中度

藏品序号	文物名称	藏品号	年代	文物级别	质地类别	收藏单位	健康状况评估（腐蚀程度）
61	清道光八年圣旨	962	清代	三级	丝织品	武威市文物考古研究所	重度
62	裕固族服饰（头面）	MP204（5件）	民国	一级	丝织品	肃南裕固族自治县民族博物馆	基本完好
63	御赐七族黄番总管龙袍	MP220	清康熙三十七年	一级	丝织品	肃南裕固族自治县民族博物馆	基本完好
64	御赐黄龙袍	MP1	清乾隆	一级	丝织品	肃南裕固族自治县民族博物馆	基本完好
65	蝶纹锦	MP28-5-4	唐代	三级	丝织品	肃南裕固族自治县民族博物馆	重度
66	纹锦	MP28-5-5	唐代	二级	丝织品	肃南裕固族自治县民族博物馆	重度
67	梅花纹锦	MP28-5-3	唐代	三级	丝织品	肃南裕固族自治县民族博物馆	重度
68	纹锦	MP28-5-2	唐代	三级	丝织品	肃南裕固族自治县民族博物馆	重度
69	纹锦	MP28-5-1	唐代	三级	丝织品	肃南裕固族自治县民族博物馆	重度
70	清皇帝诰封曲桑呼图释迦圣旨	MP521	清代	二级	丝织品	肃南裕固族自治县民族博物馆	基本完好
71	裕固族服饰（头面）	MP205（4件）	清代	二级	丝织品	肃南裕固族自治县民族博物馆	基本完好
72	彩帛铭旌	1069	西晋元康元年	一级	丝织品	高台县博物馆	重度
73	"长相好"织锦	1075	魏晋	一级	丝织品	高台县博物馆	中度
74	丝绸	1687	魏晋	三级	丝织品	高台县博物馆	重度
75	彩色长褶绸裙	1695	魏晋	二级	丝织品	高台县博物馆	中度
76	丝绸披巾	1693	魏晋	二级	丝织品	高台县博物馆	中度
77	丝绸	1692	魏晋	三级	丝织品	高台县博物馆	重度
78	丝绸	1696	魏晋	三级	丝织品	高台县博物馆	重度
79	"显平亭部大男"丝绸	1074	魏晋	三级	丝织品	高台县博物馆	中度

藏品序号	文物名称	藏品号	年代	文物级别	质地类别	收藏单位	健康状况评估（腐蚀程度）
80	丝绸	1092	魏晋	三级	丝织品	高台县博物馆	重度
81	彩绘帷幄云气图	1090	魏晋	三级	丝织品	高台县博物馆	重度
82	丝绸	1093	魏晋	三级	丝织品	高台县博物馆	重度
83	伏羲女娲图帛画	1077	魏晋	二级	丝织品	高台县博物馆	中度
84	魏晋帛书	652	魏晋	一级	丝织品	高台县博物馆	中度
85	彩帛帷幄云气图	1690	魏晋	二级	丝织品	高台县博物馆	中度
86	"正月壬寅"帛书墓志	1080	前秦	二级	丝织品	高台县博物馆	中度
87	彩帛铭旌	1688	魏晋	三级	丝织品	高台县博物馆	重度
88	彩帛铭旌	1689	魏晋	三级	丝织品	高台县博物馆	重度
89	"驿吏镇褚神"铭旌	1072	魏晋	二级	丝织品	高台县博物馆	中度
90	"得留难如律令"黄帛铭旌	1073	魏晋	二级	丝织品	高台县博物馆	中度
91	刺绣	1829	魏晋	二级	丝织品	高台县博物馆	重度
92	铭旌	1071	魏晋	三级	丝织品	高台县博物馆	中度
93	彩帛铭旌	1082	魏晋	三级	丝织品	高台县博物馆	濒危
94	丝绸领	1572	魏晋	三级	丝织品	嘉峪关长城博物馆	重度
95	绢画	0759	魏晋	一级	丝织品	嘉峪关长城博物馆	中度
96	丝绸裙	1573	魏晋	三级	丝织品	嘉峪关长城博物馆	重度
97	蓝色绞缬绢	0670	西凉	二级	丝织品	敦煌市博物馆	重度
98	织锦	1318	汉代	二级	丝织品	敦煌市博物馆	重度
99	诰命	1247	清代	二级	丝织品	敦煌市博物馆	基本完好
100	敕命	1245	清代	三级	丝织品	敦煌市博物馆	基本完好
101	丝绸裙	1928	汉代	三级	丝织品	酒泉市肃州区博物馆	重度
102	手写绢本《波罗蜜多心经》	ZX-0045	明万历三十九年	三级	丝织品	甘州区博物馆	重度
103	真言咒语佛袈裟	ZX-0046	明代	三级	丝织品	甘州区博物馆	重度
104	绣花扇套	712	清代	三级	丝织品	天水市博物馆	基本完好
105	绣花扇套	711	清代	三级	丝织品	天水市博物馆	基本完好

藏品序号	文物名称	藏品号	年代	文物级别	质地类别	收藏单位	健康状况评估（腐蚀程度）
106	绣"寿"字表套	713	清代	三级	丝织品	天水市博物馆	基本完好
107	五蝠捧寿表套	714	清代	三级	丝织品	天水市博物馆	基本完好
108	绣花表套	715	清代	三级	丝织品	天水市博物馆	基本完好
109	文官补子	716	清代	三级	丝织品	天水市博物馆	基本完好
110	文官补子	717	清代	三级	丝织品	天水市博物馆	中度
111	缎面拼贴八仙祝寿图	718	清乾隆	三级	丝织品	天水市博物馆	中度
112	缎面拼贴八仙祝寿图	719	清乾隆	三级	丝织品	天水市博物馆	中度
113	丝绸残片	0435	汉代	一般	丝织品	陇西县博物馆	濒危
114	云龙纹锦袍	0650	明代	三级	丝织品	陇西县博物馆	濒危
115	丝袜、丝帕	0801	明代	三级	丝织品	陇西县博物馆	重度
116	丝绸短袖夹袍	0838	明代	三级	丝织品	陇西县博物馆	重度
117	丝绸帕	0839	明代	三级	丝织品	陇西县博物馆	中度
118	花卉纹丝绸肚兜	0840	明代	三级	丝织品	陇西县博物馆	中度
119	方形丝绸裹布	0841	明代	三级	丝织品	陇西县博物馆	重度
120	丝绸褥子	0842	明代	三级	丝织品	陇西县博物馆	重度
121	丝绸长袖袍	0843	明代	三级	丝织品	陇西县博物馆	重度
122	坎肩式丝绸上衣	0844	明代	三级	丝织品	陇西县博物馆	中度
123	丝绸铭旌	0845	明代	三级	丝织品	陇西县博物馆	重度
124	女式长袖丝绸夹袍	0846	明代	三级	丝织品	陇西县博物馆	中度
125	女式短袖百褶连衣裙	0847	明代	三级	丝织品	陇西县博物馆	中度
126	男式丝绸上衣	0848	明代	三级	丝织品	陇西县博物馆	中度
127	丝绸对襟短袖夹衣	0849	明代	三级	丝织品	陇西县博物馆	重度
128	男式丝绸夹裤	0850	明代	三级	丝织品	陇西县博物馆	重度
129	丝绸褥	0851	明代	三级	丝织品	陇西县博物馆	重度
130	女式短袖夹衣	0852	明代	三级	丝织品	陇西县博物馆	中度
131	九系丝绸裹布	0853	明代	三级	丝织品	陇西县博物馆	重度
132	长条形丝绸裹布	0854	明代	三级	丝织品	陇西县博物馆	中度

藏品序号	文物名称	藏品号	年代	文物级别	质地类别	收藏单位	健康状况评估（腐蚀程度）
133	贯钱菊花纹丝绸巾	0855	明代	三级	丝织品	陇西县博物馆	中度
134	丝绸护膝	0856	明代	三级	丝织品	陇西县博物馆	重度
135	黑缎帽子	0857	明代	三级	丝织品	陇西县博物馆	重度
136	缎质靴子	0858	明代	三级	丝织品	陇西县博物馆	重度
137	黄绣盘龙纹补服	0569-1	清代	三级	丝织品	会宁县博物馆	重度
138	铭旌	0569-2	清代	三级	丝织品	会宁县博物馆	重度
139	铭旌	0569-3	清代	三级	丝织品	会宁县博物馆	重度

我们将抽取的 139 件珍贵纺织品文物分别按级别和地区分布情况，对其腐蚀程度进行统计，详见表 8-3、表 8-4，图 8-1 至图 8-4。

表 8-3 甘肃省馆藏 139 件珍贵纺织品文物腐蚀程度调查统计表

文物等级	调查数量（件）	基本完好（件）	中度腐蚀（件）	重度腐蚀（件）	濒危（件）
一级文物	26	6	11	9	0
二级文物	28	11	11	6	0
三级文物	85	16	22	44	3

表 8-4 甘肃省馆藏 139 件珍贵纺织品文物健康评估结果

腐蚀程度	数量（件）	所占比例
基本完好	33	23.74%
中度腐蚀	44	31.65%
重度腐蚀	59	42.45%
濒危	3	2.16%

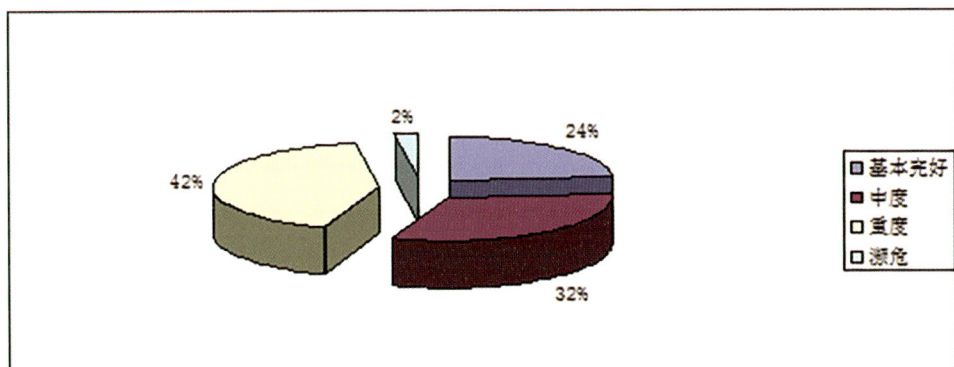

图 8-1 甘肃省馆藏 139 件珍贵纺织品文物腐蚀程度统计

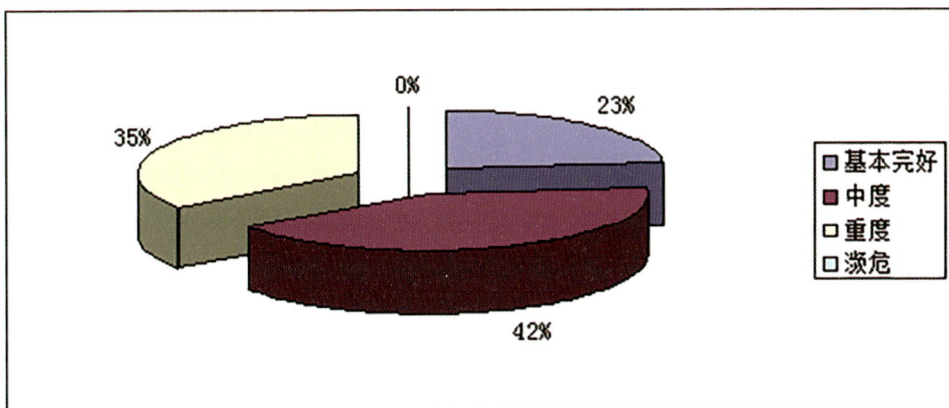

图 8-2 甘肃省馆藏 26 件一级纺织品文物腐蚀程度统计

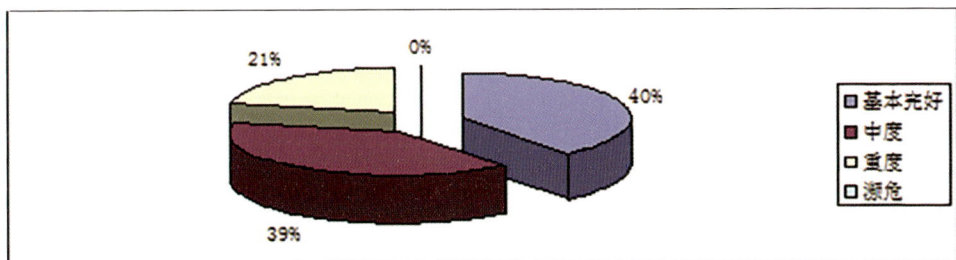

图 8-3 甘肃省馆藏 28 件二级纺织品文物腐蚀程度统计

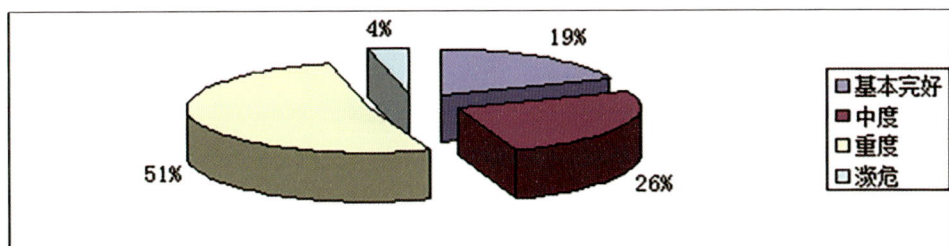

图 8-4 甘肃省馆藏 85 件三级纺织品文物腐蚀程度统计

　　抽取的 139 件珍贵纺织品文物按照地区分布进行腐蚀度调查的结果如下（图 8-5 至图 8-7）：兰州地区调查文物 53 件，约占调查总数的 38.13%，其中基本完好的 19 件，约占该地区调查文物件数的 35.84%，中度腐蚀的 15 件，约占该地区调查文物件数的 28.30%，重度腐蚀的 19 件，约占该地区调查文物件数的 35.85%；河西地区调查文物 50 件，约占调查总数的 36.23%，其中基本完好的 8 件，约占该地区调查文物件数的 16%，中度腐蚀的 15 件，约占该地区调查文物件数的 30%，重度腐蚀的 26 件，约占该地区调查文物件数的 52%，濒危的 1 件，约占该地区调查文物件数的 2%；东部及天水地区调查文物 36 件，约占调查总数的 26.09%，其中基本完好的 6 件，约占该地区调查文物件数的 16.67%，中度腐蚀的 12 件，约占该地区调查文物件数的 33.34%，重度腐蚀的 16 件，约占该地区调查文物件数的 44.44%，濒危的 2 件，约占该地区调查文物件数的 5.55%。总体来讲，河西地区纺织类文物腐蚀程度相较其他两个地区要严重。

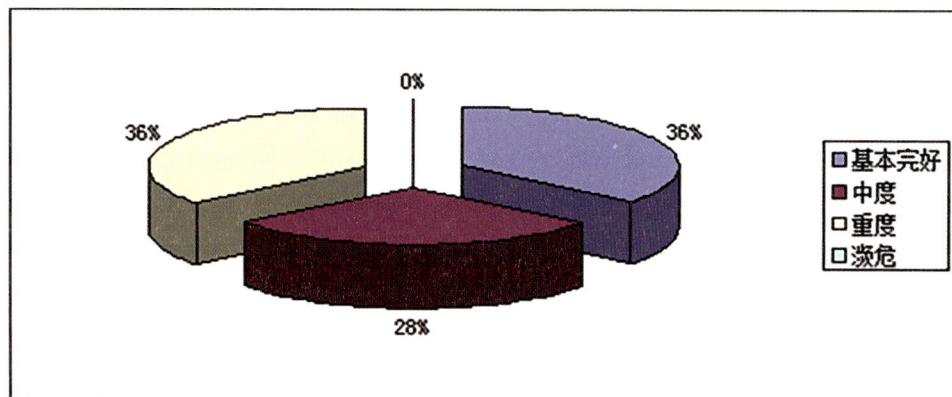

图 8-5　兰州地区馆藏 53 件珍贵纺织品文物腐蚀程度统计

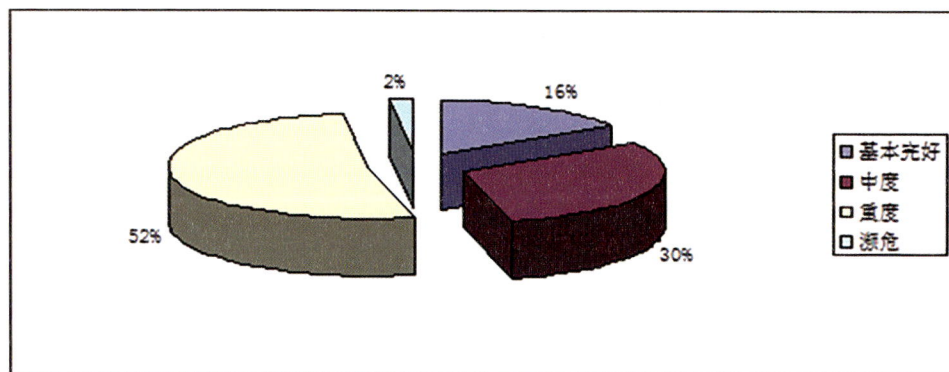

图 8-6　河西地区馆藏 50 件珍贵纺织品文物腐蚀程度统计

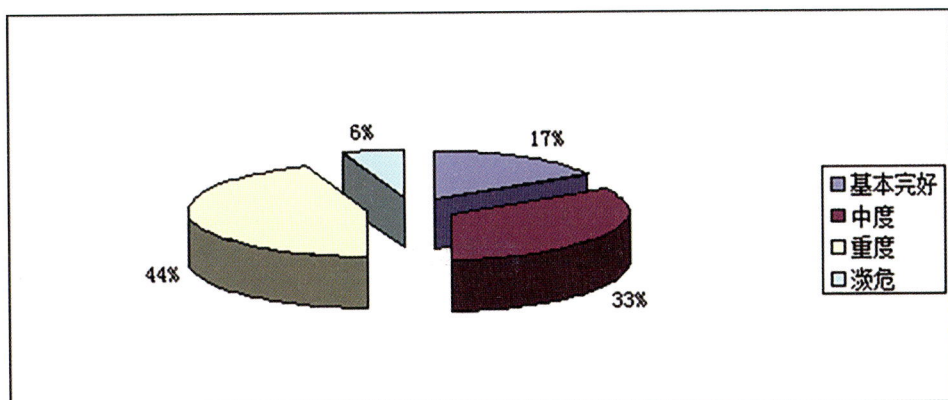

图 8-7 东部及天水地区馆藏 36 件珍贵纺织品文物腐蚀程度统计

2. 病害类型及图示

病害是指在长期使用、流传、保存过程中,因物理、化学、生物损害而造成的一系列不利于藏品安全或有损藏品外貌的变化。调查过程中发现:甘肃全省馆藏纺织品大多数有被腐蚀的情况,只是程度不同,普遍存在的病害包括糟朽、破裂、粘连、污染、残损、褶皱、褪色、晕色等,少部分藏品也存在虫蛀和霉变现象。纺织品文物的主要病害类型有以下 6 种:完整性变化,如破裂、残缺;平整性变化,如褶皱、粘连;强度变化,如糟朽;污染,如玷污;生物破坏,如动物损害;色彩变化,如褪色。

这些病害类型可以用特定的图示符号来表示,进而绘制出病害图。即使不见原物,也能通过图示一目了然地明白一件织物上存在的病害种类。病害图一般用于纺织品保护修复方案的制定。如陇西县博物馆藏畅华墓出土明代服饰病害类型与图示如下(表 8-5):

表 8-5 陇西县博物馆藏畅华墓出土明代纺织品病害类型与图示

病害名称	病害描述	图示	病害示例
破 裂	破裂主要是指经纬线断裂导致的裂口或裂纹,织物本身无缺失。修复时,将织物进行平整后可用针线缝合裂口,或在背面适当衬垫织物进行加固即可。		 0849- 织绣 015

病害名称	病害描述	图示	病害示例
残　缺	织物有明显缺失的部分,在修复过程中需要补全才能恢复其完整性。	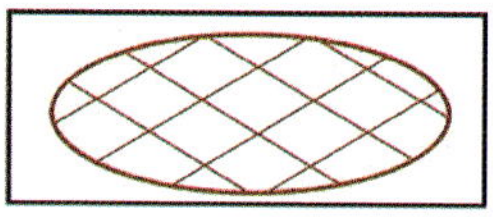	 0842-织绣
褶　皱	纺织品在埋藏、保存过程中,因受到挤压等出现折痕,经平整后有些基本能恢复原有品相,也有折痕严重的无法恢复如初,影响织物外观。	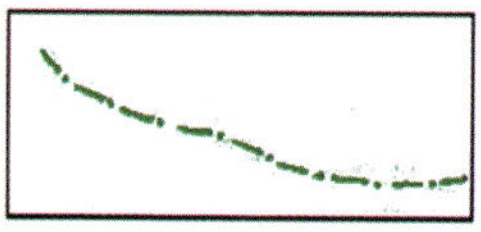	 0842-织绣 008
粘　连	纺织品在埋藏、保存过程中,若遇到水、污染物、黏液、尸液等的浸染,易导致同件纺织品或不同件纺织品粘在一起,严重破坏纺织品的外观。病害示例所示棉衣粘连严重,一些部位已硬结成块,无法剥离,为修复造成困难。	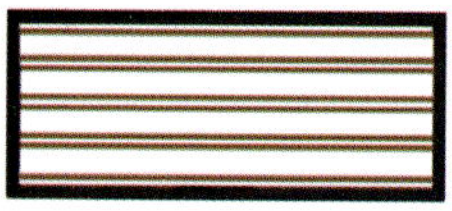	 0849-织绣 015
糟　朽	糟朽是指纺织品在长期的埋藏、保存过程中,纤维发生严重降解,导致其结构变得疏松,力学强度大幅降低。病害示例所示棉衣整体糟朽,个别部位貌似完好,实则一触即碎,修复时需要进行整体加固。		 0838-织绣 004

病害名称	病害描述	图示	病害示例
污 染	污染是指在埋藏和传承过程中,有污渍附着于织物上,加快了纤维降解的速度,导致织物发生糟朽、腐蚀等病害,严重影响其寿命。病害示例所示纺织品的污染大多是血渍,还有墓葬中的水银,以及铁锈和铜锈等。		0650-织绣002
印绘脱落	印绘脱落是指由于胶黏剂失效导致印绘痕迹模糊。病害示例所示铭旌上的白色彩绘有少部分脱落,导致其上面的字迹模糊。		0845-织绣011
褪 色	纺织品出现色度降低,色彩在色光艳度、染色深度方面出现变化。一般表现为颜色变得黯淡。病害示例所示织物已失去原本鲜艳的颜色,色泽暗沉。		0855-织绣021-1

依据中华人民共和国文物保护行业标准《馆藏丝织品病害与图示》(WW/T 0013-2008),文物上实际存在的病害类型可用相关图示进行表示,如明代云龙纹锦袍(0650-织绣002)上的病害。(图8-8)

3.病害成因分析

导致纺织品文物发生病害的原因主要分为内因和外因,其中,内因与其

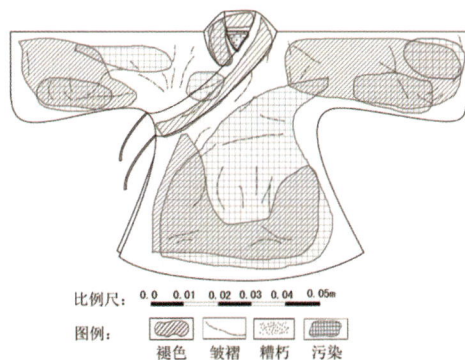

比例尺: 0.0 0.01 0.02 0.03 0.04 0.05m

图例: 褪色 皱褶 糟朽 污染

图8-8 明代云龙纹锦袍正面病害图

材质有很大的关系。纺织品属于有机物,成分主要是氨基酸、多糖类化合物。这些成分是微生物繁殖和生长的营养来源。与其他无机类的文物相比,纺织品文物更易受到微生物和虫子的侵害,特别是墓葬中的纺织品,易受到尸液腐蚀、尸虫噬咬而损毁。另外,作为有机高分子化合物,纺织品还易发生热老化、光老化,使分子链被破坏而发生降解,从而加速纤维的老化。墓葬条件和土壤环境等外因与墓葬中纺织品的留存有着密切的关系。古代织物都具有较强的吸水性,若墓葬密封性差,棺木入土之后受损,导致透气、进水,随葬其中的纺织品也就很容易被损毁。若墓葬周围的土壤酸碱性较强,在埋藏过程中,地下水携带着墓葬周围土壤中的化学元素逐渐渗透进棺木之中,会形成棺液,当呈弱酸性的丝毛类动物纤维遇到碱性棺液,呈弱碱性的棉麻类植物纤维遇到酸性棺液时,就会受到严重腐蚀,因此,许多纺织品在开棺时就已经荡然无存。

对出土后的纺织品而言,外因是造成其损毁的重要因素。根据对甘肃省多家博物馆库房、展厅等文物保存环境的现场调查,并结合各类病害特点,笔者认为造成甘肃省纺织品文物发生病害的主要外部因素有以下 3 个:

3.1 自然环境的影响

自然环境因素的长期作用是造成纺织品发生病害的重要外因。依据甘肃各地环境、气象等部门的监测数据,笔者对各地区纺织类文物的保存环境进行了综合分析:

(1)甘肃省中部地区

以甘肃省博物馆所在的兰州市为例[③]:兰州市区主要分布于黄河两岸,四周群山环抱,沟壑纵横,离市区最近的是南、北两山,相对高度为 200 ~ 600 米,黄河自西向东冲积出一相对平坦的河谷盆地,将兰州分为东、西两部分。东部城关区面积较大,约为 60 平方千米,兰州老城区就位于此,人口密集,果树蔬菜种植区主要分布于它的东北部。西部的西固区是以化工业为主的工业区,面积约为31 平方千米。市区高楼林立,四周环山,致使气流闭塞,风速减弱,各种工业、生活污染源不易扩散,特别是冬季,很容易形成烟雾。

兰州市全年平均降水量约为 333 毫米,来自河西的沙尘导致大气污染物常年超标,依据 2008 年兰州市环境质量评估报告:兰州市空气质量一、二级天数

---

③张皓程,但勇.兰州市机动车尾气污染现状调查及控制对策研究[J].资源节约与环保,2014(5):35.

为 268 天,比 2007 年减少 3 天,占全年总天数的 73.22%。可吸入颗粒物年平均浓度为 0.132 毫克 / 立方米,比 2007 年上升 2.33%。降尘量为 19.72 吨 / 平方千米·月,比 2007 年下降 5.1%。全市烟尘排放量为 1.95 万吨,比 2007 年减少 0.16 万吨。出现沙尘及浮尘天气 6 次,与 2007 年相比增加 1 次,最严重时可吸入颗粒物浓度为 1.049 毫克 / 立方米,发生在 4 月 1 日。

同时,根据兰州地区气象统计数据,历年来兰州市区温湿度日较差值最大值为 78%,最小值为 6%。从 2008 年至 2010 年的温湿度日较差统计数值可以看出,兰州地区温湿度日较差值变化幅度很大。(表 8-6、表 8-7)

表 8-6 甘肃省博物馆所在地 2008 年至 2010 年温度日较差分布

天数 温度 年份	≤ 2℃	<5℃	≥ 5℃	≥ 6℃	≥ 7℃	≥ 8℃	≥ 10℃	≥ 15℃	≥ 20℃
2008	1	24	341	330	310	291	250	71	2
2009	0	21	344	328	304	289	241	82	1
2010	0	12	353	341	327	309	259	81	8

表 8-7 甘肃省博物馆所在地 2008 年至 2010 年湿度日较差分布

天数 湿度 年份	<5%	≥ 5%	≥ 10%	≥ 15%	≥ 20%	≥ 30%	≥ 40%	≥ 50%
2008	0	366	366	361	354	315	254	178
2009	0	365	365	362	357	307	228	144
2010	0	365	363	360	355	312	231	134

综上数据分析:"兰州市属山区河谷城市,其大气污染形成原因具有河谷城市的一般特点,当城市处于较稳定天气系统控制之下,一方面由于河谷地形的存在,在地形高度附近形成一逆温层,不利于大气污染物扩散;另一方面,大气污染物吸收太阳辐射,使上层大气加热,增加了逆温层的温度梯度,不利于逆温层消失;同时由于大气污染物吸收太阳辐射,使到达地面的太阳辐射量减少,不利于热力湍流的形成,抑制了混合层的发展,也不利于大气污染物扩散。"[④] 中国科学院兰州分院发表的《兰州大气污染及对策研究》一文中讲:"1996 年的监测结果表明,兰州市的二氧化硫的日均值全年均有出现超标的可能,最高的出现在一季度,超标率为 45.8%,最高日均值超标倍数为 4.4。氮氧化物全年均有出现超

④姚晶晶. 兰州市路域土壤微生物群落特征研究[D].兰州:西北师范大学,2012.

标的可能,一、四季度的日均浓度的超标率分别为 65.0% 和 33.3%,最高日均值超标倍数为 2.11。总悬浮微粒全年每个季度的超标率均在 80.0% 以上,四季度最为严重,超标率为 97.0%,几乎天天超标。"这无疑会对纺织品文物造成严重污染,有些有害的工业废气等甚至会腐蚀纺织品文物,加重其劣化的程度。

(2)河西地区

河西地区主要指甘肃省西北部祁连山和北山之间的地带,其地域特征在本书第一章第二节中已有介绍。河西地区海拔在 1260 米至 3140 米之间,年均气温 7.4℃,属典型的大陆性干旱气候。尤其敦煌地处内陆戈壁,气候干燥,是典型的沙漠气候。瓜州县每到春季,风沙肆虐尤为严重。位于这一地区的博物馆有武威市博物馆、敦煌市博物馆、高台县博物馆、肃南裕固族自治县民族博物馆、酒泉市肃州区博物馆等。

相关人员对河西各地区 2008 年至 2010 年的温湿度日较差进行了统计,见表 8-8 至表 8-13。

表 8-8　武威市博物馆所在地 2008 年至 2010 年温度日较差分布

天数　温度　年份	≤ 2℃	<5℃	≥ 5℃	≥ 6℃	≥ 7℃	≥ 8℃	≥ 10℃	≥ 15℃	≥ 20℃
2008	1	10	355	348	339	333	289	136	16
2009	1	8	357	349	338	323	284	130	16
2010	0	14	351	340	329	310	267	122	15

表 8-9　武威市博物馆所在地 2008 年至 2010 年湿度日较差分布

天数　湿度　年份	<5%	≥ 5%	≥ 10%	≥ 15%	≥ 20%	≥ 30%	≥ 40%	≥ 50%
2008	0	366	366	364	358	309	224	133
2009	0	365	365	362	351	290	207	123
2010	0	365	365	360	353	311	241	143

表 8-10　肃南县博物馆所在地 2008 年和 2010 年温度日较差分布

天数　温度　年份	≤ 2℃	<5℃	≥ 5℃	≥ 6℃	≥ 7℃	≥ 8℃	≥ 10℃	≥ 15℃	≥ 20℃
2008	1	5	361	352	342	330	301	112	11
2010	0	8	357	351	335	318	275	125	21

表 8-11 肃南县博物馆所在地 2008 年和 2010 年湿度日较差分布

天数·湿度 / 年份	<5%	≥ 5%	≥ 10%	≥ 15%	≥ 20%	≥ 30%	≥ 40%	≥ 50%
2008	0	366	366	363	357	322	245	145
2010	0	365	365	365	361	325	244	125

表 8-12 高台县博物馆所在地 2008 年至 2010 年温度日较差分布

天数·温度 / 年份	≤ 2℃	<5℃	≥ 5℃	≥ 6℃	≥ 7℃	≥ 8℃	≥ 10℃	≥ 15℃	≥ 20℃
2008	0	2	364	360	352	338	314	206	72
2009	0	3	362	354	347	342	316	202	69
2010	0	13	352	346	336	324	285	160	27

表 8-13 高台县博物馆所在地 2008 年至 2010 年湿度日较差分布

天数·湿度 / 年份	<5%	≥ 5%	≥ 10%	≥ 15%	≥ 20%	≥ 30%	≥ 40%	≥ 50%
2008	0	366	366	365	357	332	286	219
2009	0	365	364	363	350	317	266	209
2010	0	365	363	361	354	324	265	201

综合上述统计结果来看,河西地区一年中大部分时间的相对湿度日较差都远大于纺织品保存所要求的标准。从地域分布看,位置越偏西,湿度日较差值越大。此气候条件较适宜埋藏于地下的纺织品文物的保存,但对于出土的纺织品文物而言,非常考验文物库房、展厅、展柜等保存环境的密封性,一旦沙尘附着于纺织品文物上,造成的污染将很难去除。加之温度、湿度差较大,纺织品纤维收缩加大,很容易造成纤维断裂、糟朽等病害发生。

(2)甘肃省东部及天水地区

该地区位于渭河流域,黄土高原中部,属黄土梁、峁、沟壑区,海拔在1000 ~ 2000 米。位于该地区的北秦岭山区多被厚厚的黄土覆盖,沟壑纵横,地表起伏,属温带半湿润气候。年平均气温为 10.5℃,年降雨量为 600 ~ 900 毫米,蒸发量为 1400 毫米,6 月至 9 月为雨季,降水量占年降雨量的 70%,全年无霜期为 180天左右。天水市博物馆和陇西县博物馆即处于这一地区。

根据天水市 2007 年空气质量评估报告,天水地区空气质量达到良的周数为 36 周,占全年总周数的 68%,与 2006 年的 27 周相比,空气质量有明显改善。2007 年天水市空气质量好转与春季扬尘天气减少、夏秋季降水较多有关,也与加快集中供热速度、加大工业炉窑的治理力度、推广清洁能源和企业实行节能减排,空气污染物排放量减少有关。

从天水地区三项主要污染物监测结果看,总悬浮颗粒物是影响空气质量的主要因素,而二氧化硫和二氧化氮的数值远低于国家标准。冬春季降水较少,植被较差,容易产生扬尘。进入采暖期后,煤烟排放量增加,烟尘污染加重。加之冬季逆温天气较多,不利于污染物扩散,因而造成空气质量常常是轻度污染,污染指数在 100 以上。夏秋季节降水量较多,加之植被较好,因而空气质量为良好,污染指数小于 100。天水地区 2006 年和 2007 年主要空气污染物及污染指数年际比较见表 8-14。

表 8-14 天水地区 2006 年、2007 年主要空气污染物及污染指数年际比较

年份	二氧化硫		二氧化氮		总悬浮颗粒物		污染指数	质量级别
	年均值	达标情况	年均值	达标情况	年均值	达标情况		
2006	0.017	达标	0.023	达标	0.32	超标	111	Ⅲ级(轻度污染)
2007	0.030	达标	0.027	达标	0.24	达标	84	Ⅱ级(良)

从 2008 年至 2010 年温湿度日较差值统计数据看,该地区温度、湿度情况明显要好于甘肃省中、西部地区。(表 8-15、表 8-16)

表 8-15 天水市博物馆所在地 2008 年至 2010 年温度日较差分布

年份＼温度天数	≤ 2℃	≤ 5℃	≥ 5℃	≥ 6℃	≥ 7℃	≥ 8℃	≥ 10℃	≥ 15℃	≥ 20℃
2008	4	45	321	299	283	255	255	71	5
2009	4	55	310	296	270	247	193	67	3
2010	1	36	329	307	286	261	210	68	5

表 8-16 天水市博物馆所在地 2008 年至 2010 年湿度日较差分布

天数 湿度 年份	≤ 5%	≥ 5%	≥ 10%	≥ 15%	≥ 20%	≥ 30%	≥ 40%	≥ 50%
2008	1	365	365	359	354	321	275	183
2009	0	365	365	356	346	308	266	190
2010	0	365	365	359	352	314	248	171

陇西县 2008 年至 2010 年温湿度日较差值统计表见表 8-17、表 8-18。

表 8-17 陇西县博物馆所在地 2008 年至 2010 年温度日较差分布

天数 温度 年份	≤ 2℃	≤ 5℃	≥ 5℃	≥ 6℃	≥ 7℃	≥ 8℃	≥ 10℃	≥ 15℃	≥ 20℃
2008	3	29	337	324	313	291	237	111	13
2009	4	32	333	315	300	278	229	100	12
2010	1	25	340	327	312	297	249	106	17

表 8-18 陇西县博物馆所在地 2008 年至 2010 年湿度日较差分布

天数 湿度 年份	≤ 5%	≥ 5%	≥ 10%	≥ 15%	≥ 20%	≥ 30%	≥ 40%	≥ 50%
2008	0	366	360	341	285	108	17	2
2009	0	365	361	324	295	142	30	3
2010	0	365	358	340	294	150	26	3

从每年温湿度的统计数据来看,一年中,陇西县气温大于或等于 20℃的天数都是 10 多天,湿度大于或等于 50% 的天数是 3 天左右。加之陇西县博物馆等单位周边植被稀少,文物库房分布于普通楼内,室内的文物保存环境目前尚处于自然状态,没有现代化的通风、恒温恒湿等设备。库房内文物多用金属组合柜架、密集柜存放。纺织品文物被折叠为较小体积后放置于纸盒中。显然,这种保存方式易使纺织品文物受到外界自然环境的影响。尽管甘肃省东部及天水地区的环境状况相对于甘肃省中部及河西地区明显要好一些,但同样也不适宜于纺织品文物保存,在雨水集中的季节,可能还会发生霉变。

小结

纺织品文物保存环境的要求:温度控制为冬季 19℃ ±1℃,夏季为

24℃±1℃；相对湿度为55%±5%；固体颗粒物滤过率大于等于80%。[⑤] 根据这一要求，从甘肃三个不同地区的环境质量评估结果看，无论是大气质量还是气候特点等，都对地面上纺织品的保存非常不利。各种环境数据远远达不到纺织品保存所设定的环境质量标准。加之当前全省馆藏纺织品文物的预防性保护措施不够完善，纺织品文物的病害还在持续蔓延，急需对藏品保存环境进行改善并采取科学、合理的预防性保护措施。

3.2 传承过程的影响

在传承过程中，诸多因素都将直接导致纺织品文物发生病害，主要表现在以下6个方面。

（1）血渍、泥土、草屑或黑色片状物固结在织物表面；纺织品成分与周围环境中的物质发生化学反应导致织物表面被腐蚀；钙质或结晶盐等白色颗粒物附着在织物上；尸液浸染，血渍或尸虫残骸等都会污染织物。这些污染显然都不是人为所致，经现代仪器检测分析和对实物的观察评估发现，污染物成分主要是：铁、铜、钙、盐、汞等。织物被污染物腐蚀后，会导致长期叠压的织物粘连成片，难以揭展，直接影响到纺织品的外观。

（2）受埋藏环境影响，丝蛋白不可避免地发生降解，机械强度随之降低。出土后，织物所处环境的各种参数发生急遽变化，很有可能会加速织物劣化。此时，如果施以不当的外力，织物便会发生破裂，尤其是较为轻薄的纱、罗织物，非常容易在同一部位出现同向撕裂。

（3）传承过程中，因保存条件的局限性，织物不能平摊放置，只能长期叠压，很容易形成褶皱。褶皱是出土织物常见的病害之一，一般通过平整手段可以去除。笔者认为，若对后期研究有用的褶皱一定要保留，它将为文物从前的使用状况提供线索。有些褶皱若不及时去除会造成丝纤维断裂，所以褶皱的去留要具体问题具体分析，不宜一刀切，不应把所有的褶皱都视为"病害"来对待。

（4）糟朽是纺织品文物的通病，主要原因是纺织品传承时间久远，墓葬环境多变、尸液腐蚀严重等，也与后期的保存方式不够完善有关。出土后，纺织品文物与墓葬环境之间的平衡被打破，温湿度、光线、有害气体等成为纺织品糟朽的重要原因。笔者经调查发现，很大一部分纺织品文物周边已经有很多脱落的劣

⑤国家文物局博物馆与社会文物司.博物馆纺织品文物保护技术手册[M].北京：文物出版社,2009：111-122.

化纤维，一碰即碎。使用电子显微镜观察发现，织物表面有大量的污染物存在，已镶嵌在纤维间，这很容易导致织物纤维劣化，发生糟朽病害。

（5）古代纺织品大多采用植物的根、茎、叶、花、果等为染色剂进行染色。植物染料大多具有水溶性，织物受到尸液的浸泡、污染后，易导致局部色泽消退或发生晕染。另外，染料成分和色牢度在埋藏环境中也易受到酸碱性物质腐蚀，如甘肃敦煌地区的碱性土壤对埋藏的纺织品色彩就有很大的影响，易导致丝织品颜色变淡。

（6）文物展览和存放方式不当、保存环境不达标，都会为微生物繁殖提供温床，如：藏品柜架简陋、短缺，文物囊匣、套袋等辅助保管材料不够，多件文物共用一个盛装器具，工作人员很少对库房进行熏蒸等消毒杀菌工作。文物保管人员进入库房等文物存放重地无对自身进行消毒杀菌的观念，将外界蚊虫、细菌等带到织物上，导致蚊虫等在织物上繁殖，使织物发生病害，也是有可能的。

3.3 保存材料与方式的影响

对馆藏纺织品文物而言，包装材料与保存方式会有一定的安全隐患，如部分丝织品用亚克力板、有机玻璃、浮法玻璃、三合木板、塑料薄膜等材料夹持、封闭、固定存放，如果时间较长，包装材料自身的重力很容易造成丝织品纤维受压老化、粘连、断裂等，同时，包装材料自身也会老化、变黄、脆化，并释放有害物质，近距离伤害到丝织品；也有部分未经技术处理就保存于塑料袋中的织物，长时间存放会导致织物发生霉变、虫蛀、腐蚀等。这些病害一旦发生，传染的速度是非常惊人的，不但会加剧织物老化，甚至会彻底损毁织物。由于没有保护措施，一些被置于纸板上的小块织物残片会因多层叠压而造成破损。被缠绕于纸板上的条带状织物，长期放置必然会导致弯折处的纤维断裂。有的丝织品碎片或数件集中存放在一个囊匣中，或用布料包裹，有些袋子甚至多年都没被打开过。没有特殊的保护措施，纺织品文物表面存在的污染物无疑会蔓延，加之织物的自然糟朽、老化等，这些都将影响纺织品文物的健康。以上问题一定要引起工作人员足够的重视。

第九章 出土纺织品的起取与消毒

第一节 纺织品的起取

正常情况下，随葬品中的纺织品或墓主随身所穿的衣物等都是以干燥的状态入土的。埋藏过程中，墓穴棺椁若无大水淹没或浸泡，地下纺织品基本能保持稳定的干燥状态（尸液污染除外），尤其对于常年干燥少雨的甘肃地区的戈壁荒漠而言，若再加上西北风肆虐，会导致地下土壤中的水分流失更快，埋藏于地下的纺织品出土时，腐蚀粘连程度较小，起取难度不是很大。如武威磨嘴子汉墓出土的锦缘绢绣草编盒、绢地刺绣屯戍人物图，悬泉置遗址、肩水金关遗址及马圈湾汉代烽燧遗址出土的丝织物残片、渔网，莫高窟藏经洞出土的唐宋绢地佛画、幡条，漳县汪世显家族墓出土的黄地宝相花织金锦女式内衣、对襟罗衫，陇西明代畅华墓出土的大批服饰等，与我国南方地区同时期墓葬的出土物相比，以上出土纺织品不但纤维牢度很好，而且色泽依然鲜艳。这些织物经除尘清洁，加固修复后长久保存不成问题，在展览、研究时也有相当好的耐受性。也有少部分墓葬出土的织物，尤其是墓主人的贴身衣服，因尸液、血渍浸染，尸虫腐蚀，致使织物与遗骨或尸体腐败物粘连，难于剥离，特别是一些棉衣、夹衣里面的絮棉，早已粘连成片，尸虫残骸成堆，为起取造成一定难度，稍有不慎就易使织物破损残缺。

1. 起取地点的选择

纺织品文物的起取地点一般有两个：发掘现场和室内，主要根据墓室中纺织品的起取难度而定。若条件允许，且有能力解决运输、安全等问题，可把棺木整体搬运到室内进行文物起取，因室内环境稳定，工具便利，不受外界风沙、光照等因素的干扰，时间也相对宽裕，操作起来要容易许多，起取效果自然会比较好。

2016年11月8日上午，临泽县国道312线改线工程施工过程中发现一座古墓。古墓位于临泽县沙河镇化音村西北侧的化音滩，中心地理坐标为东经100°06′12.1″，北纬39°09′27.5″，高程1447米，东距临梨公路约500米，北距312国道约300米，周边地貌为碎石戈壁。墓葬坐北面南，平面呈长方形，两墓室顶部条砖错缝券砌收顶，两侧平竖交替起壁，墓门与甬道均起两层券，整

体为券顶双室砖砌墓。(图9-1)

图9-1 临泽县沙河镇化音滩汉晋墓

墓室内共葬三人,后室两人,前室一人,均有棺木葬具。后室中的两人按照"男左女右"的习俗安葬。男主人略居中,葬式保存完整,形态清晰,身穿一套红色棉袄棉裤,尸身被一整块棉布从头包裹到脚,并有麻绳绑缚。(图9-2)前室一人为夭折儿童,葬具棺匣放置于前室右壁墙角。

图9-2 男主人葬式

　　临泽县文保工作者通过抢救性考古发掘，从墓室内清理出丝质棉衣一套（棉袄、棉裤各一件）；陶罐、壶、瓮、杯、仓、灶、釜、甑、豆等素面灰陶和绳纹陶器18件；彩绘木俑、木马、木牛、木车等木器6件；铜镜、铜簪、五铢钱等数件。

　　根据墓葬形制及随葬品特征，经省、市文保专家判断，此墓的年代为汉晋时期，发掘以前未被盗挖，墓主人身份不详。在出土的文物中，棉袄、棉裤为男性墓主人所穿，这套棉衣的主体面料为红色和浅黄色，里料均为浅黄色，衣服表面保存尚好，材质柔软，色泽鲜艳，形制完整，为研究汉晋时期河西地区的纺织技艺及服饰形制提供了珍贵的实物资料。这套棉衣现藏于临泽县博物馆，它的入藏填补了该馆纺织品藏品的空白。

　　因衣物与尸身粘连叠压，又被尸液浸泡、尸虫腐蚀，多半已粘连、污染、腐损且脆化。鉴于当时已是深秋，河西气温已降到零度以下，考古现场条件又差，现场起取很困难，工作人员便将尸身整体搬运到了室内进行起取，最终，裹尸布和棉袄、棉裤起取较完整，效果尚可。（图9-3）

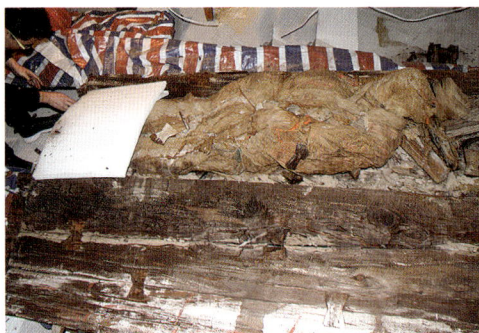

起取前

起取中

起取后的棉袄

起取后的棉裤

图9-3 临泽县沙河镇化音滩汉晋墓出土棉袄、棉裤的起取过程

2. 起取技术的研究

纺织品文物起取需要一定技术。墓主人所穿戴的服饰及葬仪用的物品大多属于动物纤维和植物纤维,天长日久多已腐朽,质地非常脆弱,甚至酥脆炭化,起取时要胆大心细,注意一些要领。

(1)文物的许多细节可能会在起取和保护过程中遭到破坏,因此,对于棺木中的纺织品,起取时一定要先了解织物成品原来的结构,必须尽可能在考古现场弄清楚文物的形态、用途等,准确记录一切能够获取到的信息,如墓主人所穿衣物的层位顺序,腰带盘扣的系结方法等。起取过程也要及时拍照、摄像、绘图、测量,称重要精确,原始照片必须有整体和局部画面,这样文物的原始状态才能完整保留在底片上。底片至少要有三份。织物一旦揭取,分幅切下,便再也没有原始形象实体。取得必要的原始资料后要有专人保存好。在某些情况下,原始照片就是文物的化身,可供后期研究,也可供展览使用,需要时甚至可以据以复制文物。如果起取实物较多,情况复杂,可先采集完详细的信息后再把织物装箱妥善运回室内进行清理;如果仅存一些碎片,亦不可轻易舍弃,即使炭化的残片也应尽量收集起来,往往能通过残片鉴定出织物的品种,找到一些有价值的信息。

(2)对于较平整的随葬衣物,可用纸板或透明胶片平放托取,若遇到褶皱复杂一时无法分离的,可先整体起取,再慢慢分离。完整衣服的起取没有固定的处置办法,只能根据实际情况具体对待。有些墓葬或遗址曾被大火焚烧过,纺织品已化为灰烬或炭化,但只要其结构未被扰乱,也还可以用嵌段甲基室温熟化硅橡胶和硅氢加成型室温熟化硅橡胶等来加固修复,即使是一个折叠的织物块体,也能借此种方法将其展开。①

(3)起取时,要十分注意光对出土织物的影响,避免日光直射或热辐射较大的白炽灯照射织物。明亮的北窗营造的室内自然光环境或是在较亮的日光灯下,均是安全起取纺织品的适宜环境。另外,起取时室内空气湿度要掌控好,即使临时用加湿器局部加湿,也要尽量把湿度控制在50% ~ 60%(与库房保存纺织品文物的湿度要求一致),否则织物会因湿度分布不均而导致纤维断裂。比如,一件厚的丝质棉衣表面含水量不平衡,容易造成织物破裂开口、卷边撕裂等。起取后的纺织品应在室内放置一段时间,以使表面含水量达到均衡,若急于收取、折叠会更易折断织物纤维。

(4)为了揭取方便,工作人员会用雾化超纯水把粘连的织物轻微润湿。晾

---

① 中国纺织品鉴定保护中心.纺织品鉴定保护概论[M].北京:文物出版社,2002:107.

干织物时要避光阴干,以免造成织物褪色。若在强烈的阳光下晾干织物,黄色等颜色会易褪色,相比之下,靛蓝等颜色不易褪色。在室内北窗下对纺织品文物进行保护和修复,还是比较安全的。处理前和处理后的织物都要用宣纸遮盖起来,一可保持清洁,二可防止光线照射而使织物褪色。当织物基本干燥之后,其纤维强度和色彩都将会有所恢复,并逐渐稳定。

(5)纺织品的起取、揭展主要依靠技术,依靠工作人员的技巧与采取的方法。一切视实际情况而采取具体措施,很难有通用不变的方式方法。负责起取的技术人员要像一位经验丰富的外科大夫一样,下刀要精准有分寸,判断正确后再动手,争取"手术"一次成功。

(6)起取前,安全运输是关键。如果棺内有积水,运输中的倾斜、摇晃、震动都将对纺织品造成伤害,积水会很容易把织物弄成浆状而毁坏。要事先判明情况,采取有效干预措施,如抽出部分积水,选取最佳运输路线,把控车速等。吊装、启运、安放,每个环节都不可掉以轻心。

(7)一般来说,起取工作不可能在短时间内完成。大批脆弱的织物揭取完毕后,若延误处理时间会对纺织品本身的状况非常不利,尤其在炎热的季节,易滋生细菌或发霉等。为了争取时间,可以先立即把一时无法马上处理的织物封入聚乙烯袋内灭菌、保湿并暂存于专用冰箱内,冰箱温度控制在5℃左右。正在揭展的织物也要用宣纸盖好,室内最好有加湿设备和防尘措施,使织物缓慢晾干并不再被粉尘等污染。

第二节 纺织品的消毒

出土后的纺织品在入藏前必须要进行消毒,主要目的是杀死微生物和害虫。经观察和分析,危害纺织品的微生物主要是霉菌、细菌等。这些微生物广泛分布于自然界中,虽然个体小于0.1毫米,组织结构单一,但能以几何倍数繁殖,在不同的环境中可秒变为另一种形态。一般情况下,我们所处的环境中每升空气含有微生物 $1 \sim 10^4$ 个,每克土壤含微生物 $10^4 \sim 10^{10}$ 个,每克水含微生物 $1 \sim 10^4$ 个。每克肥沃的土壤里分布着 $10^7 \sim 10^{10}$ 个细菌、$10^5 \sim 10^7$ 个放线菌和 $10^3 \sim 10^5$ 个霉菌。[2] 这些微生物初期不易被发现,一旦发现一般就为时已晚,

---

②国家文物局博物馆与社会文物司.博物馆纺织品文物保护技术手册[M].北京:文物出版社,2009:17-18.

它们对纺织品文物的侵害通常有4种表现形式：

（1）古代纺织品主要成分中含蛋白质、脂肪、多糖化合物等，这些物质是微生物生长繁殖必需的。它们通过分泌多种酶分解、吸收这些营养物质，维持新陈代谢和各种生命活动。只要微生物存在于纺织品上，这一过程就要不断重复。纺织品文物沦为微生物生长繁殖的牺牲品。

（2）甲酸、乙酸等是微生物代谢的产物，而纺织品遇酸很容易被腐蚀变性。丝蛋白的结构与功能会因变性而改变，棉、麻纤维遇到甲酸、乙酸时，其中的多糖化合物成分会降解，导致织物发生糟朽等病害。

（3）微生物与纺织品相互作用时，常常产生甲烷、硫化氢等气体，若产生霉点，还会留下难以去除的色素斑点等。这些都将影响纺织品的样貌、力学强度等。

（4）微生物代谢物的大量堆积，也会影响织物的样貌和品质。

此外，虫蛀也是纺织品文物常见的病害。常见的对纺织品文物有损害的昆虫有烟草甲、窃蠹、书虱（书蠹）、皮蠹、家白蚁、毛衣虫、幕衣蛾等。它们以各种纺织品文物为食物，有些昆虫分泌的有机酸或酶能腐蚀纺织品，排泄物也会污染纺织品，使纺织品的完整性及强度、色彩、质感等发生变化。它们的幼虫对纺织品文物的破坏性最大，甚至会引发寄生菌害，造成混合污染。

笔者认为，对纺织品文物病害要以防为主，治是无奈之举。日常工作中，应严禁已经感染上蛀虫或霉菌的文物入库，库房管理人员进入库房时也应全身消毒，换上消毒服为好。同时，要定期放置灭菌除虫药物，且必须保证放置的药物对纺织品文物无副作用，高效低毒，无残留或低残留，不会对纺织品造成破坏，能杀灭各个阶段的害虫或有害微生物。

另外，要经常检查库内文物，一旦发现纺织品有虫蛀或生霉现象，应该立即将纺织品与原来的环境隔离开，将纺织品平摊在干燥、清洁、通风的台面上，待自然阴干后再用小型吸尘器将霉菌的菌丝吸除。对于那些已经形成菌落的区域，可以用软刷、棉签、棉质毛巾等刷扫、粘除纺织品上的污渍、虫害遗痕等，待处理干净后再全面消杀一次。

在实际应用中，要根据纺织品文物的材质选择安全有效的方法实施消毒灭菌。总的原则是：凡是能用物理方法解决的尽量用物理方法，物理方法无法解决的，选用中性的方法，中性方法不能解决的，才选用化学药剂进行处理。

1. 物理消毒

物理消毒是指在不影响文物基本性质、样貌等的原则下,应用物理学的基本原理,如通过控制温度、水分等手段,或利用高射能射线等技术,杀灭微生物和害虫。一般情况下,如果使用高温和紫外线照射等方法消毒,暗藏风险较大,容易使纺织品纤维胀裂、色泽暗淡。因此,实际操作时多采用冷冻、充氮等方法,这对杀虫来说特别有效且对纺织品文物较为安全。

(1)低温法

将十分干燥的纺织品裹夹缓冲物(宣纸等)卷起放入聚乙烯塑料袋中封紧,当冷冻库温度降为 -20 ～ -30℃时,将塑料袋放入,约14天后取出,待塑料袋完全恢复至常温再打开拿出纺织品。大部分害虫会在低温下死亡,若有必要可重复一次低温处理,将虫卵彻底杀死。

低温法简单易行,不失为一方便、有效、环保的纺织品除虫方法,只需准备聚乙烯塑料袋、封袋机,或直接买自封口塑料袋即可。若没有条件放入冷冻库(所需的冷冻库尺寸可能要大一些),也可把冰箱的冷冻室温度调为 -20 ～ -30℃后,把封好口的塑料袋放入。这种方式尤其适用于小件纺织品低温消毒杀虫。

(2)低氧法

把需要消毒灭虫的纺织品放入密封性非常好的容器中,把容器中的氧气用氮气、氩气或二氧化碳等置换,若纺织品数量不多,可考虑使用吸氧剂。虫卵在缺氧状态下大约半个月会死掉。这种消毒法需要的设备主要是一个密闭性好的熏蒸容器或专用防漏复合薄膜袋、低氧处理设备、氧气浓度监测器或氮气发生器及湿度调整装置等。

2. 化学消毒

当物理消毒没条件实施或达不到理想效果时,可尝试利用化学药剂改变害虫和霉菌的细胞结构等,最终抑制或杀死它们。使用化学药剂时要遵守质优、量少、渐进、有效的原则。化学药剂主要有有机化合物、卤素单质及化合物等。

2.1 有机化合物

用于防霉灭菌的有机化合物一般是碳氢化合物及其衍生物。此类药物可使霉菌细胞形成不溶性的沉淀,细胞壁被损坏,造成蛋白质变性,或与蛋白质的氨基和硫基反应,引起蛋白质变性,使酶失去活性。市面上此类防霉灭菌剂较多,如酚类的有对硝基苯酚、对氯间甲基酚、麝香草酚、邻苯基酚钠等;醛类的有甲醛、对硝基苯甲醛;醇类的有乙醇;杂环化合物有环氧乙烷等。当前用于文物杀虫灭菌效果比较理想的熏蒸剂是环氧乙烷和甲醛。③

（1）环氧乙烷

环氧乙烷分子式为 C_2H_4O，沸点为 10.7℃，易燃。一般与二氧化碳、氮气等以 1 比 9 的比例混用性质比较稳定，与氟利昂混用的比例通常约为 1 比 7。环氧乙烷混合气体熏蒸温度一般在 38 ~ 50℃，相对湿度在 30% ~ 50%。为了安全考虑，一般可把纺织品的熏蒸时间延长，熏蒸温度适当降低，若病害严重，可增加环氧乙烷浓度。

（2）甲醛

甲醛亦称"蚁醛"，分子式为 HCHO，在常温下是气体，具有难闻的刺激气味，温度越高，其灭菌杀虫效果越好。浓度为 40% 的甲醛水溶液名为福尔马林，市售甲醛的浓度为 35% ~ 38%。对于古代丝织品来说，用甲醛消毒具有一定的危险性，在杀灭害虫的同时，甲醛也会破坏丝蛋白而加速丝织物的老化。但对于其他棉、麻类织物，这种破坏作用是不显著的，若一时找不到更好的办法处理，用甲醛不失为一种简便有效的消杀方式。

2.2 卤素单质及化合物

溴甲烷是文博单位常用的纺织品文物熏蒸药剂之一。其优点主要体现在以下 3 个方面：

（1）溴甲烷的熏蒸浓度一般为 20 克 / 立方米，此浓度的溴甲烷无味，浓度增加时略带香甜味。溴甲烷常温下可汽化，无色，沸点为 4.5℃，一般压缩成液体装在钢瓶内（钢瓶必须存放在阴凉场所，严禁在烈日下曝晒），温度在 6℃ 以上就可用于纺织品文物熏蒸，操作便捷。由于其挥发性及渗透性均很强，熏蒸后纺织品上的药物残留少，散味快。

（2）溴甲烷的化学性质比较稳定，常温下不易被酸、碱物质分解，一般熏蒸浓度的溴甲烷，不燃烧、不爆炸，较为安全。当其浓度达到一定数值时，遇到火花可引起燃烧。气态的溴甲烷对古代纺织品无不良影响。

（3）溴甲烷对害虫的虫卵、幼虫等都具有很强的杀伤力，一旦侵入虫体，害虫存活的概率几乎为零。

---

③ 卢燕玲. 文物保护修复理论与实践 [M]. 北京：文物出版社，2016.

使用溴甲烷熏蒸纺织品文物的缺点也很明显,主要有两方面:一方面,熏蒸后的废气毒性较大且不易被收集处理,这无疑对周边环境有一定影响。1997年,《蒙特利尔破坏臭氧层物质管制议定书》(简称《蒙特利尔议定书》)缔约国第九次会议通过如下决议:发达国家在2005年、发展中国家则在2015年全面禁用溴甲烷。④另一方面,液体溴甲烷会灼烧皮肤,引起红肿或皮炎,若操作过程中皮肤不小心接触到溴甲烷,应立即用清水冲洗。熏蒸结束后要用测溴灯检查,确定已无残毒,人才可进入熏蒸室,否则,残留物会对操作者造成伤害。鉴于此,甘肃省博物馆已不再使用溴甲烷对文物进行熏蒸。

2.3 使用方法

各文物保护单位对纺织品进行化学消毒的方法主要根据实际设备条件和防霉灭菌药物的形态(固态、液态、气态)选择,大体有喷洒、涂布、熏蒸三种。甘肃省博物馆目前使用真空熏蒸消毒机对文物进行灭菌处理,已取得令人满意的效果。此消毒方法的操作步骤如下:

(1)首先,准备密闭性能很好的熏蒸容器。此容器可购买,也可专门定制,或就地取材,利用密封性好的箱体装具、聚酯-聚乙烯复合材料制成的袋子等;

(2)将受霉菌感染、准备处理的纺织品文物放入熏蒸器中,不要超过熏蒸器容积的2/3,待关闭熏蒸器的所有入口后启动真空泵抽取容器中的空气,使熏蒸器内处于负压状态;

(3)将熏蒸剂注入熏蒸器中,剂量一般为15～30克/立方米,经12～24小时密闭处理后启动真空泵抽出残气。残气管出口可通入水中使废气分解,或用活性炭、硅胶吸附废气,不宜将废气直接排放到大气中;

(4)反复数次向容器中注入清洁的空气,清除掉容器中的废气残留即可。

使用真空熏蒸消毒机对文物进行灭菌处理的优点主要有以下两个:

(1)在负压状态下,熏蒸剂的挥发性、扩散性和渗透力都很好,汽化后的药物与纺织品接触面广而且分布均匀,可渗透到织物各个边角缝隙当中,且熏蒸后不易有残留物;

(2)熏蒸器密闭性好,毒气不会外逸,既节省熏蒸剂,又不会污染环境。所

---

④国家文物局博物馆与社会文物司.博物馆纺织品文物保护技术手册[M].北京:文物出版社,2009:18-23.

以真空熏蒸消毒是一种快速、安全、高效的灭菌消毒技术,为人们经常采用。

值得注意的是,熏蒸时温度不能过高,建议在常温下熏蒸,可适当延长熏蒸时间;消毒若在实验室进行,必须在安装有通风设备及残气处理设备的实验室,以免中毒。

第十章 纺织品文物的清洗与平整

第一节 清洗前的检测

纺织品文物长期埋藏于地下,难免会受到污水、尸液、血渍、虫骸、沙土、硅钙结晶体等物质的污染,发生粘连等病害,以致残缺、破裂,严重影响了织物的光泽、牢度及完整性,给后期的保护修复造成困难。因此,纺织品出土后,应立即进行清洗、消毒,否则,一旦污染物中的微生物在有氧环境中繁殖生长,将会大大加快纺织品劣化的速度,甚至使纺织品遭到损毁。只有根据织物糟朽度先把污染物处理干净(不是所有的出土纺织品都能清洗),使纺织品性质相对稳定,再加以全面杀菌消毒后,才可入藏,进而逐步去修复、研究等。清洗纺织品不但需要有化学、生物学等多学科专业知识的支持,更要求操作者具备高度的责任心和谨慎的工作作风。清洗前要先采集必要的信息,做样品无损检测,检测包括织物材质、染料以及污染物和附属材料的化学成分及特性等,以免清洗过程中施加的水等物质对织物造成影响或破坏掉一些有用信息。甘肃省博物馆纺织品修复室一般在清洗前进行以下检测:

1. 材质检测与判断

检测目的:纤维材质鉴别,准确的材质判断将为清洗方案的制定提供科学依据。

检测方法:形貌观察;红外光谱分析。

(1)形貌观察

采用日本基恩士三维视频显微镜对织物小样的组织结构进行观察(采集放大倍数为20倍到200倍的图像),从文物放大的纵向纤维照片和织物的形貌进行总体观察、判断。若单根纤维呈均匀光滑的长丝,直径在$10\mu m$左右,则符合蚕丝的特点。再结合织物外观、手感等信息,可判断纺织品的材质。(图10-1)

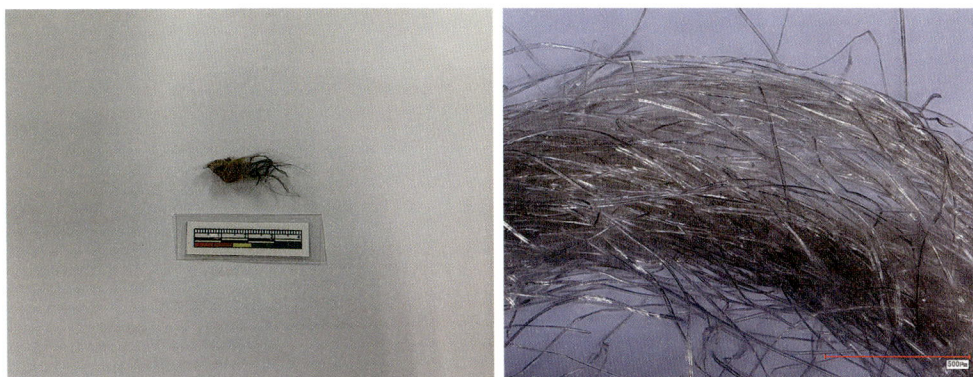

铭旌正面蓝绿色样品原图（陇西县畅华墓出土，   铭旌正面蓝绿色样品纤维形貌
陇西县博物馆藏）

黄色绢样品原图（临泽县沙河镇化音滩汉晋墓出土，黄色绢样品纤维形貌
临泽县博物馆藏）

图 10-1 放大镜下丝织物的纤维形貌

（2）红外光谱分析

实验仪器：Nicolet 8700 型傅里叶变换红外光谱仪（美国热电仪器公司）。

实验方法：样品研磨成粉末经溴化钾压片后，采用傅里叶变换红外光谱仪分析样品官能团，根据官能团特征判断样品原料成分，区分纤维类别。

比如，陇西县畅华墓出土的坎肩云纹丝绸上衣，所用面料较单一，检测时，采集了不同颜色的织物样本，分别判断其材质。（图 10-2）

如图 10-2 所示，该样品的红外光谱图为典型的桑蚕丝蛋白结构，其中 $3421cm^{-1}$ 处为 NH 与 OH 的伸缩振动，与常见的丝织品该峰常位于 $3300cm^{-1}$ 左右不同，是因吸潮导致；$2921cm^{-1}$、$2849cm^{-1}$ 处是甲基与亚甲基的伸缩振动；$1632cm^{-1}$ 处为酰胺 I 带，即羰基 C=O 的伸缩振动；$1528cm^{-1}$ 处为酰胺 II 带的吸收带，即 N-H 弯曲与 C-N 伸缩振动的组合吸收，主要是前者的贡献；$1446cm^{-1}$

处为(Ala‐Gly)n 或(Ala)n 中 CH₃ 的弯曲振动引起的;1402cm⁻¹ 处为 Ser 中 CH₃ 的弯曲振动;1239cm⁻¹ 处为酰胺Ⅲ带,即 N‐H 弯曲与 C‐N 伸缩振动的组合吸收。1161cm⁻¹ 处为 N‐Cα 伸缩振动吸收峰;1065cm⁻¹ 处为 Ser 中 C‐C 和 C‐O 的伸缩振动吸收峰。所有峰形、峰位均与桑蚕丝蛋白对应,故可以确认,该样品原材料为桑蚕丝。[①]

明代坎肩云纹丝绸上衣领口里料样品原图

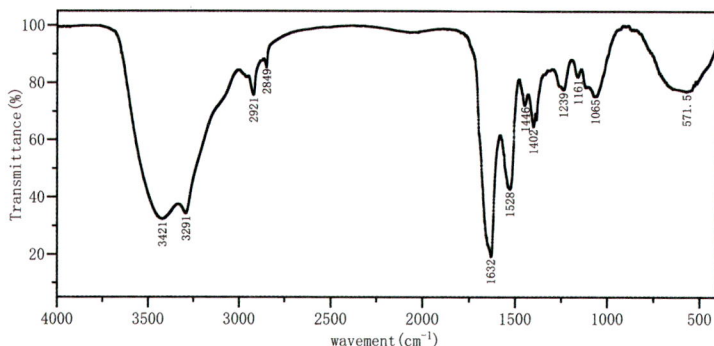

明代坎肩云纹丝绸上衣领口里料样品红外光谱图

图 10-2　红外光谱检测图

2. 色彩测试、染料检测与分析

检测目的:通过色彩测试,为清洗和修复效果评价提供原始色彩的 Lab 值。通过染料检测,可研究其品种及来源,进而探析织物产地等。根据染料溶于水的

---

①白云,胡光辉,李琴梅,等 . 傅里叶变换红外光谱法在高分子材料研究中的应用[J]. 分析仪器,2018(5):26-29.

状况,可判断织物是否能用水清洗等。

检测方法：测色仪测试；光纤光谱技术；高效液相色谱质谱联用。

（1）色彩测试

织物在清洗前,一般先采用便携式测色仪选取其表面多个代表性颜色进行测试,并详细记录数值,依此判断织物褪色程度,为修复时制定色彩复原方案提供依据。（图10-3）

图 10-3 用便携式测色仪测色

图 10-4 取样进行检测

（2）光纤光谱技术

此项检测技术一般可以做到无损检测,如甘肃省博物馆部分织物染料检测示例。（图10-5 至图10-7）

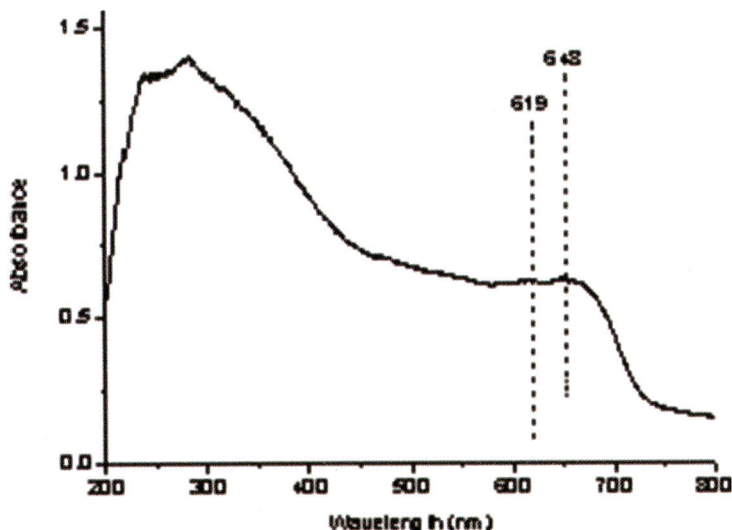

绿色：检出染料为靛青

图 10-5 绦带（15555）绿色丝线染料检测（武威磨嘴子汉墓出土,甘肃省博物馆藏）

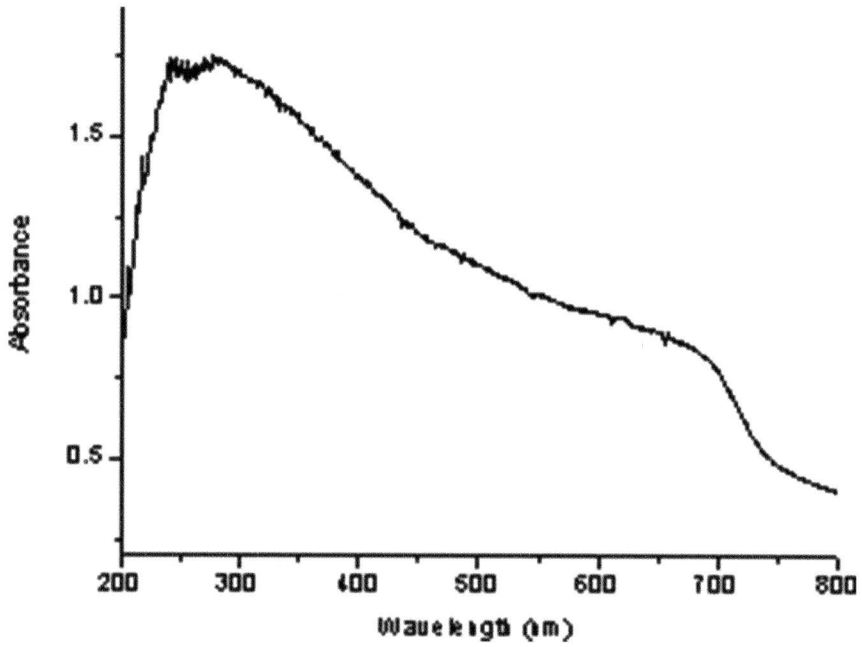

蓝色绢：检出染料为靛青

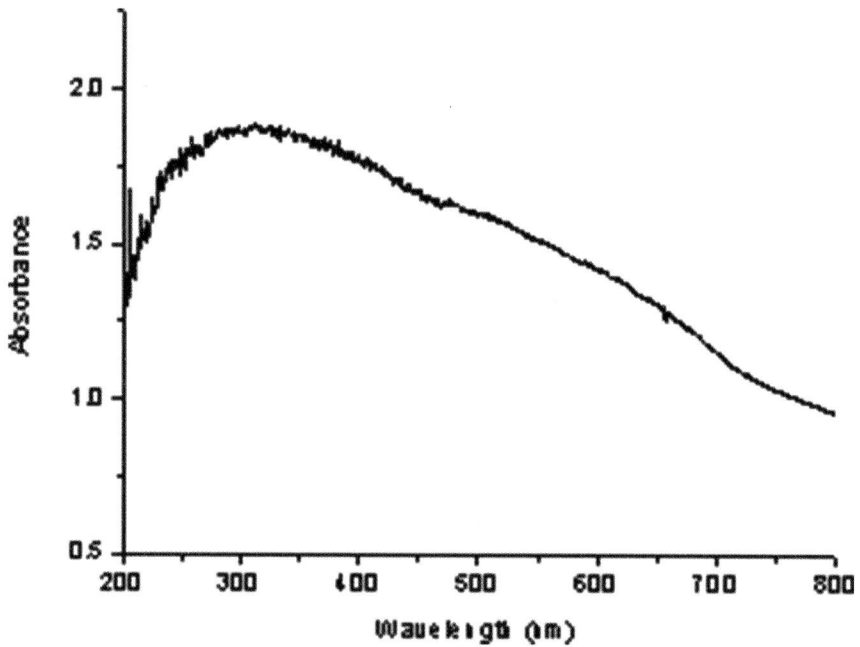

棕色绢：检出染料为单宁类染料

图 10-6　印花绢袋蓝色和棕色绢局部染料检测（武威磨嘴子汉墓出土，
甘肃省博物馆藏）

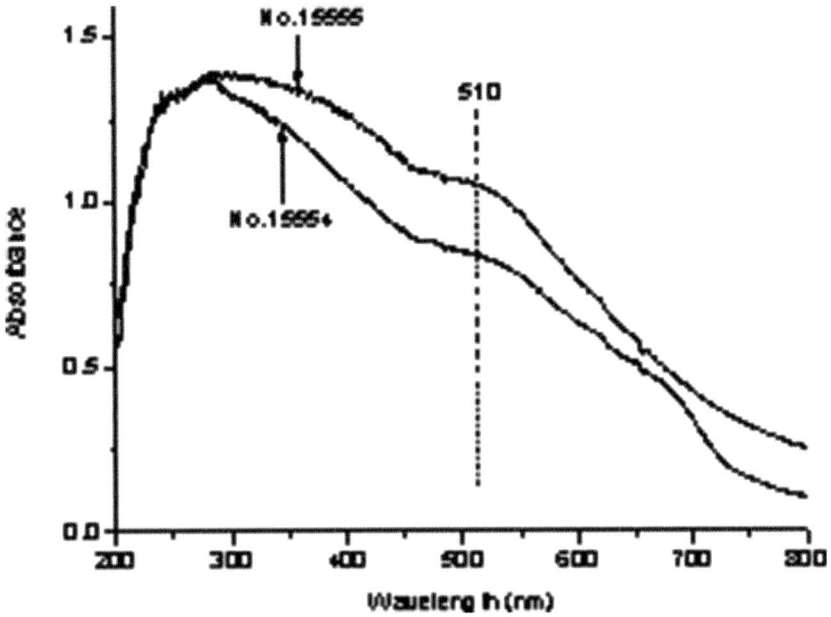

红色:检出染料为茜草

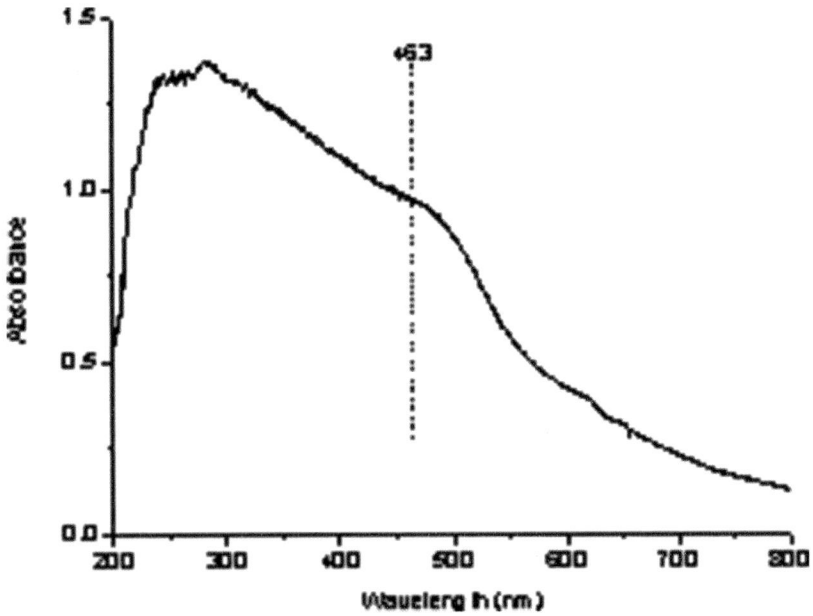

黄色:检出染料为栀子

图 10-7　绦带（15554）红色和黄色丝线染料检测（武威磨嘴子汉墓出土,甘肃省博物馆藏）

通过检测发现，印花绢袋的地色有劣化现象，局部的蓝色和棕色有褪色、晕色等病害。分析用微型光纤光谱技术进行染料检测后的结果可知：绦带（15554）上的红色吸收峰在510nm附近，这是茜草加紫胶虫染色标准试样的吸收峰值。[②]茜草是中国古代重要的红色染料来源，产于中国东北、西北、华北等地，在东周时期就有相关的文献记载。这种染料一直沿用到唐代，直到元明时期才逐渐被红花所替代。西茜草也是一种红色染料，为中亚、欧洲以及我国新疆地区的特产染料，吸收峰位于536nm和565nm。黄色吸收峰在463nm附近，这是栀子标准试样的吸收峰值。栀子是汉代常用的黄色染料，《史记·货殖列传》中写道："若千亩栀茜，千畦姜韭，此其人皆与千户侯等。"汉代以后，栀子逐渐被槐米、荩草、黄栌等黄酮类染料所替代。

在古代织物中，深浅不一的蓝色较多，通过微型光纤光谱检测发现，这些蓝色可能都来自靛青染料。靛青染料的主要成分为靛蓝和靛玉红，在绦带（15554）和印花绢袋上的蓝色染料检测图上可以看到吸收峰位于300nm、619nm和648nm，这是靛青染料主要成分的特征吸收峰值。[③]元代王桢《农书》中提到的可以制作靛青的蓝草有马蓝、木蓝、菘蓝和蓼蓝，由于这些植物所制作出的蓝色染料均含有靛蓝和靛玉红，且都可以染不同深浅的蓝色，所以至今还无法通过分析检测手段辨别古代蓝色染料的植物来源。单宁类染料往往采用铁媒染，这就导致在250~450nm出现近似平直的曲线。

绿色来自靛青与黄色染料的套染。尽管天然染料的品种繁多，但是真正常用的染料也就十几种。因此，为了满足人们对丰富色彩的需求，古代染匠采用套染的方法来获得多种颜色。学界一般认为，天然绿色染料非常稀少，历史上的绿色几乎都是由靛青和黄色染料套染得到的。

黑色显然只用黑色染料即可染成，西北地区常见的黑色染料是胡桃，东南地区出产的黑色染料则为五倍子或皂斗。

通过染料分析，笔者认为古代纺织品一般不能用水长时间浸泡清洗，以防脱色，特别是粟特锦，因为红色染料中的紫胶虫色素易溶于水；另外，黄檗染料对光比较敏感，用黄檗染色的纺织品建议避光保存，并且减少展览时间。茜草类染

---

②刘剑，陈克，周旸，等. 微型光纤光谱技术在植物染料鉴别与光照色牢度评估中的应用[J].纺织学报，2014,35（6）：85-88.

③刘剑，王业宏，郭丹华. 传统靛青染料的生产工艺[J].丝绸，2009（11）：42-43,50.

料和靛青染料的色牢度颇佳，在展厅灯光亮度达标、安全的情况下，用这两类染料染成的纺织品可在短时间内进行展出。

（3）高效液相色谱质谱联用

实验样品：0852-18，褐色里料（陇西县博物馆藏畅华墓出土文物）。（图10-8）

实验仪器：液相色谱－傅立叶变换静电场轨道阱高分辨质谱联用仪（Orbitrap XL ETDTM）。

实验结果形成表10-1。

图 10-8 样品 0852-18 褐色里料原图

表 10-1 样品 0852-18 褐色里料的染料检测结果

检出物质	分子式	定性峰理论分子量	质谱响应图
苏木素	$C_{16}H_{12}O_5$	283.06	
苏木查耳酮	$C_{16}H_{14}O_5$	285.08	
原苏木素 B	$C_{16}H_{16}O_6$	303.09	

分析：苏木素、苏木查耳酮与原苏木素 B 的检出，可判定样品 0852-18 使用了苏枋木染色。苏枋木用明矾或青矾媒染可得褐色，这一点在《野蚕录》《蚕桑萃编》等文献中均有记载。

3. 元素与颜料检测

检测目的：进行金属元素鉴别及半定量分析，颜料分析。为后期的印金、印花等整理工艺和织物清洗等保护修复方案的制定提供依据。

检测仪器：便携式荧光能谱仪（Thermo Fisher NITON XL3t950‑HE），激光共焦显微拉曼光谱仪（Horiba Xplora plus）。

甘肃省博物馆藏有武威磨嘴子汉墓出土的贴金罗小袋和绢缘印花草编盒。工作人员使用便携式荧光能谱仪对小袋正面贴的菱形黄色金属饰片进行成分检测，结果显示其主要成分为金和铜，还有少量的锌、钙和铁。绢缘印花草编盒表面敷有印花绢，用激光共焦显微拉曼光谱仪检测绢上的白色颜料后发现，其谱图与石英和铝硅酸盐混合物的谱图相似，说明这种白色颜料可能来自白云母一类的矿物颜料。（图10-9、图10-10）

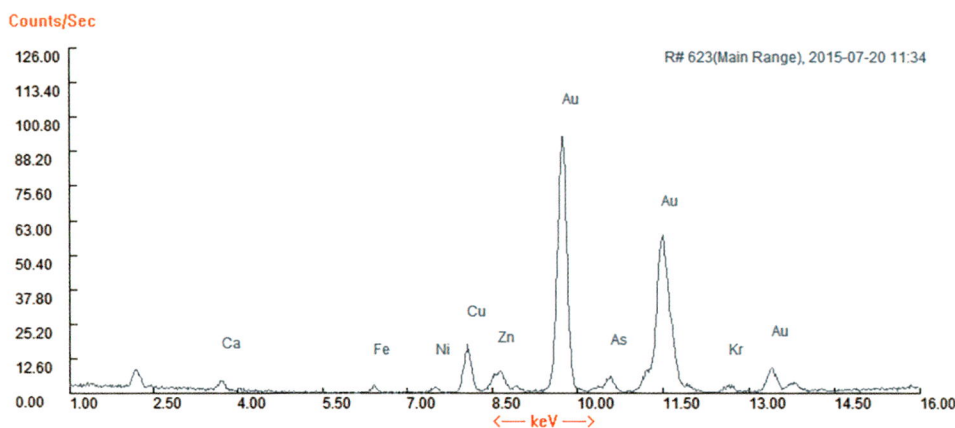

图 10-9 贴金罗小袋上的黄色金属元素检测分析

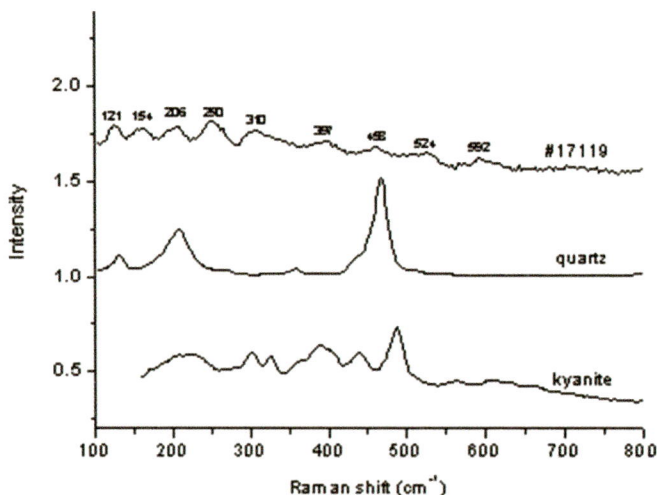

图 10-10 绢缘印花草编盒上的白色颜料检测分析

第二节 清洁与清洗

纺织品文物在保护修复过程中,清洁与清洗是难度较大的环节,处理效果不仅与修复者的责任心、经验等有关系,更与纺织品文物的糟朽度、污染度、粘连度、污渍性质等息息相关。纺织品文物清洁与清洗的实际情况很复杂,要具体问题具体对待,一般有表面清洁和深度清洗两种方式。

1. 表面清洁

此方式主要针对污染较小,或糟朽、褪色等严重的织物。借助一些专用工具擦拭、剥离织物表面的泥土、结晶盐、草屑等,藏于织物纤维里面的松散沙土等也可轻轻抖动去除,不需要或不宜直接将织物浸入水中清洗。表面清洁常用的工具主要有以下几种:

(1)软刷、棉质毛巾、棉球、棉签及圆头竹板等

对于较松散、浮于织物表面的污染物,普通毛笔、软刷就是最好的工具,铺开织物清扫即可;轻度污染、斑渍等可用湿润的棉签、棉球、毛巾等顺着纤维轻缓擦拭。操作时,织物不能接触水,否则,灰尘等附在织物上会形成牢固的污物,使清洁难度加大。使用过的所有工具要勤洗勤换,以防织物发生二次污染。对于镶嵌、包裹在织物纤维中的砂石颗粒等污染物,可先用光滑的圆头竹板、圆头夹子等工具将其压碎、剥离,待脱落后再扫除即可。(图10-11)

用棉签、毛笔清除污染物　　　　　　　用圆头竹板、毛笔去除污染物

图 10-11 表面清洁

(2)吹风筒

纺织品表面的褶皱、细缝、珠饰、夹层、刺绣等处经常会藏有许多灰尘等杂物,可以用博物馆专用小型吹风筒将其轻轻吹去。使用吹风筒时,要注意软管口的吹风方向,切忌乱吹,要从小范围逐渐推进。已清理过以及未清理过的区域都

要覆盖保护好,以免沾染上清除下来的污染物。

(3)胶带和橡皮泥等

对于绒圈类或毛类织物,一般的方法很难去除隐藏在绒圈和毛线根部的污物。这种情况可以用胶带将之粘除。具体做法是:把织物用磁块固定在台面上,裁取约20厘米长的透明胶带,用双手绷紧胶带两端,轻轻接触织物表面粘取污物,操作时切忌大面积粘取或力度过大,防止胶带与织物接触太过紧密而撕坏织物,透明胶带变脏须立即更换;对于某些表面凹凸不平或有坠饰盘扣等的复杂织物,可以选用潮湿的毛巾、橡皮泥、面团之类的软性工具,使之与织物各个层面充分接触,将污物粘除。

(4)真空吸尘器

对于棉袍、夹层大衣以及靴鞡、棉帽等织物,用手持式真空吸尘器可有效吸除织物表面的尘土。在使用之前,要先对吸尘器的安全性能进行测试。对糟朽严重的织物进行表面清洁前,应先想办法减小机器的吸力,如在软管的吹风口绑扎网布、拉大与织物的距离等,都不失为有效的方法。可一边吹一边刷扫,效果会更佳。

图 10-12 文物专用吸尘器

（5）真空吸力清洗台

此设备是专门为清洗纸本及纺织品等透气材质的文物而设计的平面清洗台。台面下方有吸力装置，吸力强弱可根据不同文物的需要而调整。此装置对于织物的局部清洗也十分有效，可控制清洗文物时水流的大小。污染严重且易褪色或特别脆弱的织物不宜在水中浸泡较长时间，最适宜用真空吸力清洗台清洗，它能快速冲洗并干燥织物，或不需水流，只靠吸力吸除织物纹理中的杂尘。

2. 深度清洗

深度清洗是指把织物直接放入水中浸泡清洗。其前提条件是纺织品受到的污染较重，但糟朽、褪色、晕色程度尚可，且附着物（如金饰物、颜色等）经受得住水较长时间的浸泡（完全浸泡在水中 5 至 10 分钟）。这是目前普遍使用且清除污染物最彻底的方法。深度清洗前要先进行脱色试验，清洗用水、清洗设备及清洗步骤等也很有讲究。

2.1 脱色试验

无论采用哪种深度清洗方式，洗前一定要做脱色试验，只有在多个部位都能经得住脱色试验的织物，才可用水完全浸泡。否则，若纺织品在很短时间内发生脱色、晕色、开胶等，将

图 10-13 脱色试验

会造成无法弥补的损失。通常先用棉签蘸取清洗剂溶液在折边等不同颜色处润湿滚擦约一分钟，若棉签上不带色，就可放心清洗；若棉签上带色了，或衬垫在织物下面的宣纸、护垫上着色，就证明清洗剂会使织物掉色，应重新考虑清洗方式或可用适宜的固色剂先固定颜色再清洗。若试验发现棉签上着有轻微蓝色，则不宜水洗。因为蓝色溶于水后，不但织物原来的颜色变浅，而且还会晕染到织物的浅色处，毁坏织物的整体面貌。（图 10-13）

2.2 清洗用水

在纺织品清洗过程中，水有着非常重要的作用，以水为清洗介质来清除纺织

品上的污物和杂质,其优点在于:

(1)水的极性能够很容易溶解部分有机类或无机类污迹。

(2)古代织物的天然纤维在降解过程中会有一些酸性物质生成,对纺织品的保存不利,而水能够非常安全地去除这些降解产物。

(3)水具有良好的流动性,在一定程度上能增加纤维的弹性和柔软度,缓解丝线和织物之间的应力,消除织物机理的变形(如褶皱)等。浸泡在水中的纺织品可借助水的流动性刷洗污染物,剥离粘连,移位的经、纬线也可以进行再定位,使纺织品尽可能恢复初始状态。

(4)与有机溶剂相比,水更加环保,基本不存在污染隐患。

水洗的弊端也很明显,表现在如下5个方面:

(1)植物染料易溶于水,水洗很容易造成古代纺织品褪色或晕色。

(2)对于糟朽严重的织物,水从纤维表面带走污迹的同时,也会带走大量的织物降解物,严重时会导致织物纤维遭到彻底破坏。

(3)水洗会造成绒毛类或刺绣品等织物的表面信息发生变化甚至丢失。

(4)对于具有织金、织银等复合材质织造工艺的纺织品而言,水洗容易使纺织品基质溶胀,造成纤维收缩,致使织物表面的胶黏剂溶解或金、银箔脱落等。

(5)水洗过程中,因织物纤维呈饱水状态而自重增加,此时一旦施加不当外力,织物就易发生损伤。

一般不建议使用自来水清洗纺织品文物,特别是珍贵纺织品文物,因为自来水中含有杂质,清洗后的纺织品易发硬、发黄或放置一段时间后发生其他的化学反应等,对以后的保护修复不利。若纺织品体量大,污染重,清洗所需蒸馏水的量太大而使成本增加,可考虑先用蒸馏水浸泡,再用自来水冲洗,毕竟自来水取用方便,最后用蒸馏水等软水冲洗。这样既节约了用水成本,也不会影响纺织品的清洗效果。现在的文博行业实验室逐步添置了超纯水机,用不锈钢蒸馏水器等设备使自来水经过加热蒸发而获得软水(即水蒸气冷却后所得)。以前人工制作蒸馏水时,每人每小时制蒸馏水5~50升,用电量为每小时4.5~15千瓦时。超纯水机通电就可自动制造纯度非常高(去除钙、镁等金属离子和矿物质成分)的软水,随用随制,非常方便。超纯水机制出的软水不会再与其他物质生成络合物或发生化学反应,用来清洗纺织品文物比较安全。

2.3 清洗设备

一般的纺织品文物都应在清洗槽中平置清洗。常见的清洗槽有以下几种。

（1）固定清洗槽

各单位条件不同，固定清洗槽也就没有特定的标准，可根据实际情况灵活配备。一般可用水泥搭台，台面铺瓷砖或大理石等，长宽尺寸皆为 80 ～ 100 厘米，高度在 85 厘米左右，四周起边，高度在 10 厘米左右，出水口开在一个角上，略有斜度，出水口的高度最低，对角处高度最高，便于出水。

（2）可移式清洗槽

可移式清洗槽用不锈钢制作而成，常规清洗槽的内径尺寸为 180 ～ 300 厘米，四周有边，高约 12 厘米，出水口在一角的底部，用塑料软管连接出水口或直接用桶盛装洗出液即可。清洗槽下面的台架带有滚轮，台架两端也可以灵活升降，这样一来，置于台架之上的清洗槽就可倾斜放置，形成一个较缓的斜面，污水随时就可流走。有条件的话，清洗台台面下还可带加热恒温设备，以强化织物去污效果。台面上配备有可移动的加孔不锈钢管喷淋系统。（图 10-14）

图 10-14 可移式清洗槽（可去除罩子操作）

图 10-15 临时清洗槽

（3）临时清洗槽

根据文物尺寸需要和修复室条件就地取材，充分利用实验室的普通水池，水池上面放置托盘或漏盘等，上绷尼龙网。先备好超纯水，再放入织物进行清洗。操作时，一般需要两人配合会比较安全。（图 10-15）

2.4 清洗步骤

清洗大致有两种方式,一是用持续的水流冲洗织物表面,二是将整件织物浸泡在水中以适宜的力度刷洗,有时会根据纺织品的污染情况把两种方式结合起来使用。具体操作如下:

（1）表面清洁

先用表面清洁法对织物表面易清理的污染物进行清理,如用排笔慢慢刷去表面的浮土和易被刷下来的泥土、草屑等。

（2）固定织物

对于较为脆弱的织物,需要先把织物固定好再进行清洗。固定的方法是把织物夹持于塑料薄膜和尼龙网之间,尼龙网在上,把它们平托放在清洗槽中,用缓缓的水流进行冲洗。这样既可借助夹持材料移动文物,又能避免在清洗过程中直接触碰到织物表面。

（3）水冲和浸泡

用缓慢流动的软水冲淋织物上的污物,要注意冲淋时间不宜过长,以免损坏糟朽纤维。对于较顽固的污物,可用去离子水充分浸润织物,水的高度一般不宜超过织物表面5厘米。织物纤维在水的作用下舒展开来后,可以用手轻轻抚平织物表面的褶皱,理顺织物纤维;将织物浸泡 5 ~ 10 分钟,织物上的污物在水的作用下会有所溶解;用缓慢的流动水冲洗织物上的污渍,若污渍较顽固,可揭去织物表面的尼龙网,借助水的浮力,一手托起织物,另一手用软毛刷轻轻刷洗顽固污渍,个别部位可加少许清洗剂进行刷洗,这一过程可能要反复多次;水若浑浊,就及时清除污水,再次放入干净的去离子水浸泡清洗。需要注意的是,浸泡时间不宜过长,水流不宜直冲织物,流水速度要缓慢,清洗动作要轻柔而快速,尽可能在短时间内将污物和洗涤液漂洗干净。

（4）翻转织物

织物的一面清洗好之后,需轻轻翻转过来,清洗另一面。翻转织物的操作是:揭去覆盖在织物表面的尼龙网,换上一张塑料薄膜,这样一来,织物就被夹封在两张塑料薄膜之间,可卷起薄膜反向展开或几人协作抬起薄膜将织物翻转,最后将表面的塑料薄膜（原背衬薄膜）去除,开始对织物的另一面进行清洗。

（5）干燥和平整

将清洗好的织物从清洗台移至干燥区,用吸水纸或柔软的棉质毛巾等轻轻按压织物表面,吸干多余水分,并趁湿揭展粘连、叠压的织物。对织物上的褶皱、折边等进行初步平整后,待其自然阴干即可。

(6)脆弱织物的清洗工艺

对于非常脆弱的织物,若纤维经不起水流的冲击,表面清洁又不能去除污物,可尝试利用水蒸气流带走污物。操作时,用滤纸或白坯布平托起织物,让水蒸气从它们下面持续穿过,织物中的灰尘等污染物溶解于水汽中并下沉,附着于底部的滤纸和坯布上。也可以用脱脂棉片夹持织物,进行同样的操作,去污效果较好。若织物面积较小,可以用纱网夹持住,完全浸泡在超纯水溶液中(加洗涤剂,pH 值为 6.5 ~ 7.5),溶液温度控制在 35℃左右。污渍被泡软之后,将夹持织物的纱网平托起,使其浮于水面,揭去上面一层纱网,用软刷、毛笔等轻轻刷洗,其间要多次换水,这一过程主要靠水的浮力带走织物中的污垢。有时也可以将织物放在一次性护垫上,用软毛笔蘸水轻轻地在织物上刷,使水带着尘土渗到护垫上,直至清洗干净。

总之,清洗纺织品文物的方法较多,不能照搬,也不能教条,可与现实生活经验紧密结合,根据纺织品文物污染程度和实验室条件,灵活选择清洗方式。一切以纺织品文物的安全为前提,谨慎下水,小心操作为好。

第三节 清洗剂的添加

对于污染较重的纺织品文物,若只用水清洗,许多顽固性污渍是不能轻而易举去除的,尤其是陈年血渍等,需要在水中添加一些洗涤剂才能清除掉。清洗古代纺织品不同于清洗现代织物,清洗剂需要在科学、细致研究的基础上进行添加。

1. 清洗剂添加原则

大多数清洗剂都属于化学品,其残留物无疑会对古代织物有影响,因此添加清洗剂时,要遵循越少越好的原则,[④] 充分考虑其对人体、对织物纤维强度以及织物色彩的副作用等。优先选择在超纯水中加入少量中性洗涤剂进行清洗。

实践结果表明,水洗液的 pH 值为 7 ~ 10 时,清洗效果最好。[⑤] 水洗液的

④潘慧琳.广东东莞出土明代丝绸文物的修复与保护[C]// 中国文物保护技术协会.中国文物保护技术协会第三次学术年会论文集.北京:紫禁城出版社,2005:137-141.

⑤中国纺织品鉴定保护中心.纺织品鉴定保护概论[M].北京:文物出版社,2002:109.

pH 值过高,会使动物纤维中的蛋白质发生质变,尤其是蚕丝织物,光泽度会瞬间减弱。可见,清洗古代纺织品时,应谨慎添加洗涤剂,严格检测、把控水洗液的 pH 值,这一点不容忽视。弱碱性的氨水溶液较为安全,是纺织品修复室常用的清洗剂。硼砂也有良好的去污能力,适当添加硼砂作为去污剂,对污染严重的棉织品来说,清洗效果较好。对一些铁锈、铜锈等污渍,通常选用酸性的水洗液来进行处理,其中醋酸是应用最广泛的一种洗涤剂。

2. 清洗剂种类

目前,市面上清洗剂的种类较多,但古代纺织品糟朽脆弱,经不起逐一试用,需针对不同的污染物一次性选择正确的清洗剂。含有钙、镁、铁等离子的污渍,可用六偏磷酸钠清除。织物沾染上某种颜色时,可以通过氧化作用或还原作用来减轻或消除。纺织品因年久而容易褪色、变色、晕色等,如棉、麻织品因年久变黄,有的织物因自身氧化、老化而产生污渍、变硬并显现出棕褐色。这种情况只通过皂化作用处理往往达不到理想的去污效果,需加一点漂白剂等,使其与纤维表面充分接触。在此过程中,最好使用塑料、木质的清洗容器,避免金属器具遇到漂白剂而发生一些化学反应。

纺织品上有血渍、尸体污渍、食物残渣、动物凝胶等蛋白质污渍时,可在 20 ~ 30℃的水中浸泡一个半小时,并在水中添加木瓜蛋白酶分解污物,促使蛋白质加速水解,水解生成的氨基酸溶于水,污物即被清除。因氧化作用而产生的污渍,只能利用还原作用来清除。[⑥]

3. 有机溶剂清洗

水溶性差的污渍即使浸泡再长时间也很难去除,而且浸泡的过程对织物也不安全,可尝试用三氯乙烯、乙醇、乙醚、丙酮、汽油等有机溶剂处理。

三氯乙烯是最常用的有机溶剂,易挥发、除垢效果好,但使用时浸泡时间不要超过 30 分钟,否则对织物有损坏。石油溶剂对消除多脂油污、烟炱类污渍较有效。芳烃类溶剂,如苯、甲苯、二甲苯可清除因食物、煤烟等造成的含有不饱和油脂的污物。有些胶类和树脂类污渍可用甲醇或乙醇来清除。如工作人员清洗甘肃省博物馆藏武威磨嘴子汉墓出土印花绢袋局部的胶类污渍时,便使用超纯水兑乙醇(70% 配比),用棉签蘸取水洗液进行清洗,(图 10-16)效果尚可。

---

⑥马玲. 不同老化环境对丝织品性能的影响研究[D]. 北京:北京服装学院,2009.

图 10-16 有机溶剂清洗前(左)、后(右)的织物

4. 混合溶剂清洗

有时,同一件织物上会有多种污垢,如锈斑、霉斑、血渍以及其他有机、无机的污染物,只用一种清洗剂显然不能清除干净,需要用不同性质的清洗剂去干预处理,这种情况可采用混合溶剂进行清洗。如:适量的水中可同时加入乙醇、醋酸乙酯、丙酮、三氯乙烯、醋酸、洗涤剂(十二烷基苯磺酸钠)等,配比可根据污染物的种类、污染程度等调整。若混合溶剂能一次性除去灰尘、油污、血迹、霉斑,还可以起到固色作用,将会事半功倍。

古代织物的清洗可适当参考现代织物的清洗经验,若织物上的油脂过重,又兼有其他污染物,尚能经受得住轻度洗涤时,可用软皂、氨水加水涂在污处再水洗。若织物上的尸体分解物较多,宜用冷水加食盐、硼砂、氨水浸泡半小时后再水洗,避免用热水洗,以免蛋白质进一步固化。对于白色织物,可在 35℃温水中加入适量大苏打,将污处浸入,直至污渍消失为止,染色的织物不宜使用此方法。对于轻薄织物,可用适量酒精、软皂、无色松节油、生鸡蛋黄,加水混合搅匀后清洗污处,污物去除干净后再充分水洗。彩色丝织物上的污迹可先将适量纯甘油加生鸡蛋黄搅匀,再涂抹污处,静置数十分钟后,用温水冲洗干净即可。

第四节　清洗效果评价

迄今为止,纺织品的清洗尚缺乏科学的检测手段检验清洗效果。只能通过目测、手感比较直观地大致确定清洗的程度,如在清洗过程中直接观察纺织品洁净度,或是在纺织品干燥后摸其软硬,如摸上去发硬,则说明清洗还不到位。如用仪器检测的话,通过测定织物在清洗前后的色差等指标,可在一定程度上反映织物清洗的效果。(图 10-17)

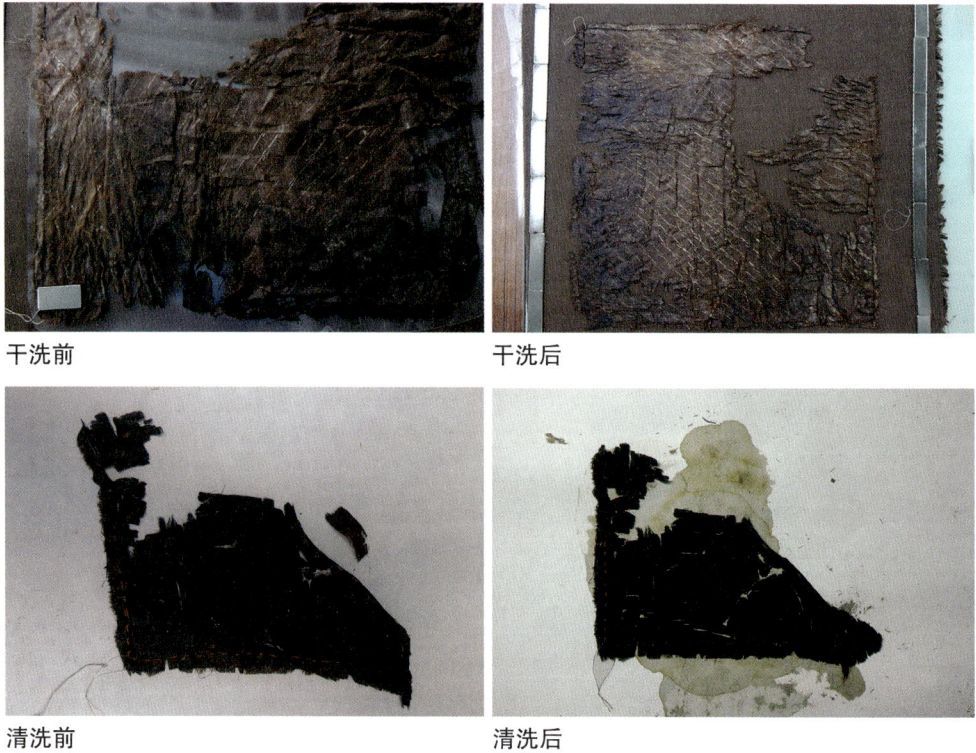

干洗前　　　　　　　　　　　　　　干洗后

清洗前　　　　　　　　　　　　　　清洗后

图 10-17　绢织物清洗前（左）、后（右）对比

　　另外，我们也可以通过观察洗出液来了解清洗的效果。若目测洗出液尚比较混浊，洗盆内有细小沙粒沉积或有乳化的油脂漂浮时，说明清洗还要继续；若洗出液已趋于洁净，且无添加剂泡沫，则说明清洗效果已经比较理想。有的时候，清洗前后水溶液的 pH 值也可以作为衡量清洗效果的指标。

　　必须注意的是，纺织品清洗的效果不能单纯地看残留污物的多少，而是要综合整体情况进行判断。清洗效果不能以损坏纺织品为代价，如一味注重去污，不惜把纺织品纤维强度减弱，颜色洗淡，损坏其他附着物（如金、银饰片等），或使用清洗剂不当造成花斑，这些均是不可取的。如果纺织品上的污物本身已无害于文物，且天长日久性质已趋于稳定，就不必为了追求外观效果而把污染物完全洗净。

第五节　平整的步骤

　　古代纺织品在长期埋藏、传承、保存过程中，不可避免会产生一些褶皱，纹饰与织物机理也会松懈变形，严重时丝线在折痕处断裂，导致纹饰的循环与连接变得模糊、中断，甚至还会误导人们对织物信息进行认识与判断。因此，纺织品保护修复的另一个重要环节就是平整,即把清洗干净的织物趁湿平铺于台面上,利用水分的滋润作用,使折叠的丝纤维舒展,一般需要湿平、干平等反复多次操作,才能完成此环节。平整后,织物机理、原有的纹饰等信息就会清晰地展现出来,使文物的观赏效果更好,也利于文物后期的长久保存。此环节是纺织品修复成功与否的关键,技术难度较高。甘肃出土的纺织品一般都很干燥,长期叠压等形成的褶皱比较顽固,若织物已糟朽脆化,会给平整造成很大难度。

实践中,纺织品的平整可根据修复室的客观条件,采用不同工具进行操作,一般有标本钢针平整法、沙包平整法、磁铁平整法等。

标本钢针平整法是利用标本针固定织物形状的一种方法。标本针即为固定昆虫标本所用的较为细长的不锈钢大头针。平整时,在无酸木板或无酸瓦楞纸上铺一层细布,把微微发潮的纺织品平摊其上,将织物经纬线理顺后,在相应的变形位置钉上标本针固定,待纺织品自然阴干即可。在此过程中,要不时适当地移动标本针的位置,以防织物因轻微的收缩产生张力而撕裂糟朽的织物纤维。一般情况下不建议使用此方法,因为若布针稀疏,非但起不到很好的平整作用,反而会把织物拉伸变形;若布针过于密集,标本针对文物的穿插损坏也不容忽视。只有在一些小件的纺织品饰件或是蕾丝制品等的边角处确需在干燥过程中保持一定的形状时,才应用这个方法。

利用沙包或沙袋平整织物是一种较简易的方法。沙包可以自行缝制,直接放置于调整好的织物上即可,若织物的褶皱比较顽固,也需要将其适当回潮,才能达到较好的平整效果。此方法的缺点是若沙包体积稍大,边角处不能紧贴织物,平整会不到位;若沙粒较粗,会在织物上留下凹凸不平的压痕。

目前,甘肃省博物馆纺织品修复室一般用磁铁平整纺织品文物,即将修复台面用铁皮包裹,或剪裁一块与修复台面同样大小的铁皮垫板(铁皮厚度约2毫米),台面或垫板用白色、平整的布包覆,上盖一层厚度约2毫米的塑料薄膜。把文物铺放于这样的垫板上平整,利用磁铁对铁皮的吸力可把文物很好地固定。磁铁的平面形状有正方形、矩形、圆形、三角形等,用于平整的大磁铁(薄款的磁片除外)需先用白布整体包缝,以防与纺织品文物接触时伤及文物。

用此方法平整纺织品文物一般需要以下4个步骤:

(1)回潮纺织品

为省略这一工序,也为尽量少去干扰文物,一般在纺织品清洗后就可马上实施初平。初平时，平整动作一定要轻柔，遇到一些顽固的印痕，用手指稍加一点力抚平即可。对于纱、罗等单薄或残碎、糟朽严重的丝织品，刚清洗后几乎难以直接用手去提取、移动，遇到这种情况，可事先在清洗槽底部平铺塑料薄膜，待纺织品清洗好后，连同薄膜一起提取进行平整；或是在有织物的清洗槽内注入一定高度的清水，在织物下插入有一定硬度的有机玻璃板，慢慢提升有机玻璃板，使其脱离水面，再把织物连同薄膜一起放在修复台面上进行平整。对于易碎裂的单薄丝织品，如移动有困难，则可再加喷一定量的水，借助水的滑动来移动织物，调整理顺经纬线，这样会比较安全。待整件纺织品都平整完后，进行一次性吸水处理。特别要注意的是，织物在饱水状态下切忌在其上压放磁铁或重物，以免造成新的压痕或导致纤维断裂。若纺织品面积较大，可逐部分进行吸水处理，待半干后，将其移至桌面上，采用平整干燥纺织品的方法进行平整。笔者建议，较大的饱水状态的织物最好在短时间内一次性平整完毕，以免平整好的部分与未平整的部分因湿度不同所产生的张力不一致而伤及糟朽的织物纤维。

有时候，平整完全干燥的织物仅凭压放重物是达不到理想效果的，需先对织物进行适度的回潮。目前，行业内多采用真空蒸汽加湿、蒸汽喷枪、Gorc-Tex(一种水分子只能单向渗透的无纺材料)、直接喷雾等回潮法。

真空蒸汽加湿是利用蒸汽发生器给纺织品加湿的一种方法。操作时，尽量让水蒸气缓慢地渗透进织物，不宜将织物弄得过湿，更要避免水蒸气在织物表面积水。当织物达到一定湿度后，即可对起皱部分进行整理，展开叠压缠绕的丝线、调整纹饰、理顺经纬线并压放重物等。待织物阴干后，撤去重物。若平整效果不理想，可反复上述操作，直到织物达到平整为止。此方法回潮织物的速度慢，对织物纤维损伤小，适合平整特别脆弱、硬结、叠压严重的纺织品。需要注意的是，不能一次性释放过多水蒸气，否则水蒸气易凝结水珠并掉落在织物上，使织物受潮不均，不利于平整。

蒸汽喷枪特别适用于立体类织物的加湿平整。因此类织物不便平放、施加重压，所以此法对于程度较轻的折痕，去除效果明显，且对文物影响较小，只是加湿平整的过程较长，产生效果较慢，需多次重复。加湿时，蒸汽喷口要距文物稍远一些，不能长时间对着一个位置喷，以免局部湿度太大，产生水渍。

甘肃省博物馆纺织品修复室工作人员一般使用的是轻巧的手持式喷雾器，直接将水雾喷于待平整的织物表面。这是一种快速的回潮方法，简便易行。由于喷出的水量相对较多,织物的润湿程度要较前两种方法大得多,且织物回潮的速度较快,可能导致干燥后褶皱部分反弹。为了避免出现这一情况,操作时可把喷雾器抬高一点,让雾气在高处散开后自然下落,这样既减小了喷雾对织物的刺激力度,也不至于一下子很集中地润湿织物。顽固褶皱可用喷雾器少量多次喷雾润湿后,再进行平整。另外,手持式喷雾器往往一开始喷出的雾气不均匀,可先对着别处试喷几下,待雾气均匀后再转向文物即可。

(2)理顺经纬线

织物不能一次性大面积回潮,以免来不及平整就已干燥,要先回潮小部分后,尽快用安全光滑的工具(圆头小夹子等),调整、理顺经纬线机理。在不损伤经纬线的前提下,尽力做到经平纬直,必要时可借助直尺等量具,特别是有图案的部分,若经纬线变形,图案自然也会走形,最后平整出来的图案整体效果就要逊色许多,如唐代的各种团窠纹饰,即使一小处的纹理变形,也会导致大团窠不圆,甚或成为扁圆等。

(3)放置磁铁

待织物机理调整理顺后,可根据织物的薄厚、牢固度、折痕的密集度等在适当的部位压放磁铁、沙包等物平褶、定型,折痕密集处可放置多块磁铁。磁铁不宜过重,放置时间也不宜过长,以免压扁丝线,使织物失去弹性,压放 1 ~ 2 小时后就应拿下。若还有折痕,可换个方向再次压放。

(4)干燥

待织物自然阴干后移去重物,若平整效果不理想,可再次实施平整。这次要有选择性的重点对印痕较深的地方进行回潮,在织物上压放重一些的物品定型,压放时间也可适当延长。进行这些操作时,操作者的经验很重要,但也不能完全照搬经验,因为实际情况千差万别。对文物施加外力时,要对力度有充分把控,一切以文物安全为重。

第六节 平整的类型

平整的类型有许多,根据织物的品类,大体可粗分为以下 3 种。

(1)平面类单层织物的平整

平面类单层织物的平整又分单面平整和双面分别平整。若织物只有单面有纹饰,大多就只需平整单面即可。刺绣等双面都有纹饰或附着物的织物需平整两面,方可达到预期效果。如甘肃省博物馆藏唐代蓝地翼马纹锦,背面原有的较长纬浮已糟朽缠绕,且正面的纹饰机理也已严重变形。平整时,需先理顺背面纬浮,再调整正面经纬线,如此才能事半功倍。背面不平整,正面也很难调整,若顺序颠倒,先调整正面,只能事倍功半。(图10-18)

反面纬浮平整前(左)、平整中(右)

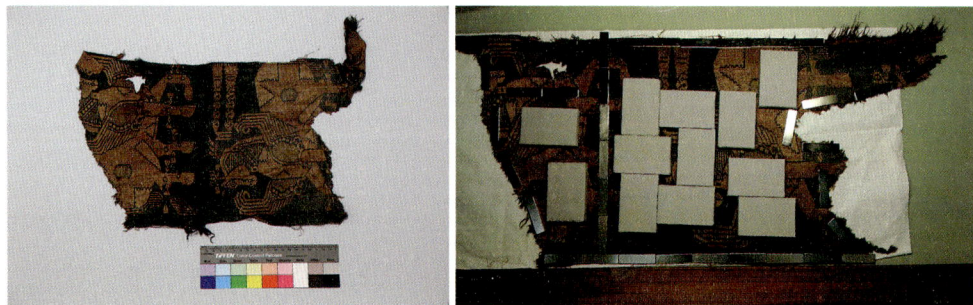

正面褶皱平整前(左)、平整中(右)

正(左)、反(右)面平整后

图10-18 蓝地翼马纹锦平整过程

(2)多层织物的平整

平整有衬里或夹层的织物时,需先从一边拆开缝线,剪裁一定规格的明胶片从拆口处衬垫到需平整的织物下面, 再用磁铁平整法逐层进行平整。需要注意的是,不宜过度回潮织物,也不宜压放太重的磁铁,以防多余的水分流入到织物底层,加之上层的压力而使底层织物形成新的褶皱。

（3）立体类织物的平整

立体类织物的平整可化整为零，在小范围内进行。如平整甘肃省博物馆藏武威磨嘴子汉墓出土的印花绢袋时，要用较小的磁铁转圈压平，或用沙包从里边衬垫平整，个别边角处只能用手指一点点压平褶皱。（图10-19）总之，在纺织品修复过程中，平整环节很重要，难度也很高，一件织物可能需要多次平整才能达到经平纬直的效果。若织物需要用背衬加固，对平整的要求就更高，有时一边缝合，一边还需临时调整经纬线，因为缝钉时的针线拉力很容易使织物纹理变形。

局部平整

转圈平整

点位压平

衬垫平整

图 10-19 印花绢袋的平整过程

第十一章 糟朽纺织品文物的加固

纺织品文物历经岁月的磨砺,老化是无法避免的自然现象,加之其在埋藏或传承过程中,难免受到尸液的浸泡、血渍的污染、微生物的腐蚀等,这些因素都将使织物纤维强度变弱,质地变脆,有的甚至已糟朽破裂为丝缕状,承受力很差,不便于展览、保管等。若不进行加固修复,这些珍贵的文化遗产很快会从人们的视野中消失。为了清除病害,延长其寿命,再现各个历史时期的纺织品风貌,国内外文保工作者纷纷尝试、探索各种传统的方法和现代的技术对糟朽纺织品文物进行加固修复,取得了不少成果。

第一节 糟朽纺织品文物加固修复的基本原则

糟朽纺织品的加固是指以不改变织物原貌(包括款式、结构、纹样、色彩、质地、质感等)为前提,借助辅助材料的强力支撑,通过一系列修复工序,使原有糟朽织物的总体牢固度、观赏性等得以提高,能够承受后期陈列、保管、运输等过程中外力的干扰。[①] 由此可见,纺织品的加固修复对于材料的选择很关键,实施过程中,应遵循如下基本原则。

(1)少干预原则。修复加固过程中,对纺织品文物的原始技术要素、工艺流程、历史信息,特别是当时的名称、用途等,要尽量识别并使用。能用物理方法加固的就不用化学药剂;能在小范围加固的,就不要扩大面积;要先在局部实验,再逐步增加使用面积,力求质优量少,事半功倍。

(2)可逆原则。加固修复时所添加的材料必须易于去除,且尽可能保证文物本身不受影响。一旦后期有更适宜的材料,可便于更新。

(3)预防加固材料老化造成的伤害。任何物料都有使用期限,作为加固材料,其老化过程中组织结构的改变、降解对文物的伤害不容忽视。

(4)外观效果保持一致。加固修复后要最大程度地保持文物的历史原貌,

---

①黄俐君,叶水芬.出土纺织品的针线法保护[C]//中国文物保护技术协会.中国文物保护技术协会第二届学术年会论文集.[出版地不详]:[出版者不详],2002:295-298.

修复材料在风格上要与文物本身的材料一致,修复后不能改变文物本身的外观,包括视觉、触觉等,修旧如旧,不能修饰得完全没了岁月痕迹,更不可过于扩大修复范围。

除此之外,对于修复后的纺织品而言,后期展存环境的重要性一定程度上更大于前期的保护修复。打造合适的展览与保存环境,确保纺织品在一个稳定的环境中不发生变化,比什么都重要。如:建立健全各项纺织品管理制度,相关人员一定要进行专业培训,熟知纺织品特性,拿取、放置文物的动作要规范,以防文物再次发生污染、褶皱、虫害、霉菌等病害。

第二节 纺织品文物的传统加固方法
—— 以甘肃省博物馆馆藏糟朽纺织品加固为例

随着科技进步和纺织品文物保护技术逐步成熟,纺织品加固技术也在不断改进。根据适用范围和制作工艺不同,甘肃省博物馆对馆藏糟朽纺织品的传统加固方法大体可以分为以下3种。

1.夹持加固法

即把文物放在附加材料之间固定,便于拿取储存等。使用此方法需要满足的条件是:织物的面积较小,表面没有凸起的附着物等,能被夹实。操作时,先对织物进行消毒、清洁、平褶整理等一系列修复步骤,再用最小的压力把织物夹持于光滑、安全的材料之间,周边加以固定。此方法较为古老,实施起来较为简便。如果附加材料是透明的,织物被夹持后就可以参加展览,也能放在库房保存,再无须特意制作展具或装具,有效减少人为扰动文物的次数。这种方法使纺织品基本处于真空状态,能有效阻止空气中有害成分对纺织品的污染。目前国内许多博物馆都还在采用此种方法。各地文博单位对夹持材料的选择有所不同,二十世纪六七十年代,条件简陋,用于夹持的材料品种很少,考古工地为操作方便,大多就地取材,如选用玻璃、纸板等夹持文物。近年来,随着物资的日益丰富,夹持材料的选择余地较大了,文博单位常用以下4种材料夹持纺织品文物:

(1)纸板与聚酯薄膜

因糟朽纺织品自身质地的脆弱性和对光、空气等的敏感性,在后期的保护修复过程中,应尽量避免人为扰动。对于清理后的纺织品而言,防尘、防皱是首要问题。最简单的方法是：把文物平放于纸板上，用聚酯薄膜包覆，既固定了文物，便于展陈，又能有效防尘、防皱。

此方法最大的弊病是：聚酯薄膜不透气，很容易导致纺织品发生霉变、腐朽等病害。虽然也采取在纸板上打孔透气的办法，但气孔过多，会使薄膜起皱，影响观展效果，气孔过少，依然会发生病害。另外，纸板也易变形，紧绷的薄膜很容易老化。（图11-1）

图 11-1 用纸板与聚酯薄膜夹持的纺织品文物

（2）玻璃

一般选择透明度较好的厚度为 0.2 ～ 0.5 厘米的进口玻璃来夹持纺织品文物。将小面积的平面织物放置在两片玻璃中间，用黏合剂或透明胶带等把玻璃周边封牢，或在玻璃上打眼，用螺丝固定，或把玻璃镶嵌于木框中，增强展览效果。（图11-2、图11-3）用玻璃夹持只有单面有花纹的织物残片时，可考虑在无花纹的那一面垫上纱网，这将有效预防织物与玻璃粘连，将来若需更换夹持材料，不至于因粘连而损坏织物。另外，织物也能借助纱网与玻璃的摩擦力保持较为稳固的位置，不会因夹持力度小而在一定区域滑动，使位置发生偏移。

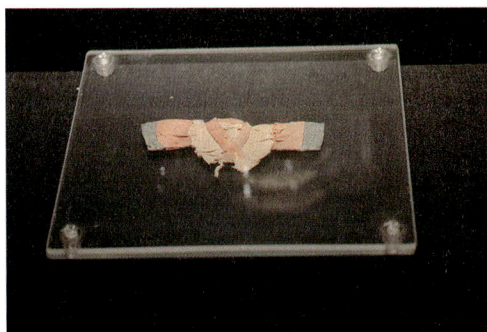

图 11-2 玻璃打眼后用螺丝固定夹持
纺织品文物

图 11-3 玻璃镜框夹持纺织品文物

用玻璃夹持织物很经济实惠。玻璃具有较好的透明性，用它夹持的纺织品文物可以直接展出。其显而易见的局限性是：玻璃外部温度与内层温度不一样时，密封层内会有凝露形成，普通玻璃都有石英成分，石英遇水会有碱性物质析出，这样无疑会伤到织物。为防止织物在玻璃中滑动，有时还要加一定量的黏合剂，用以固定织物。若对黏合剂的量把控不好，取下织物将成为新的难题，黏合剂自身也会对织物有不同程度的损害。除此之外，玻璃在运输搬运过程中易碎，也存在划伤文物的危险。

（3）有机玻璃

为避免易碎的玻璃损伤文物，甘肃省博物馆早期的一些纺织品残片用有机玻璃直接夹持。有机玻璃的原料是甲基丙烯酸甲酯，不易破碎。有些高档有机玻璃表面涂一层紫外线吸收剂覆膜后，还能遮挡 92% ~ 99% 的紫外线，有利于纺织品文物的保护。[②] 操作时需注意以下三个事项：一是要考虑纺织品本身的厚度，在夹持物的边缘上可垫入一定厚度的架空物；二是为了确保纺织品在夹持物中的位置稳固，可采用局部点滴丝胶的方法，将织物与有机玻璃局部黏合；三是在有机玻璃边上用有机玻璃液封口，确保加封层内的空气等与外界隔绝。这样放置一段时间后，里面的环境就基本稳定了。

用有机玻璃直接夹持固定的纺织品实现了展览与库存形式的统一。但不论使用哪种夹持材料，文物的固定问题还是难点之一。两层有机玻璃对文物施加的压力大，织物纤维长时间受力会失去弹性，变得僵硬，甚至断裂。（图 11-4）另外，随着时间的推移，光照、温湿度等条件的变化，有机玻璃也会老化变形，透明度

——————————
②中国纺织品鉴定保护中心.纺织品鉴定保护概论[M].北京：文物出版社,2002：125.

大大降低。(图11-5)周边的黏合处若过于牢固,将出现不易打开等问题。

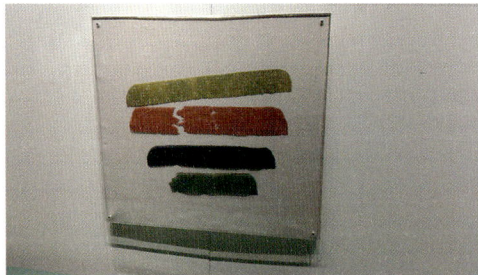

图 11-4 织物僵硬断裂

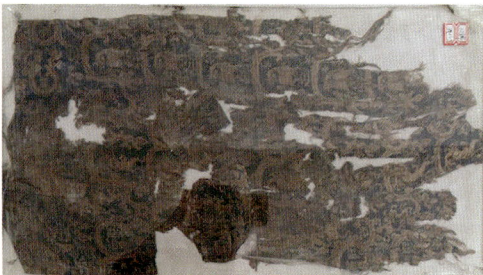

图 11-5 有机玻璃老化

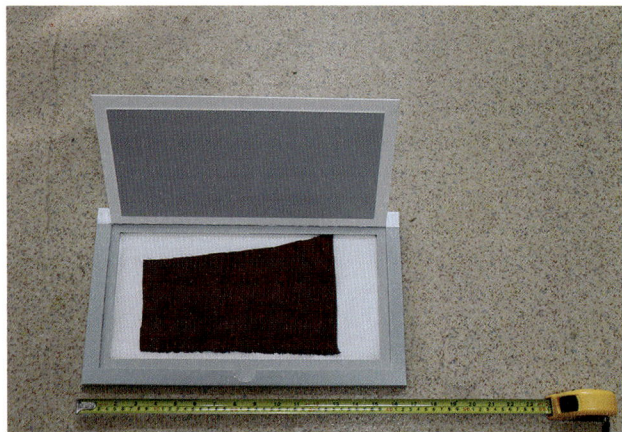

图 11-6 用卡纸夹持纺织品文物

（4）卡纸

卡纸是指厚度介于纸板与普通纸之间、质地好、挺括光滑、定量为250～400克/平方米的纸制品。以带窗口的3层卡纸夹为例,其剪裁最为常见的方法是:按照织物残片尺寸和展示要求,用美工刀将无酸卡纸裁成同等大小的3块,无酸卡纸的4条边比织物残片尺寸各长出10～15厘米;其中一块卡纸根据残片的尺寸,在中间开一个"窗口","窗口"内四边切成45度的斜边,外边与其他两块相同,窗框宽5～10厘米。将面板与底板叠在一起,有色的一面朝外,无色的一面贴合,并在两板左边1厘米处,用2.5厘米宽的双面胶粘贴包合;"窗口"与底板齐平摆放,无色的朝上,"窗口"在右,底板在左,用1.5厘米宽的胶带在白色面把"窗口"的左边和底板的右边黏合。

甘肃省博物馆近年来在用卡纸夹持纺织品文物方面又有许多改进。(图11-6)改进后的夹持方式便于文物的拿取盛放,其原理与之前的卡纸夹持方式基本是一样的。必须注意的是,所有卡纸都应是无酸纸。

卡纸多用于平面的片状纺织品文物的夹持,可以保护织物不受外界侵害,也可用于文物展示。相较于前三种材料,用卡纸夹持操作更为简便,可以将两张或多张卡纸的一边相互粘起来,做成类似文件夹样子的卡纸夹。卡纸夹持的不足之处是：对夹持物的面积有一定的要求，一般不宜夹持面积较大的纺织品残片。另外，纺织品与卡纸贴合得不是十分紧密，容易移位。

2. 托裱加固法

我国传统的托裱技术不仅适用于书画的保护，也可应用于纺织品文物加固。[③]裱画大都是用生宣纸。宣纸纤维长，性质柔软，拉力大，吸水性好，是裱画不可缺少的材料之一。用于纺织品修复的宣纸，可选用单宣、棉连或棉皮纸。托裱时，先要把宣纸染制成比纺织品表面颜色略浅一些的颜色。将纺织品正面朝下放置，用沾上水的排笔将其润湿，对好经纬线。纺织品上的破洞需要小心处理好。用干净的毛巾吸掉织物上面多余的水分，再一次对好经纬线。用浆刷（或排笔）沾稀稠得宜的糨糊上浆，浆要上得均匀，用针锥挑去排笔毛等杂物。把染好的色纸平

图 11-7 托裱加固后的《报父母恩重经变图》

铺在桌面上，喷上适量水，对折闷润后打开，用一人抬一人刷的方法，把宣纸平刷在纺织品上。平刷的过程中，不能使宣纸起皱或刷出破洞来。在宣纸四周多余部分拍浆，上墙挣平。残破严重的纺织品托完纸后，先要自然晾干，再洒些水，拍浆上墙。也可以在托纸后再覆一层宣纸进行加固，干燥后去掉加覆的宣纸。对于易掉色、不宜沾水过多的纺织品，可先在染色的宣纸上上浆，再把浆面朝上的宣纸抬到正面朝下的纺织品上，让纺织品吸收一部分潮气，然后把宣纸有浆的一面覆在纺织品上用排笔平刷压实。托制好的纺织品可以装裱成镜片或立轴，一般建议原样托制即可。如甘肃省博物馆展出的《报父母恩重经变图》（图 11-7）就是采用传统的托裱加固法进行保护的。

---

③中国纺织品鉴定保护中心.纺织品鉴定保护概论[M].北京：文物出版社,2002：127.

采用此方法加固后的织物,优点是表面美观、平展服帖、牢固,可以直接悬挂或卷起保存,也有被装入镜框的。其局限性也很明显,即这种加固方式只适用于单面有图案的织物。另外,装裱时,水、黏合剂等辅助材料会直接接触织物,对于特别糟朽的织物而言,使用此方法加固的危险性很大,一次性装裱完成后就不易再恢复原貌,二次揭取或修复时将损害到织物。

3. 网格加固法

对于尺寸较大的糟朽织物,甘肃省博物馆修复人员使用网格线、托板等辅助材料对其进行了物理性保护加固,虽然方法原始,设备较简陋,但完全符合可逆性的文物保护原则。这种加固方法的具体操作如下:[④]

(1)选用尺寸较大的五合板(五合板面积一定大于文物面积),其上用糨糊(糨糊中加入氯化汞用作防霉剂)裱上一层宣纸待用。

(2)将轻便的白板纸裁剪成与所要固定的文物式样、大小一样的形状,为防止

图 11-8 用白板纸撑起并固定在托板上的纱夹袍

白板纸边沿刮伤织物,将裁好的白板纸周边用细砂布磨圆,再将白板纸夹入织物中间,这样织物就被平展地撑了起来。(图 11-8)

(3)将夹有白板纸的织物在托板上放平放正,根据织物的外形轮廓画线,再按轮廓线依左右、上下间距 2~3 厘米画出方格线,在轮廓线上的方格交会点打出小孔眼,将织物重新放平放正,用丝线或尼龙线从小孔眼穿过,按经纬交错的方法将织物固定在托板上。

---

④卢燕玲.文物保护修复理论与实践[M].北京:文物出版社,2016:280-281.

（4）对于已经固定好的织物，为了防止其被尘土污染，可将整个托板的正面（放置织物的一面）用透明聚酯薄膜包覆、密封。这样既可起到防尘作用，又对光线有一定的过滤作用。托板背面不需要用聚酯薄膜包覆、密封，给织物营造一个透气的保存环境。

用这种方法处理后的糟朽织物，借助辅助材料的支撑，稳固度大大提高，基本能把文物原貌展现出来。其缺点也显而易见：

（1）用纸板撑垫或网格线加固的织物，只能平放展存。纸板滑动等因素会使织物变形甚至损坏，特别是体积大的织物，后期的展存将是难题。

（2）因支撑物的限制，织物展现出的都是板直的平面状，失去了原有柔软、饱满、立体的视觉效果。

小结

甘肃省博物馆对糟朽纺织品文物的保护修复遵循文物保护最小干预的基本原则，对出土纺织品进行必要的消毒、清洗、平整后，使用了以上加固方法（也可以说是展陈方式）。这三种加固方法虽然各有优点和适用范围，但无论是辅助材料还是操作技术，都对文物有不可避免的不同程度的损伤，修复效果也不是特别理想。糟朽纺织品文物的加固还要重点解决以下3个技术难点：

（1）文物与辅助加固材料之间的固定问题。在纺织品保护修复中，一般不提倡使用加固剂，因为目前市面上的加固剂若渗入到织物纹理中，是否具有真正意义上的可逆性和再处理性，还待商榷。一般来说，加固剂老化之后，其成分发生变化，无法再完全溶解于原先使用的溶剂中，残留会大大增加，将加速纺织品的进一步老化。加固剂老化之后，一般会在纺织品表面形成一层致密的加固膜，可以通过机械方法将之剥离（若织物尚能承受机械方法施加的外力损伤）。如果加固剂为水溶性，如主要成分为淀粉的糨糊，可以采用常规的水洗法将之溶解去除，但前提是纺织品的色牢度和纤维强度要足够好，可以经受水洗力度。

（2）甘肃省博物馆曾经应用过的加固技术基本只适用于平面类的糟朽纺织品，对于立体类糟朽纺织品的加固，有待寻求新的方法。

（3）对过于糟朽、酥脆以及炭化严重的织物，仅凭以往的方式、方法已很难达到加固目的，急需新材料、新技术、新技艺的支持。

第三节　针线加固法

目前,在国内纺织品文物保护方面,关于糟朽纺织品修复中的加固环节,"针线法"是一种行之有效并被广泛使用的方法。此方法选用与文物风格相近的现代织物作为背衬材料,经染色等技术处理后,衬垫于文物背面,或将文物夹持于通透性较好的背衬材料中间,用针线缝合,使文物与背衬合为一体。该方法能够尽可能地保留文物的原始状态,既赋予了修复过程可操作性,又在保持文物原真性基础上,使色彩和纹样得以连续。⑤同时,文物借助新材料的支撑,整体得到了加固。

自2018年"纺织品文物保护国家文物局重点科研基地(中国丝绸博物馆)甘肃工作站"成立以来,甘肃省博物馆纺织品修复人员经过中国丝绸博物馆老师的专业技术培训,更新了纺织品保护修复理念,引进了新材料、新技术。工作人员在借鉴学习新技术的同时,结合实际工作经验,针对甘肃省博物馆馆藏单衣、夹衫、棉袍、鞋帽、囊袋、织物残片等的糟朽程度和特点,南北方地区温湿度差异以及西部地区空气污染情况等,在具体操作上做了进一步完善、改进,主要采用了"针线加固"法实施修复,效果很理想。

根据文物糟朽程度和选用加固材料的不同,"针线法"加固又分两种情况,即单面背衬加固和双面夹持加固。

1.单面背衬加固

单面背衬加固主要针对只有一面有纹饰且有残缺、糟朽、破裂等病害的纺织品,若织物尚有一定强度,可承受针线的穿缝力度,便选用背衬材料衬垫于无纹饰的一面,用针线缝合加固。修复过程遵循不改变文物原状、最低限度干预等文物保护的基本原则,除糟朽破裂处使用较密集的铺针法(图11-9)缝合,行距约为0.5厘米,其余部位尽量采用稀疏的钉针法或行针法进行缝合,行距为1.5～2厘米,最大限度地减少修复过程中对文物的二次伤害。

---

⑤路智勇.辅料染色技术在古代纺织品保护修复中的应用[J].文物保护与考古科学,2008,20(2):56-59.

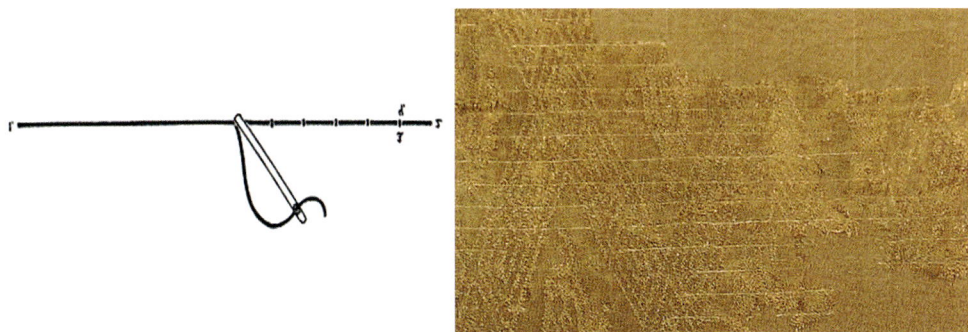

铺针法示意图　　　　　　　　铺针修复效果

图 11-9　铺针技艺

此加固方法操作时的技术要点可总结为：

（1）缝合之前，对织物的平整尽量做到"经平纬直"。

（2）有纹饰的织物在局部范围内都有较明显的参照线，要找准理顺，否则，会改变纹饰布局，不能准确恢复织物图案的原始信息。

（3）铺针缝线尽量做到平直，缝线颜色要与原文物颜色协调，不宜突兀。

（4）整体的行距、针距要一致，缝线时的拉力要均衡，避免用力不均而导致修复后的织物变形。

（5）绝对不要在文物残缺、只有背衬裸露在外的部位上使用铺针法。

（6）对于散乱的流苏或糟朽的经纬线，不宜拉伸得过于平直，要保留其自然的弯曲度，否则，会使织物失去弹性，显得僵硬呆板。但总体方向还是要顺畅，不宜扭曲。

（7）文物残片周边裸露的背衬不宜简单取直为长方形或正方形，否则，会影响后期研究对残片形制的判断。要力争使修复后的文物纹理清晰，丝线稳固，色泽协调，整体牢固度提高，糟朽度降低，如此才算达到加固目的。（图 11-10）

（8）同一件衣物使用的背衬织物应注意纹理的协调。如加固左右对襟、前后片等的时候，即使选用同一块背衬面料，在衣服的不同部位衬垫时，要依据各部位织物的主要纹理调整背衬纹理的方向，否则裸露在外的背衬光泽会因转向而出现较大的色泽差异，影响修复效果。

加固前

加固后

加固前

加固后

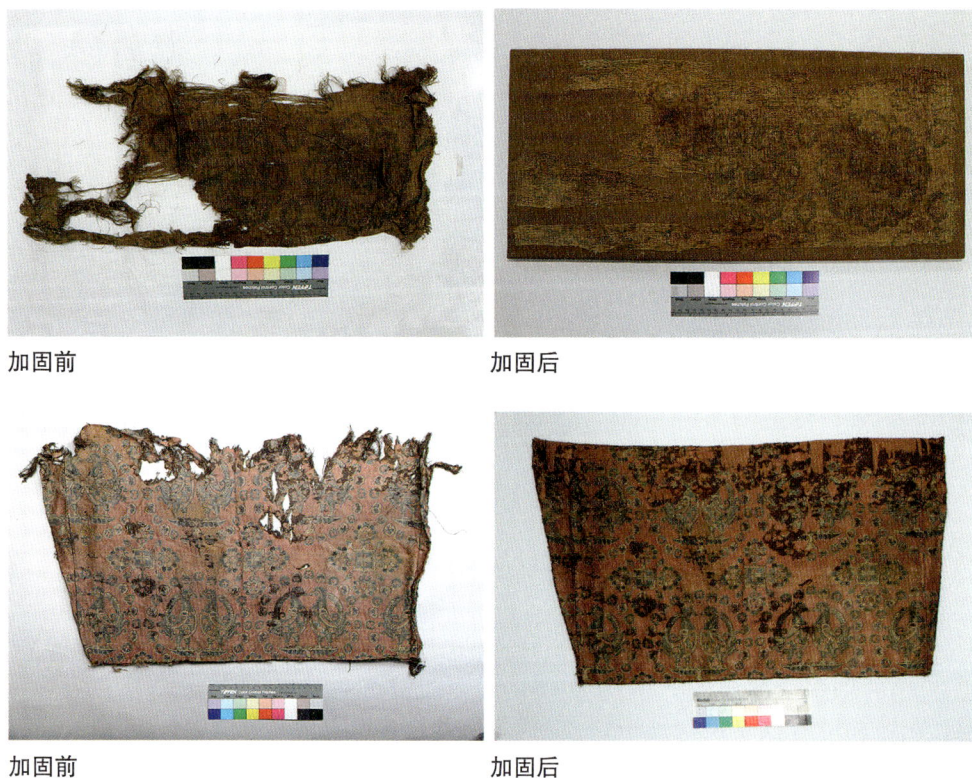

图 11-10 单面背衬加固效果

2. 双面夹持加固

对于过于糟朽、硬化酥脆、断裂的丝织文物，笔者不建议使用单面背衬加固法，因文物已无力再承受针线穿缝的力度。若针线稀疏，将无法固定织物，达不到很好的加固效果；若针线密集，修复过程会对文物造成二次伤害甚至损毁文物。近年来，甘肃省博物馆纺织品实验室学习应用中国丝绸博物馆新技术，尝试采用新材料绉丝纱对糟朽程度严重的织物进行加固，效果良好。

2.1 绉丝纱基本特点

绉丝纱是一种较为轻薄柔软、透明度高，同时又具有一定牢度的丝织物。在欧美等国的纺织品文物保护中应用较为广泛，尤其对于糟朽脆弱丝织品的保护具有非常好的效果。绉丝纱尚属于一种新型材料，目前，国内纺织品文物保护领域基本还在使用进口产品。绉丝纱的原料既有化纤也有桑蚕丝，桑蚕丝纱线细度为 1/13/15D，纱线捻度 14T/cm，捻向 2S2Z，织物经密为 292 根 /10 厘米，纬密为 255 根 /10 厘米，组织为平纹，（图 11-11）织物厚度为 0.098 毫米，悬垂系数为

82.56%,抗弯刚度为 2.455uN·m。[6] 因其通透性很好,虽包覆在了文物上,仍能较清晰地展示纺织品,基本不影响文物的观展效果。用绉丝纱加固织物不失为目前较成功的修复糟朽纺织品文物采取的纯物理方法之一。

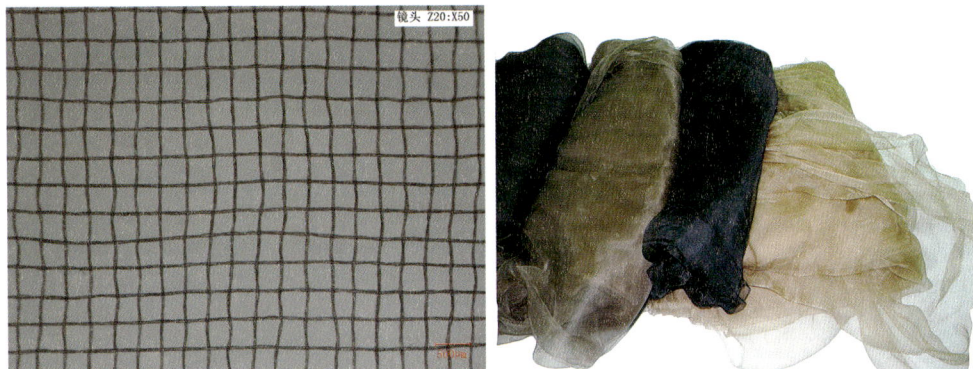

绉丝纱组织结构   绉丝纱染色后

图 11-11 新加固材料绉丝纱

2.2 绉丝纱应用范围

绉丝纱作为一种加固材料,主要适用于:

(1)牢度很差,较为糟朽,已不能承受太多针线缝合力度的古代纺织品或有特殊修复需求的纺织品。如图 11-12,此块印花绢为甘肃省博物馆藏武威磨嘴子汉墓出土的一件绢袋的底部,硬化酥脆,呈丝缕状,即使轻微移动也会对其造成损害,炭化也非常严重,无法单独提起。平整后拟采用单面覆绉丝纱(正面),反面(无纹饰)使用与文物风格相近的现代绢纺面料作为背衬的方式进行加固。

(2)对于某些修复后仍要保持原有面貌的双面织物,如双面绣等,需要使用既有保护作用,又具一定透明度的绉丝纱来作为修复材料。将修复对象夹于两层绉丝纱之间,双面均可保持原有外观。

(3)某些非常糟朽的立体类纺织品,如鞋、外敷纺织品的草编盒等,也可在最外层直接包覆绉丝纱,使其获得温和全面的保护。如甘肃省博物馆藏锦缘绢绣草编盒,此草编盒来自武威磨嘴子汉墓 M22 夫妇合葬墓,盒身与盒盖均是苇胎,外敷丝织物。草编盒里面的素绢已糟朽为碎片,外部盖顶一处绢脱落遗失,边缝开裂严重,侧面一处丝织物撕裂翘起。(图 11-13)草编盒整体已无力承受过多

---

⑥王淑娟.绉丝纱在中国古代纺织品修复中的应用[J].文物保护与考古科学,2016,28(2):67-72.

人为干扰,但若不实施加固,它会脆化、塌陷得更加厉害,也不方便移动、参加展览等。在最小干预的前提下,工作人员拟采用绉丝纱对其进行整体包覆加固。

图 11-12 绢袋底部硬化酥脆(左)与炭化掉渣(右)现象

图 11-13 草编盒修复前边角(左)与侧面(右)病害

2.3 绉丝纱加固步骤

先量好相应尺寸并剪裁出大小适宜的绉丝纱,再将绉丝纱染成与文物底色一致的颜色,平整好后备用。不同的文物,绉丝纱的具体使用方法不同。

(1)对于平面类单面糟朽的织物,覆纱前需先把背衬平整后固定,再把已事先平整好的文物小心移放在背衬上,待仔细调整好经纬线、图案纹饰等细节后,把绉丝纱轻轻覆盖在文物上,在四周压放磁铁,使绉丝纱与底下的背衬固定好,然后,沿着文物裂缝用钉针法把绉丝纱与背衬缝合。这样,文物被网在绉丝纱与背衬中间,既避免了针线的穿缝,又被稳稳地固定住。(图 11-14)

(2)加固有衬里或立体的衣物、囊袋时,可先记录原始缝痕,做好详细的标记后,再逐一拆开缝线,变立体为多个平面,分别按(1)的方法加固后,依据标记重新拼接缝合即可。

(3)有些立体类纺织品,如外敷丝织品的长方体草编盒等,用绉丝纱加固时同样要先把文物上的裂缝、凹陷或翘起的苇胎等尽量按原有的机理平整好。再把事先准备好的绉丝纱裁剪成两片长方形，一片的长与宽刚好就是盒子顶部的长和宽（四周扣除1厘米的折边），另一片的长是盒子的周长，宽是盒子的深度（都要预留折边和缝头），用细密的回针法（以防纸裂、拔丝）把两片平面的纱缝制成一个立体的长方体套子，套子一侧边先不缝合。两人配合从上往下把纱套套在盒盖上。套盒身时，把盒身倒扣，依然是从上往下套好纱套，注意纱套的接缝要与盒子的各棱边对齐，这时最好用夹面较大的夹子（可适当分散力度，小夹子用力太集中，可能会夹伤文物）等工具先固定好盒子边缘，再次调整好盒子裂缝、表面纹理后，就可把预留的纱套侧边的最后一条缝拉紧缝合。为了进一步加固，可在盒子边角处以长针距（里长外短）进行缝钉。除此之外，制作表面有弹性的、软质的支撑垫，大小刚好能稍紧地放入盒中，目的是对盒子起到良好的支撑定型作用。该修复加固方式对于糟朽的草编盒而言，能最大限度减少修复外力对其造成的伤害。修复后的盒子仅通过形貌就能看出，其整体强度有了明显提高，稳固性也较好。（图11-15）

总之，由于纺织品文物的个体差异比较大，几乎每件文物所用的修复方法、材料、工艺等都具有独特性（仅修复材料的颜色调染就千差万别），需要修复师在具体操作时根据文物实际情况灵活运用相关的技术，不可照搬照抄。

图11-14 绢袋底部用背衬和绉丝纱夹持修复前（左）、后（右）

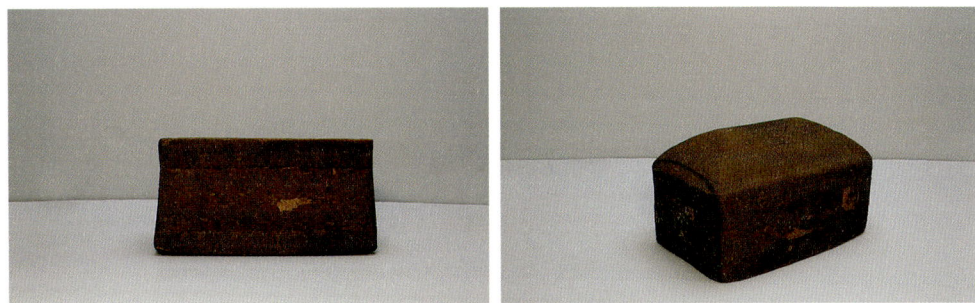

图11-15 草编盒用绉丝纱包覆加固后的盒身（左）与盒盖（右）

2.4 绉丝纱加固前后牢固度对比

目前,因条件限制,对绉丝纱加固后织物的力学强度尚不能进行测试与定量分析,但仅凭常识性的观察、触摸可知,修复后织物的牢固度表现在以下 5 个方面(以上述两件丝织品的加固效果为例):

(1)加固后的印花绢借助背衬与绉丝纱的支撑力,完全可以被安全移动,移动时,炭化掉渣现象也已基本消失。印花绢与绢袋其他部分拼接缝合得相当牢固。

(2)草编盒盒盖顶部及侧面糟朽翘起的织物已被包覆缝钉牢固,即使把盒盖倒置,也已完全没有了修复前自行移位、脱落、掉渣等现象。

(3)修复前,盒身底边及底角等处的苇胎已有大的裂缝(图 11-13 左图)。修复后,经绉丝纱的包裹与针线缝钉,苇胎裂缝已完全闭合。(图 11-15)

(4)修复后,文物整体不再裸露,绉丝纱成为第一道防线,形成一张细密的网,把文物网在中间,且文物受力均匀,观赏效果基本不受影响。

2.5 绉丝纱应用技术要点

应用绉丝纱对文物本体进行加固修复,其操作要点如下:

(1)给绉丝纱染色时,颜色宁深勿浅。绉丝纱颜色越浅越显色,但显的是纱的颜色,被包覆的文物的本色不能清晰地显露出来。

(2)绉丝纱染色后,尽量马上进行平整,晾干后会因自然叠压而形成一些顽固的褶皱,后期不易去除。平整时切记多喷水,充分利用水的滋润调整经纬线位置,动作要轻,不要划蹭,否则,轻薄的纱线很容易变形、抽丝,以致整块纱都要被废弃。

(3)用绉丝纱加固平面类丝织品时(图 11-14 右图),用钉针法从里向外依次缝钉,把因针线力度引起的些微曲张赶到边缘,使其自然消失,这样修复后的文物会较平展,避免中间起泡。

(4)只从裂缝处插针,把纱与背衬缝合即可,尽量不从文物上穿缝。

(5)缝钉时,注意随时用针调整下面的文物,使其经平纬直,不能错位;针距不宜过大,一般为 1 毫米左右。

(6)没有裂纹的地方,以 1.5 ~ 2 厘米的行距用行针法进行缝合。

(7)若边角残缺,也应按文物形制缝钉,使文物形制完整;有针线缝痕的地方,一定沿着原来的缝迹缝合一遍,以免剪裁后,纱、背衬和文物散开、变形等。待整体缝钉完后,一定还要紧沿着文物外围缝钉一圈,使绉丝纱与背衬很好地缝合在一起,为后续的剪裁和缝合打好基础。

(8)用绉丝纱包覆立体类文物时(图11-15),尽量在棱边、角落、残缺及裂缝处插针缝钉,且针线不宜太紧、太密,以免对下面的丝织品造成伤害。

(9)包覆缝钉时,为了牢固,丝线不要过细,必要时可用双股丝线,表面的针线长度应尽量缩短,否则,外露的针线会较显眼。

(10)缝制外覆纱套时,尺寸计算要精准。否则,达不到加固目的。

第四节　丝蛋白加固法

对一些形制特殊、丧失了基本的机械强度、一触即碎、糟朽十分严重(濒危)的织物文物,甘肃省博物馆尝试使用丝蛋白加固技术达到提升纤维强度和改善柔韧性的目的。这是中国丝绸博物馆针对脆弱丝织品的丝蛋白已发生严重变性的状况提出的同源材料加固技术。[7]这种基于丝肽-氨基酸的脆弱丝织品接枝加固技术是一项具有独立知识产权的创新成果,该技术于2016年荣获"十二五"文物保护科学和技术创新奖二等奖。[8]

2019年,甘肃省博物馆在修复两件绦带时,尝试应用了此技术,效果较好,得到专家的肯定。两件绦带的纤维非常脆弱,力学强度下降严重。一条长度为1.5米,另一条总长3.8米(断裂为两条),最大宽度为3厘米左右,最窄处残存不到1毫米,几乎断裂。绦带出土后被暂时缠绕在0.5厘米厚的有机玻璃板上(图11-16),折弯处甚至已磨损、断裂,多处粘连,若直接用纱包覆施以针缝,操作难度大且对织物也有较大损伤,因此考虑先以丝蛋白进行加固,在织物牢度提高的

图11-16 两件绦带修复前

⑦周旸.丝绸文物修复与养护中的科技应用[N].中国文物报,2019-11-08(008).

⑧赵喜梅.脆弱纺织品文物加固技术应用研究:以甘肃省博物馆馆藏纺织品文物为例[J].丝绸之路,2019(2):114-117.

前提下,制作支撑物进而实施下一步的修复工作。具体操作如下:

首先,在常温常压下对丝织品的小样进行丝蛋白加固试验。确保丝蛋白对小样没有损害后方可实施大样加固。

接下来,小心剥离粘连处,把文物从有机玻璃板上取下,采用喷雾工艺对丝织品文物进行丝蛋白加固保护。即将初次展开的绦带放置于垫有宣纸的丝网上,把内氨酸溶液(1.5%)以雾状形式持续喷于绦带上,直至绦带呈饱和状态,约10分钟后,再将EGDE(3.5%)以同样方式喷于绦带上阴干即可。加固过程中,趁着湿润对文物的叠压处和褶皱处进行适当平整。(图11-17)

经测试,加固后织物强度、伸长率均有明显提高,色差变化在国家标准灰色样卡2级以内(肉眼没有变化),回潮率变化在 ±0.5% 以内。[⑨]

剥离粘连,移去有机玻璃

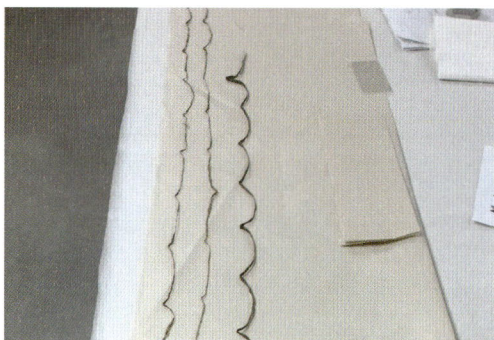

初次展开

喷雾状丝蛋白溶液后进行平整

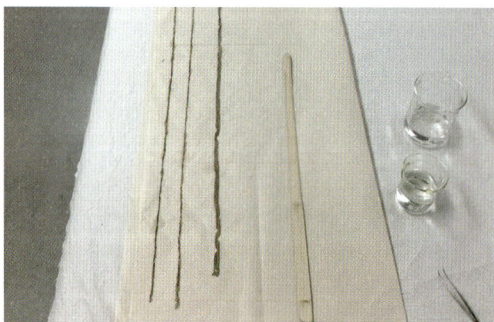

丝蛋白加固平整后

图 11-17 丝蛋白加固过程

---

⑨郑海玲,胡智文,赵丰,等.丝素蛋白/戊二醛对脆弱丝绸织物加固的工艺条件研究[J].蚕业科学,2009,35(3):576-582.

国家文物局.万年永宝:中国馆藏文物保护成果[M].北京:科学出版社,2021:160.

第五节 盒罩式辅助加固法

纺织品文物不同于其他文物，即使使用针线、丝蛋白等方法加固后，若后期的展存方式不当，还容易发生褶皱、污染等病害，二次修复无疑会对糟朽丝织物造成又一次伤害，修复效果将前功尽弃。因此，后期的展存方式也是糟朽丝织品修复加固时要考虑的一个重要因素，科学合理的展存形式完全能起到辅助加固的作用。甘肃省博物馆在应用针线加固、丝蛋白加固等方法对糟朽丝织品实施修复的同时，结合盒罩式展存形式，进一步完善了糟朽丝织品的加固效果。

利用盒罩式的展存形式辅助加固丝织品经历了一个改进的过程。早期制作盒罩的材料是1厘米厚的浮法玻璃和4~5厘米厚的木工板，制成的盒罩很结实，但太厚重、笨拙，文物是靠玻璃罩与裱敷过的木工展板夹持固定的，依然避免不了玻璃夹持法的弊端。结合近几年的实践经验，工作人员把制作盒罩的材料改换成了进口亚克力板，展托改为3~5毫米厚的PVC板或进口无酸纸板，并把展托用弹力棉等材料包覆、装裱，效果非常不错。具体操作步骤如下：(图11-18)

1. 制作亚克力盒罩

先根据丝织品的大小，选用2~5毫米厚的进口亚克力板，使用专业工具剪裁出盒罩的5个面(四周及罩顶)，再用无色乳胶粘起来，做成盒罩。为使展出效果更好一些，盒子内径最好比修复后文物的实际尺寸大5~10厘米。盒底的长和宽一定要与盒罩外围的长和宽一样，厚度应为8~10毫米。以盒底厚度的一半(4~5毫米)为基准线，在盒底周围切割出2~5毫米宽的边，这个尺寸要与盒罩所用材料的厚度完全吻合(便于盒罩刚好严实地扣盖在盒底上)，待盒罩与盒底制作完成后，把两者合到一起，从盒罩侧面打孔，便于将来用螺丝钉固定。为了外形美观，打孔时，注意孔眼位置要偏低，通过盒罩从盒底内边穿过。

2. 制作展托

制作展托有两种形式：

(1)制作好盒罩与盒底后，从2~5毫米厚的PVC板或无酸纸板上剪裁出与亚克力盒罩的内径尺寸大小相同的板材，把薄厚均匀的絮棉铺垫在板上，一般再用面积较大的白坯布或根据展览统一设计的底色展布包覆板材并把周边黏合固定在板材背面，若追求正反面都光洁整齐，可在板材背面再粘上锁边布或宣纸，遮盖住背面的褶皱、接缝等。制成的展托加上文物的总厚度一定不能大于盒子的内高，否则，盒子盖将被文物支起，做不到严丝合缝。这样的展托同样也可放入无酸纸盒中，必要时可直接作为展板放置文物展出，拿取文物时也只需移动托板即可，避免了人为扰动而对文物造成损伤。

（2）根据设计，剪裁背衬时要预留出足够尺寸，待文物加固缝钉到背衬上后，可剪裁 PVC 板或无酸纸板。最后把多余背衬反包在背板上缝钉牢固即可。

传统玻璃盒罩夹持织物

亚克力盒底与盒罩

盒罩侧面打孔

文物与展托缝合固定

背衬包覆展托固定

盒罩式展陈效果

图 11-18 亚克力盒罩制作流程

3. 文物固定

文物与展托的固定一般有两种方式：

（1）若文物背衬的大小与文物大小一致，便可把文物周边的背衬直接与展托上的棉布用偷针（即从表面看不到针线）的针法缝合固定。

（2）若修复前就有完备的计划，文物背衬预留很充裕，修复后，可以把文物背衬反包在装裱好的展托上缝合固定即可。

完成这些工序后，把文物放置于盒底上，盖上盒罩，从事先打好的孔眼拧螺丝钉把盒底与盒罩固定结实，文物便可直接参展或入库保存。

考虑到纺织品可能会发生霉变等问题，可在亚克力盒底与无酸纸板上打孔透气。空气中携带的沙尘经絮棉和棉布的过滤，量已经大大减少，可忽略不计了，几乎不会对纺织品文物造成污染。另外，开始下料剪裁时，一定要把板材自身的厚度计算在内，否则，制作好的盒底、盒盖及展托可能会错位，达不到严丝合缝的效果。

第十二章 纺织品文物展存中的主要问题 及展存环境要求

纺织品文物修复好后需要展览或存放，这是纺织品文物保护的重要环节。在具体实施过程中，影响、制约纺织品展存形式的因素有很多，往往因为各地区气候的差异，文物在展览与存放过程中存在的问题有所不同。在国内纺织品展存领域，常见的问题是：展存形式多样（前一章提到的多种传统纺织品加固方式也可作为展存形式应用）；缺乏系统的理论指导和统一的示范样本；库房内保存设备规格不一，选用的辅助材料品质参差不齐；展览与库存形式脱节，纺织品文物因展览、运输等因素被多次翻动，出现再伤害、再污染、重复制作包装等问题。目前，尚没有一种方式可以作为纺织品文物展存的普遍方式推广使用，无论是辅助材料还是展存形式，都对文物有不可避免的不同程度的影响。因此，在展存过程中，工作人员需要充分考虑、分析各个因素，否则，将会加快纺织品的老化速度，甚至使修复后的纺织品文物再次遭受病害。

第一节 纺织品文物展存中的主要问题

纺织品文物在后期的展存过程中，除最常见的虫蛀、霉变、辅助材料的损害等问题之外，空气污染、人为扰动等因素也会对纺织品文物的安全造成不好的影响。前者已有相关学者进行过较成熟的研究。我国西北地区大气污染程度比温暖湿润、植被丰富的南方地区要严重许多，尤其对于沙尘天气频发的甘肃省而言，无论是展厅还是库房，即使室内的窗户常年封闭，甚至专门设计的展览大楼根本就没有窗户（通体是玻璃幕墙），展柜也较密闭，纺织品文物因为空气污染而面临的安全问题依然很严重。

1. 空气污染问题

我国西部地区自然条件复杂，资源丰富。经过几百年不合理的开发，自然生态环境早已遭受严重破坏，西部成为我国森林资源贫乏、水土流失和土地沙漠化最严重的地区。加之西部地区地处内陆，为典型的大陆性气候，夏季炎热，冬季

寒冷,降水稀少,终年干旱,除东部一小部分地区和一些高山地带年降水量超过
400 毫米以外,其余大部分地区的年降水量不足 200 毫米。在新疆塔克拉玛干
地区、青海的柴达木盆地和西藏藏北高原,年降水量不足 50 毫米。因此,每到春
季,大风肆虐,沙尘暴骤起,浮尘、扬沙等恶劣天气时有发生。据统计[①],从 1952
年到 1994 年间,我国西北地区共发生强沙尘暴(风速大于 20 米 / 秒,能见度小
于 200 米的沙尘暴)和特强沙尘暴(风速大于 25 米 / 秒,能见度小于 50 米的沙
尘暴)48 次以上,其中特强沙尘暴 22 次,几乎占了一半。

　　扬沙、浮尘、黑风等恶劣天气的频发是大气污染的元凶,一场强沙尘暴过后,
空气中的颗粒沉积物数量会剧增。以甘肃省博物馆展厅空气中的沙尘污染程度
为例:展厅日平均接待观众三四千人,节假日参观高峰期每天接待观众七八千
人,在天气晴好的情况下,仅观众带入展厅空气中的有害物质数量就已十分惊
人,若是春天遇到沙尘、大风等恶劣天气,大气中的颗粒沉积物数量会暴增。展
厅中只有很少量的独立展柜,密闭性较强,一个展柜就放一件文物,擦拭灰尘等
污染物也较方便。大多数文物还是被集中放置在一个长柜中展览,柜长几米到
十几米不等,一米多宽,高度能容纳正常身高的成人在柜内站立布展。这样大的
空间,密闭性较差,经常开柜擦拭又很不方便。夏秋季节,因处于参观旺季,为保
障文物安全,不影响广大观众的参观计划,一般不便暂停展览、开柜打扫卫生,只
有春冬淡季,才集中停展一段时间(两个周左右),清理展柜灰尘。目前,各展柜
还没有安装上精密的仪器,不能长期记录空气污染物状况,无法准确统计、检测
到展柜沉积的灰尘等的数量以及污染物的类别、浓度水平和腐蚀破坏能力。但
仅凭肉眼观察,能明显看到展柜中厚厚的颗粒沉积物。历时一年,有些文物上面
本来就不太鲜艳的纹饰已被灰尘遮盖,模糊不清了。其他文物表面的灰尘还可
以擦拭、扫除,修复后的糟朽纺织品文物上面的灰尘因静电等原因会被吸附到织
物纹理当中,即使用吸尘器等工具也很难彻底去除干净。吸附于织物纹理中的
污染物成分复杂,经过日积月累,无疑会通过协同作用再次对文物造成破坏甚至
损毁文物。南北方自然环境不同,纺织品文物展存应研究出不同的形式,照搬照
抄的做法显然是不行的。西北地区对存放纺织品文物的展柜的密封性能要求更
高,且绝不能将文物裸放在展柜外。

---

①黄维,牛耘.西北地区沙尘暴的危害及对策[J].干旱区资源与环境,1998,12(3):83-88.

2. 人为扰动问题

人为扰动对纺织品文物的伤害也非常严重。糟朽纺织品即便进行了修复加固,依然会存在严重的炭化现象。目前,一些博物馆为修复后的纺织品文物制作包装时,忽略了展览和存放形式。文物在库房保管时,一般以无酸卡纸、无酸纸盒等包裹、盛放。展览时,再根据展厅整体布局取出文物,放置于展台上。这样一来,因布展、撤展、运输等因素需要人为多次扰动文物,有时因时间仓促等客观原因,不是由专业的纺织品修复人员去翻动文物,而是布展的其他文物工作者,他们缺乏对纺织品文物糟朽程度的了解,难免会有一些不规范的操作。为追求展览效果,有时会制作一些辅助的倾斜度很大的展板等设施,甚至直接用钓鱼线把糟朽的丝织品悬挂起来进行展览。如此一来,文物因自身重力的牵拉、吊坠不平衡,易出现纹理变形、拔丝、开线等,无疑会对糟朽纺织品文物造成非常大的再伤害。 因此,需要设计出安全、稳固、统一的展存形式,使修复后的纺织品文物较长久地保持安全状态。

第二节 纺织品文物展存形式

环境污染是全球性问题,根治污染是一项长期的工作。博物馆要尽所能做一些治理环境的工作,特别是对于西北地区的博物馆来说,环境保护工作尤为重要,可采取的措施包括:在博物馆库房和展览大楼附近,禁止堆积、焚烧垃圾,禁止排放有害气体;多次进行人工洒水或建造喷泉、鱼池,在空地上种草、养花、植树等,让树木、草坪、喷泉等拦截、过滤、吸附空气中的污染物,消除周边环境中的二氧化硫、一氧化碳、二氧化氮等;在博物馆内,尤其是相对密闭的库房、展厅等室内,加装空气净化系统,在展柜内放置活性炭、沸石等吸附污染物;加强对工作人员的管理,进入库房、展厅、修复室时,工作人员要清除鞋上的泥土,最好换上专用的拖鞋、鞋套等,尽量减少尘土带入。

改善纺织品的展存形式能在一定程度上有效地控制污染。近年来,甘肃省博物馆采用的一些展存形式比较适宜西部地区的文博单位应用。

1. 盒罩式展存

盒罩式展存即前文提到的盒罩式辅助加固方式。把修复后的纺织品盛放于亚克力盒罩中固定,在起到加固作用的同时,既可放入库房保存,又可直接放入展柜展览。

其优点在于：

（1）小空间的密闭性很好，特别是对于沙尘污染严重的西部地区而言，盒罩式展存有效阻止了空气中有害物质对修复后纺织品的再次污染。

（2）进口亚克力板通透性好，既便于展览，又便于存放，解决了重复包装的问题，修复后的纺织品文物可以较长久地放置于盒中，不再因展览、库存、运输等情况被人为多次扰动，避免了对文物的二次伤害。

（3）盒底与盒罩用螺丝钉从侧面固定，较为隐蔽，美观简洁，坚固耐用，拆卸方便，适于外展时进行长途运输。

（4）在亚克力盒底打孔透气，即便盒罩因内外温差而产生少许的水汽，也主要被棉布吸收，对文物影响很小。

（5）装裱后的展托具有一定的柔软性和较好的弹性，即使亚克力外罩直接覆压在了文物上，因底下的垫板松软有弹性，也会对压力有一些缓解，不至于使文物的纤维因压力大而变得僵硬或断裂，也完全避免了文物与背板粘连的可能。

（6）直接把背衬缝钉或包覆在展托上，不仅稳固，亚克力材料也不会像以前用的固定方法那样直接覆压文物。因背衬与展托从周边缝钉，文物的重力也被均匀地分散于各点，文物不会因局部牵拉而造成损坏、变形，这样修复后的文物就可以挂起、立起、在斜面上放置等，节省了展存空间。

（7）无酸纸的制作过程干净，对工厂设备腐蚀较少，而且可以再利用，废弃后可被生物分解，有利于保护环境。[②]

（8）亚克力材料虽然也有易老化、易被划伤等缺点，但所幸它不会与文物紧密粘连，替换很容易，减少了对文物的扰动。

2. 囊匣展存

囊匣是我国传统的文物包装形式，几乎可以用来放置所有种类的文物。做工精巧细致的囊匣，不但是盛放装具，其本身也有一定的观赏价值。古代有人用楠木、红木等名贵木材制作囊匣，用这样的材料制作的囊匣外形古朴、典雅、庄重，凸显一定的艺术美感，既坚固耐用，又可防蛀防虫。近年来，国家加大文物保护力度，囊匣等文物装具的制作工艺、设计理念等得到进一步提升。囊匣的制作

---

②李文怡,杨洁,韩建武,等.文物无酸纸质囊盒制作[J].文物保护与考古科学,2014,26（2）：104-108.

材料丰富多样,一般选用草板纸、三合板、仿宋锦、蓝布、丝绸等。近年来,文博单位比较倾向于用无酸纸、无酸瓦楞纸板制作囊匣来盛放、保护纺织品文物。囊匣的样式根据文物的外形尺寸、质地、形状、受力点、文物现状等综合因素进行设计,在盒形上考虑密封性、文物取放便利性、稳固性等多方面因素,制作的囊匣有摇盖式、天地盖式、折页式等。③ 无酸纸囊匣可以手工制作,也可以用现代纸板打样机床制作。(图12-1、图12-2)其具体的样式可用专业的电脑软件打样设计,制作工艺和方法可参考相关文献,④ 具体操作步骤在此不一一赘述。近年来,此种装具出现了较专业的制作公司,主要以进口的无酸纸板为原料,但也有价格昂贵、成本较高、易变形等缺点。

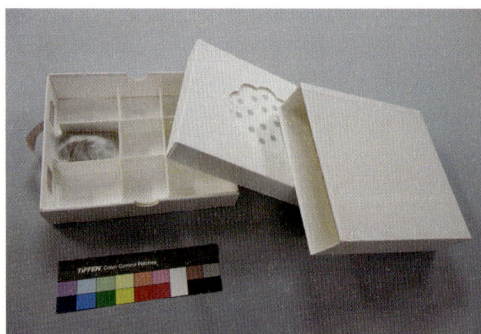

图 12-1 无酸纸囊匣制作　　　　图 12-2 无酸纸和亚克力囊匣制作

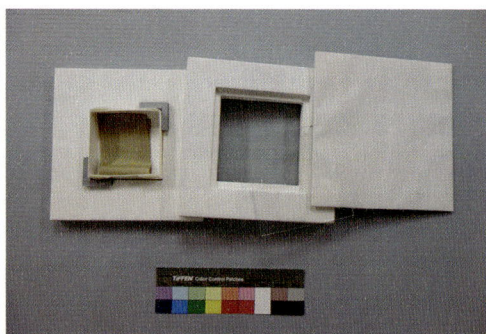

使用传统木质囊匣盛放纺织品文物,虽然有密闭、安全、便于运输、取放便利等优点,但在其制作过程中,需使用大量的棉花、黏合剂等,为虫霉提供了滋生繁殖的温床。所以,预防虫霉是中国传统囊匣所面临的难题,在一定程度上使其使用受到限制。随着高分子材料在文物保护领域的广泛应用,囊匣制作中的脱脂棉、木板可以用 PE 泡棉、无酸纸板代替,进口无酸纸板的 pH 值为 7 ~ 8.5,呈中性或弱碱性,能有效阻止文物保护环境中的酸性物质迁移,防止对酸性环境敏感的文物进一步劣化。⑤ 然而,其局限性也显而易见。这些材料制作的囊匣只适

---

③王金生.文物囊匣的制作与研究[J].包装工程,2007,28(7):174-176.

④李文怡,杨洁,韩建武,等.文物无酸纸质囊盒制作[J].文物保护与考古科学,2014,26(2):104-108.

⑤徐文娟,吴来明,解玉林,等.无酸纸的发展及其在文物保护中的应用[J].文物保护与考古科学,2009,21(S1):76-79.

宜存放体积较小的立体或平面类纺织品,因缺乏很好的通透性,且容易使纺织品产生褶皱,不宜盛放文物直接进行展览。

笔者认为,西北地区的博物馆在展存平面类纺织品时,使用盒罩式的展存方式较好。尽管亚克力盒罩会影响参观者的观看体验,对于面积过大(超过 1.5 平方米)的纺织品来说,会显笨拙,不方便,但与夹持、托裱、网格、悬挂、木质囊匣、无酸纸囊匣等展存方式比较,盒罩实现了展存一体,密闭性最好,也基本不会对文物造成伤害,利大于弊,值得推广应用。

3. 平摊式展存

对于立体类纺织品,目前国内一些博物馆所采用的展存形式有平摊式、卷轴式、悬挂式、衣架式、模特式等。对比各种方式的优缺点,甘肃省博物馆比较常用的是平摊式和卷轴式。后三种展存方式的优点在于能更加直观、全面、立体、形象地展示衣物,但易对糟朽织物的纤维造成牵拉,甚至撕裂。在展出一批唐代衣帽前,甘肃省博物馆工作人员先将衣服、帽子等用衣架或帽托撑起,从各个角度拍摄图片后,立刻取下,用平摊的方式进行日常展存。展览时,在实物旁边摆放上前期拍摄的图片。这样做既能很好地帮助观众看清文物,理解文物内涵,又能避免伤害文物。

平摊式是将织物最大限度展开,展平放置,使织物纤维尽可能舒展开,若实在因为展柜或库柜的容积限制不能展开织物而需折叠时,可以在弯折处放一卷特级宣纸或衬垫(最好是宣纸,因其重量轻,压力小,无色,不易生虫,使用便捷),将织物依卷纸的弧度卷折过来即可。这种方式所用空间较大,但因其对织物伤害最小,依然是甘肃省博物馆立体类织物展存方式的首选。

4. 卷轴式展存

面积较大且可以卷起来的织物,如丝带、地毯、被褥、帘子等,最适宜用卷轴式展存。甘肃省博物馆经常自制无酸纸筒(也可购买),在其上包裹弹力棉,再用本色细棉布或丝绸的边角料缝合包覆。有时也选用色泽牢固的布料制成内芯坚挺而外表柔软有弹性的卷轴,把修复后的文物卷绕其上,存放于无酸纸盒内。展出时,根据展柜大小,卷起来的文物可打开一部分,也可全部打开。(图 12-3)

存放步骤　　　　　　　　　　　　　存放形式

卷轴式展览

图 12-3 卷轴式展存示例

第三节 纺织品文物展存环境要求

古代纺织品因自身材质的特殊性,其展存对周边环境的要求非常严格,除第八章中提到的温湿度等对其有影响,后期展存中,还应特别注意的环境因素有:

1. 照明

纺织品在保护、保存、展示、研究等过程中,难免会直接裸露在自然光或灯光之中。光照强度较大且长时间照射时,光线的波段能量有可能会使有机物化学键断裂,在有氧环境中,产生的过氧化自由基将对纺织品非常不利。若红外光较强,且照射时间长,会使织物温度升高,热胀作用将导致纤维翘曲、断裂,甚至导致织物开线等。即使灯光熄灭,其破坏作用也会持续很长一段时间。若遇潮湿(雨水使空气湿度增加)等环境,其质变速度将会加快。因此,纺织品最好储存于无光的环境中,但这又显然不能满足陈列要求。在博物馆纺织品文物展览和保存的实际工作中,为了妥善解决采光与避光之间的矛盾,达到行业标

准要求 —— 库房照明环境照度 ≤ 50lux，年曝光量 ≤ 200klux·h，紫外线强度 ≤ 75μw/lm，可以采取如下切实可行的措施：

（1）人为控制紫外线照射

在非工作时间，馆藏纺织品应该保存在无光照环境中。若保存在有窗的库房中，窗户要安装百叶窗、遮阳板、竹帘、凉棚、厚窗帘或双层窗帘等调光遮光设施。或对窗户玻璃进行防紫外线涂层处理，即在玻璃上涂一层过滤紫外线的覆膜，可以有效吸收自然光和人造光中的紫外线。或选用毛玻璃、夹层玻璃、花纹玻璃、蓝色玻璃以及乳白色玻璃等以减少光辐射，也可选用截滤紫外线、红外线的特种玻璃，避免阳光直接照射进室内。人工照明应选用白炽灯并有遮光措施，使用荧光灯要有拦截紫外线的措施。在所有室内照明光源上加装紫外线过滤装置，或直接从市面上购买不含紫外线的光源，如三基色荧光灯或 LED 灯。纺织品文物在展柜中展览时，要在光源和展品之间设置一道防紫外线的屏障。

（2）降低光照水平

纺织品库房、展厅、工作室等区域必须严格控制阳光照射的时长和强度。尤其是长期保存纺织品的文物库房要采取防光措施，即使封闭式无窗库房或地下库、山洞库也要采用可控制的人工光源。在保证照明的前提下，尽可能采用功率小的光源。日常下班时，要用宣纸覆盖正在修复的文物。文物库房应坐北朝南，避免阳光东晒或西晒。文物库房屋顶应涂反射系数大的白色材料，防止光线直射。在确保安全的前提下，库房内一般保持黑暗。

（3）限制光照时间

在展厅，必须避免强光长时间直射文物。展厅中的纺织品展柜要安装感应灯具，做到"人走灯灭"，有效减少光照时间。展柜中的纺织品文物要定期更换，以减少光照时间，并给予纺织品一定的恢复时间。严格控制纺织品在工作室、展柜等处的存放时间，以免脆弱的纺织品长时间经受光的照射而糟朽、褪色、泛黄、酥脆等。美国大都会艺术博物馆的纺织品展品每三个月更换一次，这一举措可供我们参考。

2. 空气净化

空气中的污染物主要包括硫氧化物、氮氧化物、氯氰化物、碳氢化物和灰尘。它们几乎都为酸性物质，对各类物质均具破坏作用，其中危害最大的当属硫氢化物中的二氧化硫，它可使纺织品经纬线断裂。灰尘中的各种酸碱成分不仅会改变织物外观色彩,形成污垢层,还会对织物造成机械性损坏,或成为霉菌繁殖、生长的培养基。因此,无论在库房还是展厅,应尽量配备空气净化过滤系统,尤其是空气污染严重的西北地区,更应把这一点做好,使空气中有害成分的平均浓度值不超过《博物馆文物保存环境质量研究标准》(上海博物馆文物保护与考古科学实验室承担的国家文物局"九五"重点项目)中规定的数值。否则,修复后的织物很快会被空气中携带的沙尘等二次污染。具体措施如:在博物馆周围种草种树、洒水降尘,工作人员进入库房、工作室等场所要换鞋、穿鞋套,提高纺织品装具的密闭性能,在纺织品文物展存区域安装新风系统等。

3. 安全设备

在库房安装安全设备是保证藏品安全的主要措施。安全设备的作用包括防火、防盗、防虫等。安全设备具体包括:库房外合理设置消防栓给水系统;由于纺织品文物不宜使用水灭火,所以库房内应配置卤代烷灭火设备、防盗门窗,同时做好人员出入记录;丝绸类文物纤维的主要成分为蛋白质,易受害虫蛀蚀,防虫尤为重要,最简单的措施就是在放置文物的橱柜中放置植物防虫防霉剂。文物保存场所的墙体内壁应使用易清洁、易除尘且密封性好的材料;地面材料应防滑、耐磨、消音、无污染、易清洁。库柜、展台、装具等的内壁要光滑,以防刮伤、划擦到织物。纺织品文物保管人员上岗前一定要进行专业培训。在保存纺织品时,应尽量避免折叠,将其平摊放入无酸纸盒中,有条件的话,盒内可放置调湿材料等。

第十三章 纺织品文物保护修复难点及成功案例
——以武威磨嘴子汉墓群出土纺织品为例

修复纺织品文物与修复其他类文物有所不同,因每件纺织品文物的材质、糟朽程度、形制、污染物等均不同,所以选择修复材料、修复方法等都需反复论证,针对各自病害情况有的放矢,慎之又慎。特别是对一些缺损、糟朽等病害严重的纺织品,修复一定要在研究的基础之上进行,不宜急于下手。若盲目打开一件织物,很有可能会缝合不到一起,这样不但达不到加固、修复目的,反而会毁了文物,造成无法弥补的损失。常见的纺织品修复难点有形制推断、历史干预、背衬染色、支撑物制作、装具设计、污染物去除等。

第一节 形制推断

1. 印花绢袋形制推断

1.1 绢袋基本信息

印花绢袋来自武威磨嘴子汉墓群编号为 M22 的墓葬。这是一座夫妻合葬墓,墓中放置一较大的盒子(图 1-1),盒子很精致,苇胎,里外都用丝织物裱敷,盒盖与盒身不连接,拱起的盒盖被独立揭下后,工作人员发现盒内盛放有许多小物件,包括一件绕线板(上边还缠绕有较多的鲜艳的红色丝线),两件很窄的编织绦带,一件由红色绢和浅黄色绢拼接缝合的小囊袋,一件罗地贴金小袋,一件木线轴,一件素纱袋及该件褐地的印花绢袋。从墓葬的结构形式看,此墓为河西地区典型的土洞墓,有斜坡式墓道、墓门、耳室等。墓室中还有一些木几、木桌、木鸡、木狗等随葬品。就随葬品规格看,该墓主人身份应还够不上上层统治者,也许只属于普通官吏或士大夫等。从随葬品的使用情况看,除木器属于特制的明器外,丝织品都有明显使用过的痕迹,如盒子边角处有不均匀的磨损等。从文献记载看,当时没有专门用针头线脑之类的物品作为明器的丧葬习俗,因此,研究人员推断这些物件应为墓主人生前的实用器具。

绢袋上共有 5 种颜色,即:蓝黑色、褐色、白色、浅黄色和一枚绿色"五铢"铜

钱。通过 200 倍显微镜观察其纤维组织发现,蓝黑色与褐色的织物均为 1 比 1
平纹绢,浅黄色织物组织结构很稀疏,虽也是 1 比 1 平纹,但丝纤维很细,弱捻,
有些已无捻,判断其为生丝制成的纱。蓝黑色绢素面无任何纹饰,其中一块呈三
角形,其余残片形制尚不明了。褐色绢地上涂染有花卉状的白色纹样,布局不
是很规整,大体为正方形,正与其为手工制作有关。这两种颜色的绢构成了绢
袋的下半部,纱与绢袋下半部连接。较为独特的是,一枚汉代"五铢"铜钱是这
件绢袋非常重要的一个附件,纱从钱孔中穿过,钱币在袋子顶部,成为提手。(图
13-1,钱币原隐藏于红圈标注处的纱团中)

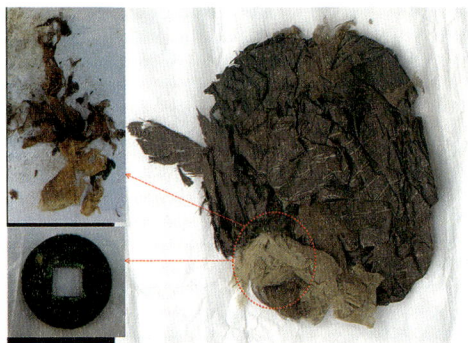

图 13-1 绢袋修复前　　　　图 13-2 印花纹饰

绢袋病害主要表现为糟朽、褶皱等,整体面料都已硬结、酥脆、叠压、翘起,像
剥下来的干燥的树皮一样呈丝缕状。纤维纹路变形扭曲,砂石等污染物大面积
附着于绢袋的下半部,绢袋上半部浅色纱也粘连成片,稍一触碰即为碎片。面对
修复难题,博物馆采用的技术方案是:先用加湿器等在修复室持续加湿,使空气
湿度上升为 60% ~ 65%,再局部雾化回潮绢袋,在织物纤维遇湿舒展变软时,小
心剥离粘连,展开成团的织物,一边去除污染物,一边平整褶皱,寻找蛛丝马迹,
分析推断其正确形制。

1.2 绢袋下半部分形制推断

绢袋初次被打开翻转过来后,研究人员发现其下半部分的主要面料是一块
褐色为地的绢,正面有白色印花,周边是几块三角形的蓝色绢拼接一圈,无纹饰。
上半部分的主要面料是一缕浅黄色纱,因从一枚"五铢"铜钱孔中穿过,暂且无
法判断其形状。

具体操作时,先把修复室温度调整为 20℃左右,湿度为 60% ~ 65%(因织
物失去弹性,需要的湿度比标准湿度略高),在此条件下初步展平绢袋,从背面的

缝痕中寻找信息,并依据几个关键点对绢袋形制进行推断。

推断一:棕褐色绢上缝有 4 个大小不一的三角形褶子,研究人员将其分别编号为①、②、③、④,将 4 块深蓝色绢分别编号为 1 号、2 号、3 号、4 号,这 4 块绢基本呈三角形。(图 13-3)4 个褶子的垂直高度不等(也许是因为手工制作较随意),整块棕褐色绢上没有拼接缝合的印迹(除了 4 个褶子外),4 个三角形褶子都从外围与棕褐色绢缝连。研究人员根据经验确定,棕褐色绢一定是袋底。

图 13-3 绢袋初次展开后的反面

推断二:通过进一步展平绢袋,研究人员发现 1 号、2 号、3 号、4 号三角形绢都是直角三角形。(图 13-4)最完整的 1 号还是等腰直角三角形,腰长约 16 厘米,两腰缝钉在棕褐色织物的一整条边上。4 号三角形较完整的一边也约为 16 厘米长,与棕褐色织物的另一边缝合。这一信息说明 1 号、4 号三角形的直角顶点(也正是①和④褶子处)应该是袋底两个边的中点。综合以上信息,绢袋下半部分的形制已基本明确:袋底应为正方形,从正方形四边中点打褶,每一个褶子处对应一个等腰直角三角形缝合(4 个三角形大小是相等的)。研究人员依此推断复制出了一个样品。(图 13-5)

图 13-4 3号、4号三角形绢初步摊平后 图 13-5 复制的绢袋下半部

1.3 绢袋上半部分形制推断

推断一：为了较准确地推断绢袋上半部分的形制，在修复室小范围环境湿度达到 60% 的条件下，把紧紧穿过铜钱的纱轻轻抽出，慢慢展开。（图 13-6）研究人员发现纱基本呈一块长 50 厘米，宽 30 厘米的长方形（纱穿过钱孔的褶痕与 2 号三角形相连处的距离为 15 厘米），中间有较牢固的幅边缝合痕迹，且与 2 号三角形依然相连，穿过铜钱后的纱，两边长度基本一样。研究人员依据 1 号三角形边沿上也有明显的纱残留推断（图 13-3），此块纱至少与 1 号、2 号三角形绢的底边是缝合为一体的。

图 13-6 纱展开后

推断二：4号三角形边缘处也残存有一小段纱的痕迹（图13-3），因3号三角形的斜边已缺失，铜钱另一边的纱本身也已十分糟朽，所以找不到3号三角形与纱相连的迹象也是正常的。考虑到整块纱的形状基本呈方形，依此推断3号、4号三角形底边也与纱的另一端相连。纱顺着铜钱的孔穿过，铜钱的位置在纱的中间（其两边纱的长度均等），对绢袋而言，既有装饰性，又便于提拿。

推断三：研究人员依据1号三角形斜边上一段约10厘米长的斜纹纱镶边推断（图13-7），此镶边处和与其对称的另一边（即3号斜边中段处，已残）应是绢袋的两个开口，便于主人拿取东西。研究人员根据出土时的同类随葬品推断，此绢袋并不是简单的冥器，而是墓主人生前的生活用品。既然如此，形制推断时，其实用性的因素就要考虑进去。

推断四：从钱孔穿过的纱中，有一条幅边清晰厚实（图13-6），是双层纱折边后缝合的结果。研究人员依据这一关键信息推断：绢袋上半部应是双层纱从钱孔穿过后与下半部缝连在一起的，也许不应该像图13-6那样展开成单层。

图 13-7 斜纹纱镶边

图 13-8 袋底初次展平后量取尺寸

1.4 绢袋拆线后形制验证

1.4.1 绢袋底部形制

对绢袋形制有了充分把握后，研究人员方可敢下手拆线，将各部分逐一进行去污、平整、加固等。拆线前，做好缝线标记是很重要的工序，不同材料相连的位置也要详细记录好，以免再次缝合时拼接错了位置。首先，小心地拆开与褐色绢周边相连的三条蓝色绢缝线，再打开褐色绢上的四个小褶，采用喷雾工艺回潮，并把每条折边都平整好，一块长22厘米的褐色绢呈现在眼前，与之前的推断恰好契合，原来的褶子正位于方形绢各边缘的正中部位。（图13-8）由于古人制作时的随意性，所打褶子的深度不完全一致，相差最大的约有2厘米，致使最后缝合的绢袋也会有轻微的歪斜。

1.4.2 三角形拼合

拆卸下来的蓝色三角形绢已成碎块，多处部位也已缺失，纹路扭曲变形，所幸通过平整、拼接后，基本尺寸、直角三角形形状等信息与推断十分一致，(图13-9)完全验证了绢袋下半部推断二的合理性。根据各角上下折叠的痕迹，后期缝合时，按2号→1号→4号→3号的顺序依次缝合即可。

初次展平

残片拼接

背衬覆纱加固

底部形制

拼接缝合

图 13-9 绢袋下半部拼接缝合

1.4.3 双层纱验证

绢袋上半部分的纱非常酥脆,不能直接喷雾回潮,只好在修复台上放置加湿器,在湿润的区域内把纱轻轻挤压缩小后抽拉,移出钱孔。剥离粘连时发现,碎纱残块多为双层粘连,较长一段纱的幅边相对还算完整,叠压痕迹更为明显。取下来的绿色铜钱中心有方孔(孔径为0.8厘米),方孔两边有凸起的隶书"五铢"字样。铜钱之所以放于绢袋顶部,是为了对绢袋起到定型作用,也便于绢袋提拿。这样的设计十分巧妙,很是独特。残存的一缕纱虽然已很糟朽,但还能塞满并穿过钱孔。

辅助材料欧根纱

绢袋支撑垫

原铜钱

纱穿过钱孔

修复后效果

图 13-10 绢袋缝合过程

研究人员推断,在原有纱体积不变的情况下,只有增加纱的厚度,方可使纱填满钱孔,使用时也会相对结实一些。研究人员试验了一下,将 25 厘米宽,30 厘米长的单层现代欧根纱穿过钱孔,结果很松散,钱孔还有余地;将欧根纱折叠为双层后穿过钱孔,达到了预想的效果。试验显然验证了推断四的合理性。

1.5 绢袋整体缝合

依据以上研究与推断,印花绢袋底部最后用绉丝纱进行了加固,并按原来的缝线、针眼等痕迹缝合。上半部分的纱因过于糟朽,只将一小部分留存于背衬上,其余部分另外保存作为今后的研究资料。用现代面料欧根纱复制出了绢袋的上半部分,使其形制完整,并制作支撑垫放入绢袋。(图 13-10)

2. 绢缘印花草编盒形制推断

此草编盒基本信息已在前面章节中有过描述,其形制疑点主要为长方体盒盖顶部包覆的丝织品。(图 13-11)从黄线圈注的 5 个部位观察,盒盖上有明显的棕黄色斜纹织物残迹,虽然过于糟朽,褪色严重,但其分布于盖顶四周的大体轮廓还依稀可见。红线圈注处,印花绢边缘有直线状残迹。蓝线圈注处,印花绢也留有直边痕迹。由此推断:盖顶不仅有印花绢从 4 个侧面包覆上来的约 2 厘米宽的边缘,而且还用约 4 厘米宽的棕黄色斜纹绢镶了一圈,加上印花绢下面衬垫的细软碎草使中间部位隆起,盒盖顶部饱满的立体感才更加明显。

图 13-11 草编盒盒盖顶部丝织品包覆状况推断

依据这些信息，研究人员用电脑复原出了草编盒的原始形制效果图。（图13-12）

草编盒修复时，先采用低氧法（充氮）消毒，并用博物馆专用吸尘器以非常小的功率给织物表面除尘，操作时要注意避开顶部破碎的绢片和细草屑，再将顶部凹陷处小心推平，整理顶部散碎的绢片，依照复原的纹样将各块绢片摆放至正确的位置后，用丝蛋白溶液进行加固。印花绢面料所缺的部分较多，对于后续的处理方式，研究人员给出两个方案供选择。

图 13-12 草编盒盒盖原始形制复原效果图

方案一为直接覆纱：即将绉丝纱染成与印花绢地部颜色相近的紫檀色，依草编盒形制尺寸裁剪，覆于盒身表面，把棱角及边缘处的纱拼缝后，按照草编盒尺寸裁切聚酯泡沫（经 Oddy 测试合格），并包覆电力纺，制作出草编盒的支撑物。其周长略小于草编盒，高度略高于草编盒。将盒盖套于支撑物上，下边缘的绉丝纱固定于支撑物底部。这样草编盒便获得了全方位的支撑与保护。

方案二为补缺后覆纱：即把印花绢面料复原。此绢地色为紫檀色，套印黄灰、米黄、白三色涂料花纹。研究人员根据对织物所用染料及织造工艺的分析结果制定复原工艺。该印花绢上的纹样复原可参照王孖先生对马王堆出土西汉印花敷彩纱工艺的分析，采用镂空版刷印法直接印花。按照现代的印染工艺，即“型版涂料印花”。先将复原的印花绢依各侧面所缺的形状及纹样裁剪成相应大小的块面，用中性纺织品修复用胶粘贴于裸露的苇胎之上。因顶部几乎全部缺失，所以以全衬的形式置于残存碎片之下，细草之上。再裁剪出适宜形状、大小的黄色绢，与顶部印花绢拼缝后，同样覆于顶部，将边缘固定好。然后制作支撑模具，将盒盖套在模具上即可。

考虑到该草编盒苇胎顶部凹陷变形,所覆印花绢大块面缺损且牢度较差,非常脆弱,又因为纹样为涂料刷染,致使褐色印花绢更为硬化,若用针线穿缝,穿拉时会把织物纤维拉断,导致炭化掉渣更严重。经过综合研判,研究人员认为织物已无法承受外力作用,不适用针线缝合的加固方式,因此,最终采用了方案一,将绉丝纱直接包覆在草编盒上。

第二节　去除历史干预

有些纺织品曾经在出土或展存时做过保护处理,随着科技的进步,有更适宜的新材料、新技术、新工艺出现。原有的保护材料老化或保护形式已不能起到很好的保护作用,需要予以拆除并重新采取更为合适的保护措施。去除历史干预的过程存在一定难度,若操作不当,很有可能会伤及文物。

以甘肃省博物馆藏武威磨嘴子汉墓出土的素纱袋为例,其质地为薄纱。素纱袋原夹封于玻璃镜框内,因其为缝合的筒状立体囊袋,在两层玻璃的挤压下呈平面状,两侧折边很容易发生断裂,因而需将玻璃镜框拆除。又因在多年的夹封过程中,保存环境温湿度控制不理想,纺织品粘在玻璃上难以分离。鉴于此,去除镜框时,要采用局部回潮的方法,使纺织品的纤维舒展开,使之与玻璃分离后再去除玻璃镜框,还要注意玻璃揭起时,蝉翼般脆弱的纱有随流动的空气飘起而损毁的危险。为避免发生这种情况,操作时,周边环境要稳定,防止人走动引起空气流动而带起纱织物碎片飘动。

对于素纱袋,甘肃省博物馆采用了绉丝纱双面夹持加固的方式进行修复,即依据纱袋展开后的形制,剪裁出比其大一倍的现代绉丝纱,把展开的文物平整好后移放于一半绉丝纱上,把另一半绉丝纱折过来,沿着周边和原纱裂纹处用纱线缝钉,最后按纱袋原来的形制旋转缝合即可。

应用绉丝纱进行双面缝合加固糟朽丝织品时,有3个技术要点值得注意:

(1)因被夹持的丝织物过于糟朽、酥脆,炭化掉渣,所以缝合针脚不宜过小,一般应保持在3~5毫米为宜,若仍然按正常1~2毫米的针脚缝合,酥脆的丝织物会很容易被缝线拉力损坏折断,只有适当扩大受力面积,方可保障文物安全。

(2)所有修复动作要尽量轻、缓、稳,以免织物受外力甚至室内流动空气的干扰而使炭化颗粒从纱网中漏出或飘起。修复后的装具一定要做到展存一体,避免后期展存过程中人为扰动文物而对文物造成损坏。

（3）在纺织品后期保存过程中，要定期查看其状态，对纺织品文物的安全而言，保持保存环境的稳定比前期任何修复措施都重要。（图 13-13）

夹封于玻璃镜框中的素纱袋

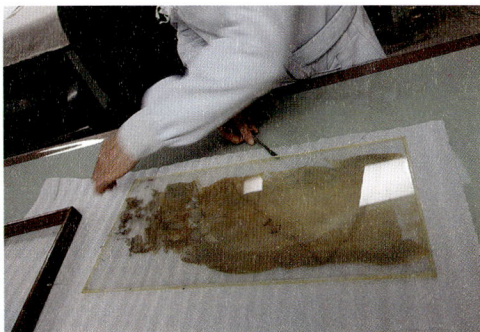

拆除镜框，揭去玻璃，处理粘连

双层纱夹持加固

修复效果

图 13-13 素纱袋修复过程

第三节 背衬织物的染色

选择现代织物作为背衬材料，染色技术至关重要，如染料和助剂的选择、工艺和色度的把握等都是纺织品文物保护修复成功的关键。现阶段，国内文保行业尚缺乏关于该技术的系统理论指导和专业培训，甚至大多数文保部门都没有设置专门的染色实验室，染色设施不够齐全，相关文献也十分稀少，更没有色彩标样加以参照，尤其对色度等的把握缺乏认知，操作步骤烦琐、混乱、随意，还是以师傅带徒弟、口手相传的方式在传承此门技艺。

笔者在长期工作实践的基础上，对背衬织物染色前的选材、染色、预处理技术、色度把握等加以研究、梳理，并对染色时的水量、水温、染后清洗与平整等几个关键步骤的技术要点进行改进和总结，使染色程序简化，上色速度加快，染色成功率提高，增强了纺织品文物展出时的视觉效果。

1.选材

古代纺织品在织造过程中大多使用动物、植物及矿物染料染色,色牢度远不及现代化学合成染料。在后期的埋藏、保存、传承过程中,受到长久的岁月侵蚀和墓葬等复杂环境的干扰,纺织品文物大都存在不同种类、程度的病害,如甘肃省博物馆藏唐代蓝地翼马纹锦残片就存在褪色、晕色、污染、糟朽等多种病害。(图13-14)

存在褪色、晕色等病害的织锦残片修复前　　织锦残片用背衬织物加固修复后

图13-14 蓝地翼马纹锦残片修复前(左)、后(右)

纺织品文物修复对背衬织物的选择有很高的要求,既要考虑文物整体的纹饰、质地、色泽,又要考虑其局部的褪色、晕色,以及裸露在外的缺失部分与周边文物色泽的协调性等,特别要考虑文物所呈现出的沧桑感。

由于要考虑的因素比较多,每一件待修复文物的状况又各不相同,工作人员很难直接在面料市场买到符合要求的材料。修复一件文物所用的背衬材料虽数量不多(一般为1~3米),但颜色、质地等十分多样。所以,修复师只能自己调染背衬织物。调染前,首先要对原材料进行仔细筛选,筛选要以背衬织物满足文物保护的要求为前提,一般情况下,选材主要考虑以下5个方面的因素。

(1)材质

由于古代纺织品都是棉、麻、蚕丝、毛等天然织物,因此,所选背衬材料也应是性能十分优良的同类织物,若因条件限制无法选择同种材料,也应选择天然纤维类织物,尽量避免选用化纤类面料。

(2)强度

背衬材料主要起支撑作用,因此所选织物应具备一定的强度。背衬要既能起到保护文物的作用,又不至于改变文物原有的质感和外观。背衬材料的强度也不能过大,以防修复后的文物受到较大机械外力拉扯时,背衬因其自身强度过大反而对脆弱糟朽的文物造成牵拉。必须保证所选背衬材料在博物馆储存、展览的环境条件下可以长期使用。另外,所选新材料最好具有较好的可再处理性,便于日后更新。

(3)挺括度

背衬材料的挺括度直接关系到文物修复后的风格,特别是纺织类文物,因此需根据文物面料的软硬、薄厚来选择背衬织物的柔软度、厚度。若背衬材料太硬,则显得纺织品文物呆板僵硬,缺乏灵动飘逸感;若背衬材料太软,又显得没有筋骨,支撑力度不够。所以,背衬材料挺括度的选择一定要与文物整体的挺括度相协调。

(4)色度

这里的色度包括色光和色深两方面。丝织品文物历经沧桑,其光泽变得较柔和、暗淡。如果选择光泽较好的现代织物,会在视觉上进一步削弱文物的光泽。因此,应选择光泽较暗的背衬材料,或是在染色时有意减弱背衬材料的光泽,尽量使背衬材料的色度与文物的色度相近。背衬材料最好选择纯白色织物,便于染色时把握色度,无须再进行改色。

(5)组织结构

背衬材料的组织结构应与文物的组织结构相同,或应挑选与文物组织相近、纹理结构类似的织物作为背衬材料,否则将改变文物的整体风格。另外,还应根据修复后文物的展存方式选择合适的背衬材料。如果文物采用悬挂方式展存,所选用的背衬材料就需要有一定的牢度,以保证修复后的文物达能够被安全悬挂展存。通常情况下,平纹组织的丝质类文物可选用桑蚕丝含量为100%的电力纺、洋纺等作为背衬;罗地组织的文物可选用西丽纱面料作为背衬;其他纹路较粗的织物可用绢麻绸、拉丝重绉、柞丝斜纹、棉麻类面料等作为背衬材料。

2. 染色

2.1 预处理

现代纺织品在织造过程中使用的助剂可能会影响染色过程中染料的吸收和附着效果,生产过程中所加的成型剂和其他填料有可能会加速织物的老化,因此,用于背衬材料的现代织物在染色前需要进行必要的脱浆、脱胶,以清除织物内残留的杂质和助剂。笔者建议采用的预处理方法主要有浸泡与沸煮。

（1）浸泡

对于质地轻柔的丝织物，可采用浸泡方式处理。浸泡时，可根据织物材质使用少量表面活性剂。常用的表面活性剂有液态 Sandopan DTCL、Sovapon T liquido、Saponariad 等，日常生活中使用的弱碱性丝毛洗洁剂等也可使用。表面活性剂等的浓度不宜过大，1% ~ 3% 即可。待表面活性剂加入水中搅拌均匀后，再放入织物，水温宜控制在 40℃左右，浸泡约 30 分钟。在浸泡过程中需不断搅动织物，以更好地去除织物上的添加剂，搅拌动作应轻柔，要避免人工手洗搓揉织物，以防织物变形、抽丝。浸泡后的织物还需要用去离子水反复漂洗，直至水中没有了泡沫，即添加剂去除干净为止，以防残留的添加剂对织物造成二次污染。对于薄透的绉丝纱等面料，清洗时最好不要添加表面活性剂，浸泡时间也不能过长，用常温去离子水浸泡 5~8 分钟即可。

（2）沸煮

对于质地较厚实、硬挺的棉麻类织物，有时仅用热水浸泡达不到完全脱浆的目的，需要在沸水中煮 15~20 分钟。捞出后，先放入温水（30~40℃）中漂洗，再放入常温去离子水中反复漂洗，待织物表面白色粉末状或糊状物质完全洗干净即可。根据织物挂浆的具体情况，有时也可把浸泡与沸煮两个步骤合并实施，达到脱浆目的。

2.2 小样试染

通常情况下，为了节约成本，实验室都先用背衬材料的小样进行试染，成功后再染大样。小样试染时，要选择合适的染料并勾兑为液态。背衬织物所用染料一般为植物染料和化学合成染料。植物染料虽然有漂亮的颜色和天然的性能，但其色牢度较差，染色效果较难控制。与之相比，化学合成染料不仅色牢度和稳定性强，染色效果易控制，而且使用起来更加便捷。因此，在实际操作过程中，大多数实验室还是以使用化学合成染料为主，并以普通的食用白醋为助染剂。由于所需染色的背衬织物面积都不大，所用染料的量很少，染色时若直接量取固体的染料，精确度很难把控，尤其在试染小样时，各色之间的些微差异很难区分，容易造成浪费。为了精准量取，便于后期操作，需先用超纯水将染料配制成一定质量分数的母液，之后根据需求再配兑适宜质量分数的染液。

除此之外，要为每块小样编号，如试染"兽面几何纹织锦残片"（文物号 48744，图 13-17）的背衬小样时，先详细记录每一块小样所需各色母液的用量

（表 13-1），待小样试染成功后，再挑选一些典型的、有特点的小样建档，便于今后同类织物染色时参照。兽面几何纹织锦残片的背衬颜色最终被确定为表 13-1 中的 13# 小样。为此小样建档时，一定要注明相应文物的名称、编号及小样图片和实物样本，便于后期为修复后的文物建档。（表 13-2）

表 13-1 背衬小样母液用量记录

序号	棕色（毫升）	黄色（毫升）	红色（毫升）
1#	0.50	0.50	0.50
2#	0.60	0.30	0.10
3#	0.51	0.65	0.01
4#	0.80	1.20	0.01
5#	0.42	0.60	0.03
6#	0.55	0.60	0.02
7#	0.50	0.65	0.01
8#	0.50	0.65	0.01
9#	0.60	0.70	0.01
10#	0.65	0.80	0.01
11#	0.59	0.65	0.01
12#	0.57	0.68	0.01
13#	0.55	0.65	0.01

表 13-2 兽面几何纹织锦残片（48744）背衬小样染色档案

小样质地	绢
化学染料的性质	酸性
面料质量（克）	1.2
水（克）	200
浴 比	1 比 167
母液质量分数	2%
助 剂	白醋（质量分数为 3%~5%）
染液配比（毫升）	棕色 0.55+ 黄色 0.65+ 红色 0.01
小样图片	

2.3 色度把握

背衬材料的色度把握将直接影响到文物修复后的视觉效果。由于纺织品文物表面色度的复杂性及不均匀性，背衬材料的色度选择没有绝对的数字标准，只能根据文物整体色彩情况，借助工作人员一定的审美能力，在多个接近的颜色中对比、筛选出最协调的用于文物背衬，不要求背衬色泽与文物色泽完全相同（事实上也不可能做到完全相同）。笔者根据工作经验对影响色度的3个方面的因素进行了归纳总结。

（1）转色

丝织品文物大都存在转色现象，光泽度越强的织物，转色现象会越明显，同一件织物，在不同光线或不同角度下观察，色泽均不同，自然光和灯光下的色泽差异更加明显。（图13-15）在传统的纺织品修复过程中，背衬色泽主要以室内自然光下的文物色泽作为参照，考虑到修复后的纺织品大多需要在展厅的灯光下陈列（现代文物展厅基本是封闭式的，缺少自然光），在参照修复室内自然光照射下文物呈现出的色泽基础上，还综合了室内灯光（卤素灯或 LED 灯）照射下的文物色泽，以免文物在展厅陈列时背衬与文物色泽的差异太明显。

图 13-15 自然光（左）与灯光（右）照射下纺织品文物的色差

（2）补缺连接

因糟朽纺织品文物大多会有较大面积的缺失部分，因此，背衬织物不仅要起到加固、支撑的作用，还要充当原织物损坏、缺失部分的视觉替代物，实现补缺连接。如笔者在修复唐代团窠宝花纹织锦残片（文物号48753）时，共试染了4个背衬小样（编号：1，2，3，4），分别与文物的4处地色接近，如图13-16所示。此件纺织品文物原本的形制是长方形，标记2、4处因褪色，文物色泽已明显变浅，且周边缺失部分面积较大，修复时需用裸露的背衬织物来补全文物形制，因此背衬织物的颜色要适当接近缺失部分周边文物的颜色。尽管 1 号小样的颜色最接近文物主体地色，但笔者最后还是选择了颜色较浅的 2 号小样作为整体背衬的颜色，为的是让补缺部位与文物原件的色调对比不太明显，尽量消除修复对纺织品原有色彩的干扰，使修复后的文物在整体上具有和谐美感。

图 13-16 团窠宝花纹织锦残片（48753）加背衬前（左）、后（右）效果

（3）色泽过渡

对于地色不均的糟朽纺织品文物而言，背衬颜色应选择一个合适的中性色，尽量兼顾多种地色，使其能与文物本来的色泽自然过渡。图 13-17（左）中，大体有深、浅两种地色，虽然表 13-1 中 7#（淡色）、11#（深色）小样的颜色已很接近文物的两种主体地色，但为了兼顾全局，工作人员选择了 13# 中性色（介于 7# 与 11# 中间）作为背衬的颜色。

图 13-17 兽面几何纹织锦残片 (48744) 加背衬前（左）、后（右）效果

2.4 染色技术要点

在背衬织物染色的实践操作中，笔者总结出 5 个技术要点，在此与读者们分享。

（1）水量把控

传统背衬织物染色时所用的水量是根据试染小样时的浴比换算得到的。染整工艺中的浴比是指被染织物与溶液（含水和母液）的质量之比。如：小样质量2克，用水300克（母液的质量可忽略），浴比即为1比150。大样染色时，浴比不变。若实际所染背衬织物（大样）质量为50克，所需水量就是7500克。根据浴比计算出的水量都比较大，笔者在实际操作中发现，水量过大，染液浓度会降低，导致织物不易上色，或需要较长时间浸染。因此，笔者尝试把理论上算出的水量适当减少，以完全浸泡织物、水面高出下沉织物15厘米为宜。切忌将量取的各色母液一次性全倒入水中，应时时观察织物上色程度，与小样颜色对比，根据染液中织物颜色的深浅，随时调整染液浓度。这样尝试的结果是：节约染料，缩短染色时间，加快上色速度。

（2）染液观察

加热染色时要仔细观察染液的颜色变化，若染液颜色较深，可适当增加助染剂的量，持续加热，促进上色；若染液已经清亮，但织物颜色尚浅，只能补加适量的染液。

（3）温度与时间

染色时要控制好水温。水温过低，上色慢；水温过高，匀染性差。一般要特别注意染色刚开始的5～10分钟，因为这一时段织物的吸色能力最强。染色时间不宜过长，也不宜过短，过长会降低纤维的强度、光泽度；过短会使颜色不牢固，易掉色等。薄透的绉丝纱等面料容易上色，当水温达到40℃时要格外小心，防止这个温度下的绉丝纱变形，或产生褶皱。总之，染色过程只能做到定性，而不能做到定量，要边染边观察，所染颜色一旦符合要求，马上停止升温，但织物还可以继续在染液中浸泡5分钟左右再捞出，以达到固色目的；否则，漂洗时表面的浮色易脱落，背衬织物最后的颜色会与初染成时的颜色有色差。另外，在染色的最后，最好留有充足的操作时间，一气呵成，若过程间断或浸泡时间过长，都有可能导致染色失败。

（4）染后清洗与平整

染色后的背衬织物表面尚有不稳定的浮色，需要水洗去除，以防脱色。刚从染色容器中捞出的背衬织物应先用30～40℃温水漂洗，再用常温水轻轻漂洗数遍（漂洗时避免用力搓揉，只在水中轻轻翻动织物即可），至水清亮为止。漂洗后的织物不要直接悬挂晾干,最好在修复台面上趁湿进行平整后,使其自然阴干,避免织物在晾晒过程中因吊挂而变形。平整织物时,可在局部范围找寻较明显的经纬线作为参照,做到经平纬直。若出现气泡、折叠压痕等,可用小喷壶喷雾加湿后借助水的滋润慢慢挤压、调整,切忌用力抚平,以免牵拉经纬线,造成织物变形。(图13-18)对于柔软纤细的绉丝纱等织物,平整时动作要更轻柔,且加大织物湿度进行平整。一般不太建议用熨斗烫平背衬,若温度、力度控制不好,使织物纹理变形,将前功尽弃。

图 13-18　背衬织物染色、平整后

（5）平衡色牢度

理论上,利用红、黄、蓝三原色可调配出任何一种颜色。为了保持各种颜色色牢度之间的相对平衡,一般只使用两种,最多用三种染料混合染色。另外,染料一定要选用色牢度高的正规产品,且几种染料的色牢度应尽量一致,否则染后的背衬织物色光易偏向色牢度最高的染料的颜色,将增加背衬织物色光的调节难度,影响染成后背衬织物的视觉效果。

3. 结论

在背衬织物染色过程中,由于各实验室所使用的染料品牌、织物原材料、染液勾兑比例等不一样,每件文物情况不同,所以此技术在应用过程中,除上述技术要点外,没有太多的规律、技巧可循,主要靠染色师长期积累的经验和耐心细致的工作态度。染色的成功与否,不仅取决于选材、各色染液的配比等是否合理,同时也与染色的时间、温度、助剂,甚至染色师的手感、经验等有关系。最终的颜色还要由染色师与修复师的审美观来选定。因此,在实际工作中,不仅要总结、提高染色技术,还要培养、提升审美能力,此为染色师和修复师不懈追求的目标。

第四节　辅助支撑物制作

　　有些修复后的纺织品需制作支撑物才能进行展览与存放,而文物特点各异,几乎不可能在市面上定制或买到现成的支撑物,只能靠修复师自己缝制。如第十一章第三节中提到的锦缘绢绣草编盒,经绉丝纱包覆加固后,文物牢固度得到了加强。草编盒展出时,为了清楚展示其细节,需要把盒盖打开,平放在展台上,长此以往,盒盖口沿周围容易磨损。另外,因盒子中空,工作人员担心苇胎因重力作用而使草编盒表面塌陷,因而需要制作支撑垫来解决此问题。甘肃省博物馆修复室主要选用 EP 高分子材料、弹力棉、电力纺等作为支撑垫的原料。工作人员分别依据盒身、盒盖内径,削切出支撑垫雏形,注意要预留出 1 厘米的空隙,再用弹力棉包裹支撑垫,接缝处用针线缝合,放入盒内试其大小。待尺寸恰好与盒内空间契合后,就用事先染好色(与文物地色或包覆的绉丝纱颜色一致)的电力纺等面料从底部包裹,接缝最好预留在底部中间并缝合。盒身内的支撑垫高度应小于盒深 2 厘米,盒盖内的支撑垫高度要大于盒盖深度 2 厘米。这样盒盖边缘就不会直接接触展台,避免了磨损。(图 13-19)

制作支撑物的材料

支撑物雏形

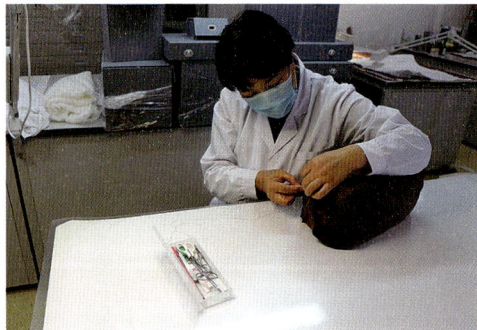

缝制支撑垫

支撑效果展示

图 13-19　锦缘绢绣草编盒支撑物制作过程

修复前正面 　　　　　　　　　　　　　修复前反面

支撑物雏形 　　　　　　　　　　　　　整体修复后效果

支撑物制作中 　　　　　　　　　　　　支撑物制作中

图 13-20 黄地瓣窠鸟纹锦残片支撑物制作过程

　　制作支撑物时，关键部位的尺寸要尽量做到精准，否则会影响文物原有形制，使之变形。如甘肃省博物馆馆藏的一件唐代黄地瓣窠鸟纹锦残片，由 4 部分拼缝而成，底部最大直径约 28 厘米。整体形状上小下大，约在中间部位稍有凹形弧度，下边有针线缝痕，无折边痕迹。其立体形状较少见，若平面放置，其花纹、形制等信息就无法完美展现，因此展览时需将其立体放置，这就需要支撑物的支撑。制作支撑物时，先用直尺量好文物底径，再用圆规在厚度适宜的泡沫塑料上画好圆形后剪下，然后，逐个缩小尺寸制作出若干个越来越小的"圆饼"并将其按照大小顺序逐个粘起来，依据文物尺寸对支撑物的相应部位进行调整。待支撑物雏形制作好后，把弹力棉缝在其表面，再把染好色的电力纺包裹在弹力棉上缝合即可（电力纺的质地、色彩要与文物质地、色彩协调一致）。

做好支撑物后，将修复好的文物轻轻地放置在支撑物上调整好高度，上、下边缘用钉针法稀疏地与支撑物缝合固定。注意针线不宜外露，文物上的接缝与支撑物上的接缝对准为宜。若支撑物大小或细微弧度等与文物实际尺寸有出入，就不要勉强使用，以防长期的外力作用使织物纤维变形，甚至断裂。（图13-20）

纺织品支撑物整体要轻便，支撑物和文物不但要做到严丝合缝，而且要追求外形美观，便于展览。支撑物顶部的菊花针褶皱若不均匀，也会影响文物整体的展陈效果。（图13-20）

为了保证文物的安全，包装盒的制作也要花一些心思。（图13-21）无酸纸盒子中配备一个可独立拿取的托板，可以更加方便地拿取文物。近年来，一些文博单位与专门的装具公司合作，为文物量身制作了更精致、专业的无酸纸盒，用来盛放修复后的文物，但成本较高，有时也难免有烦琐、浪费等弊端。

包装盒内部构造　　　　　　包装盒外形

图13-21 包装盒效果展示

第五节 馆藏纺织品文物保护修复项目实施效果评价

2016年至2021年，甘肃省博物馆文保中心纺织品工作室先后承担了国家文物局、甘肃省文物局、甘肃省博物馆审核批复的《甘肃省博物馆馆藏唐代纺织品文物保护修复》（文物博函[2015]1532号，国家级）、《甘肃省博物馆馆藏武威磨咀子汉墓出土纺织品保护修复》(文物博函〔2016〕605号，国家级)、《甘肃省博物馆2011年新征集纺织品文物保护修复》(甘文局博发〔2017〕73号，省级)、《甘肃省博物馆藏唐代(一期)纺织品保护修复》(馆级)4个纺织品保护修复项目的实施工作。

在以上纺织品保护修复项目的实施过程中，甘肃省博物馆纺织品修复人员在中国丝绸博物馆老师们的技术指导下：首先，对项目所涉纺织品文物的保存现状与病害种类进行了全面调查统计与评估，分析文物病害成因，并利用计算机绘图软件绘制文物形制图、纹样图、病害图等，从文物劣化与其织造工艺、传承过程、保存环境间内在关系的研究中，研讨出最佳修复实施方案；其次，应用近红外光谱、便携式拉曼光谱、X荧光光谱等无损检测手段，对织物的材质、染料、颜料、污染物、元素成分等进行科学检测，依据检测结果，探讨各类纺织品文物材质劣化的组分与结构变化，对比不同修复材料、修复技术的优缺点，对过于糟朽的丝织品把控修复程度，对外形特殊的立体类糟朽织物确定加固方式、选择加固材料，并对操作技术的可行性进行研究，达到清除文物病害、延长文物寿命、增强观展效果的目的；再次，结合考古学、历史学以及相关文献资料和同时期丝绸之路沿线其他地区(如内蒙古自治区、新疆维吾尔自治区、青海省等地区)纺织品文物特点，利用交叉对比与同类归纳的方法，按照古代服饰形制与分类，从形制、纹样、织造工艺、用途等方面对甘肃地区纺织品文物的地域特点、在古代服饰发展演变过程及在丝绸之路文化交流传播中的重要作用进行了总结，对所涉每件文物基本信息进行了准确描述，全面认知文物价值。

最终，工作人员成功修复70余件文物。项目验收时，提交的保护修复报告、修复档案、修复日志、影像资料等规范、齐全。修复过程严格按照修复方案的设计要求，科学实施修复，达到了设计方案的预期目标，修复效果良好，均已得到专家认可。这些项目的成功完成为后期甘肃省纺织品文物预防性保护与修复策略提供了方法参考与决策支持，开启了甘肃省纺织品文物保护修复及研究工作的新局面，填补了甘肃省纺织品保护修复项目从立项到独立实施完成并通过验收结项的空白，过程中收获了可贵的纺织品文物修复经验。(图13-22至图13-31)

图 13-22 团窠宝花纹锦残片修复前（左）、后（右）对比

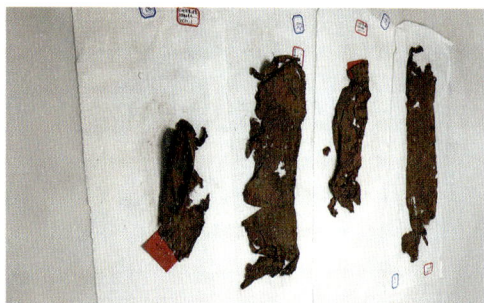

图 13-23 红地团窠对鸟纹锦残片修复前（左）、后（右）对比

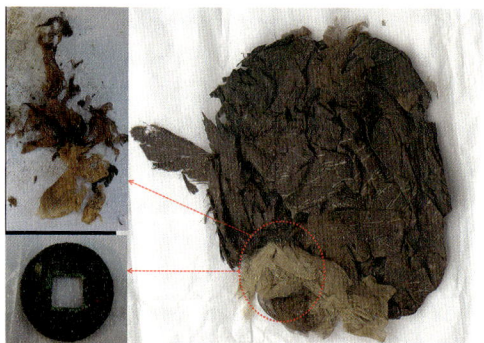

图 13-24 汉代印花绢袋修复前（左）、后（右）对比

图 13-25 锦缘绢绣草编盒修复前（左）、后（右）对比

图 13-26 唐代猪面纹锦（有衬里）修复前（左）、后（右）对比

图 13-27 兽面几何纹织锦残片修复前（左）、后（右）对比

图 13-28 唐代团窠宝花纹锦残片修复前（左）、后（右）对比

图 13-29 唐代对鹿纹锦（有衬里）修复前（左）、后（右）对比

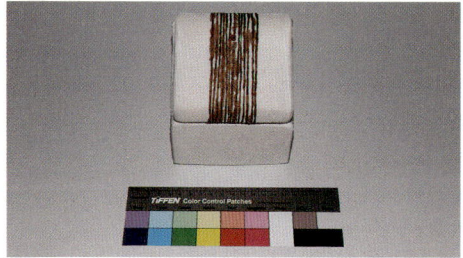

图 13-30 绦带（15554）修复前（左）、后（右）对比

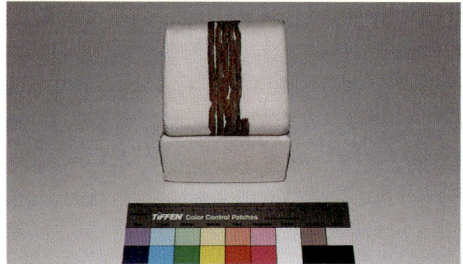

图 13-31 绦带（15555）修复前（左）、后（右）对比

后 记

我在甘肃省博物馆从事纺织品文物保护修复工作多年，对于甘肃纺织品文物，在欣赏之余，总感觉有研究与保护不足的遗憾。在工作中，面对织物残缺严重、形制模糊、用途不清、来源不明等问题，我发现相关的基础信息非常匮乏，无处查找。迄今为止，学界对甘肃各墓葬出土的纺织品概况以及文博单位收藏的纺织品基本信息等尚缺乏系统性调查和整理。有些早期出土的纺织品一直被束之高阁，考古资料较零乱，工作人员对文物价值的认识不足，保护、修复工作也才刚起步。截至目前，还没有专门针对甘肃纺织品文物研究与保护的专著出版。学者对甘肃馆藏纺织品文物的认知主要见于墓葬的发掘报告以及收藏单位的文物图录等。

早期的一些墓葬发掘报告对出土纺织品一般只有数量、尺寸等简单的信息描述，本来就像素不高的黑白照片经过几十年的封存，早已模糊不清，而要想科学研究与修复一件织物（即使是一件残片），诸多细节仍需进一步深入调查、研究，如价值认定、纹样复原、材质分析、织造技术、工艺特点、传播途径、保存环境、病害状况等。有些墓葬虽然早已出土了很大数量的纺织品，但发掘报告迟迟没有出版、发表。研究者只能通过个别文物的研究论文对整体情况了解一二。这无疑会导致研究者对一定历史时期、特定地域内的纺织品文物缺乏整体认知，也影响到保护修复工作的顺利开展。

这些珍贵的文化遗产已经或正在遭受各种病害的侵蚀。因此，调查其来源、梳理其信息、研究其价值，在此基础上进行保护修复、长久传承，是当前文物工作者迫在眉睫的重任，也正是我撰写此书的初衷。

致谢：书稿撰写过程中，承蒙深圳博物馆卢燕玲老师的引领与倾力帮助，多次对书稿提出修改意见；荣幸得到甘肃省博物馆贾建威馆长和敦煌研究院杨富学教授的鼓励，并为本书作序；在文物修复与检测方面，得到了中国丝绸博物馆王淑娟、楼淑琦、汪自强、杨海亮、刘剑、郑海玲等老师的技术指导；甘肃省博物馆陈庚龄老师提供了部分调查数据支持；书稿中提到的文物所涉各收藏单位在文物资料信息方面给予了大力支持和帮助，在此一并致以诚挚的感谢！

参考文献

中文文献：

［1］北京大学考古文博学院，青海省文物考古研究所．都兰吐蕃墓［M］．北京：科学出版社，2005.

［2］陈维稷．中国纺织科学技术史：古代部分［M］．北京：科学出版社，1984.

［3］曹中俊．丝绸之路河南道出土文物蕴含的粟特文化因素研究［D］．兰州：西北师范大学，2020.

［4］陈红梅．两汉时期凉州地区的经济开发与社会变迁研究［D］．南昌：江西师范大学，2020.

［5］陈莉莉．丝绸发明：产学研结合的成功典范［J］．中国科技奖励，2010（4）：76-77.

［6］段晴．中国人民大学藏于阗语文书的学术价值［J］．中国人民大学学报，2022,36（1）：12-19

［7］东伟．汪世显家族墓出土随葬品调查研究［D］．兰州：西北师范大学，2021.

［8］赵丰．纺织品考古新发现［M］．香港：艺纱堂／服饰工作队，2002.

［9］高金莲．公元7—9世纪中亚织锦图案研究［D］．上海：东华大学，2014.

［10］高梅．天然色素的稳定性及光降解性能的研究［D］．江苏：苏州大学，2015.

［11］高敏．新疆历史文化中蕴含的中华文化特质探析［J］．河北省社会主义学院学报，2021（2）：86-90,96.

［12］关友惠．莫高窟隋代图案初探［J］．敦煌研究，1983（0）：26-38,4-5.

［13］葛梦嘉．新疆卫拉特蒙古族传统编织技艺研究［D］．北京：北京服装学院，2018.

［14］国家文物局博物馆与社会文物司．博物馆纺织品文物保护技术手册［M］．北京：文物出版社，2009.

［15］甘肃省地方史志编纂委员会．甘肃省志·自然地理志（事物发端—2010）［M］．兰州：甘肃文化出版社，2018.

［16］俄军，甘肃省博物馆．甘肃省博物馆文物精品图集［M］．西安：三秦出版社，2006.

［17］甘肃省博物馆.武威磨咀子三座汉墓发掘简报［J］.文物,1972（12）:9-23,79-80.

［18］甘肃省文物考古研究所,戴春阳,张珑.敦煌祁家湾:西晋十六国墓葬发掘报告［M］.北京:文物出版社,1994.

［19］甘肃省博物馆,敦煌县文化馆.敦煌马圈湾汉代烽燧遗址发掘简报［J］.文物,1981（10）:1-8,97-99.

［20］陈贤儒.甘肃武威磨咀子汉墓发掘［J］.考古,1960（9）:15-28,6-11.

［21］乔今同.甘肃漳县元代汪世显家族墓葬简报之一［J］.文物,1982（2）:1-12,97.

［22］霍巍.粟特人与青海道［J］.四川大学学报(哲学社会科学版),2005(2):94-98.

［23］黄盾.脆弱丝织品丝蛋白加固机理及其在文物上的应用［D］.杭州:浙江理工大学,2012.

［24］黄维,牛耘.西北地区沙尘暴的危害及对策［J］.干旱区资源与环境,1998,12（3）:83-88.

［25］黄国松.中国古代纺织品印花［J］.苏州大学学报(工科版),2002,22(3):48-50.

［26］何瑛.中国古代丝绸的发展历程简析［J］.四川丝绸,2003（4）:44-45.

［27］姜伯勤.敦煌与波斯［J］.敦煌研究,1990（3）:7-21,117.

［28］罗丰.胡汉之间:"丝绸之路"与西北历史考古［M］.北京:文物出版社,2004.

［29］克林凯特.丝绸古道上的文化［M］.赵崇民,译.乌鲁木齐:新疆美术摄影出版社,1994.

［30］邝杨华,顾春华.诺因乌拉出土刺绣毛毯动物纹和植物纹考释［J］.考古与文物,2017（3）:110-115.

［31］孔旭.古代纺织品的保护:丝织品文物清洁及贮藏的研究［D］.上海:东华大学,2004.

［32］楼淑琦.谢家桥一号汉墓出土"锦缘绢地乘云绣荒帷"的修复［J］.文物保护与考古科学,2010,22（3）:55-60.

［33］刘大玮.纺织考古学发展概述［J］.草原文物,2021（2）:91-95.

［34］林少雄．古冢丹青：河西走廊魏晋墓葬画［M］．兰州：甘肃教育出版社，1999．

［35］林幹．匈奴通史［M］．北京：人民出版社，2022．

［36］李岩云．敦煌历史与出土文物［M］．呼和浩特：内蒙古人民出版社，2006．

［37］敦煌市博物馆．敦煌文物［M］．兰州：甘肃人民美术出版社，2002．

［38］李斌，李强，杨小明．联珠纹与中国古代织造技术［J］．南通大学学报（社会科学版），2011，27（4）：85-90．

［39］刘安定，李斌，邱夷平．铭文锦中的文字与汉代织造技术研究［J］．丝绸，2012，49（2）：50-55．

［40］李零．论中国的有翼神兽［J］．中国学术，2001（1）：62-134．

［41］李文怡，杨洁，韩建武，等．文物无酸纸质囊盒制作［J］．文物保护与考古科学，2014，26（2）：104-108．

［42］李影．新疆出土斜编毛织物研究［D］．上海：东华大学，2017．

［43］李文瑛．营盘墓葬出土织物上的贴金印花初探［N］．中国文物报，2000-09-13．

［44］刘剑，陈克，周旸，等．微型光纤光谱技术在植物染料鉴别与光照色牢度评估中的应用［J］．纺织学报，2014，35（6）：85-88．

［45］刘剑，王业宏，郭丹华．传统靛青染料的生产工艺［J］．丝绸，2009（11）：42-43，50．

［46］梁银景．隋代佛教窟龛研究［M］．北京：文物出版社，2004．

［47］荣新江．唐研究：第9卷［M］．北京：北京大学出版社，2003．

［48］卢燕玲．文物保护修复理论与实践［M］．北京：文物出版社，2016．

［49］路智勇．辅料染色技术在古代纺织品保护修复中的应用［J］．文物保护与考古科学，2008，20（2）：56-59．

［50］路智勇．国外纺织品文物保护修复与研究现状［J］．文物保护与考古科学，2010，22（3）：92-96．

［51］路智勇．浅论糟朽脆弱纺织品文物的展览问题［J］．中国博物馆，2009（4）：68-71．

［52］苏扬帆，葛明桥．略论缂丝的历史发展与艺术特点［J］．浙江纺织服装

职业技术学院学报,2017,16（2）：57-62.

[53]孙机．汉代物质文化资料图说（增订本）[M]. 上海：上海古籍出版社，2011.

[54]闵媛．文物修复师：让千年织物重现光华[N]. 甘肃日报，2020-08-04（12）.

[55]伍光和，江存远．甘肃省综合自然区划[M]. 兰州：甘肃科学技术出版社,1998.

[56]吴娟,李维贤．单宁在染整中的应用[J]. 印染助剂,2008,25（2）：1-4.

[57]王卫东．临泽沙河汉晋墓葬[M]. 兰州：甘肃人民出版社,2016.

[58]王矛,王丹．染缬集[M]. 北京：北京燕山出版社,2014.

[59]王淑娟．绉丝纱在中国古代纺织品修复中的应用[J]. 文物保护与考古科学,2016,28（2）：67-72.

[60]王金生．文物囊匣的制作与研究[J]. 包装工程，2007, 28（7）：174-176.

[61]武威市文物考古研究所．武威市凉州区辛家河滩魏晋墓发掘简报[J]. 陇右文博,2005（2）：3-5.

[62]朱安，张振华，韩小丰，等．甘肃武威磨嘴子汉墓发掘简报[J]. 文物，2011（6）：4-11,1.

[63]彭婕．我国南方地区不同年代出土纺织品对比研究：以荆州楚墓和南昌明墓为例[D]. 杭州：浙江理工大学,2012.

[64]许新国，赵丰．都兰出土丝织品初探[J]. 中国历史博物馆馆刊，1991（0）：63-81.

[65]北京大学考古文博院，大阪经济法科大学．7 ～ 8 世纪东亚地区历史与考古国际学术讨论会论文集[C]. 北京：科学出版社,2001.

[66]许新国．都兰吐蕃墓出土含绶鸟织锦研究[J]. 中国藏学,1996（1）：2,3-26,161.

[67]徐文娟，吴来明，解玉林，等．无酸纸的发展及其在文物保护中的应用[J]. 文物保护与考古科学,2009,21（S1）：76-79.

[68]徐铮．馆藏汉晋时期“恩泽”锦赏析[J]. 文物鉴定与鉴赏,2020,180(9)：22-25.

[69]李遇春.新疆民丰县北大沙漠中古遗址墓葬区东汉合葬墓清理简报[J].文物,1960（6）：9-12,5-6.

[70]新疆社会科学院历史研究所.新疆简史（第一册）[M].乌鲁木齐：新疆人民出版社,1980.

[71]夏鼐.新疆新发现的古代丝织品：绮、锦和刺绣[J].考古学报,1963(1)：45-76,156-170.

[72]夏侠.从丝路沿线出土织物看汉代织造工艺与纹样结构[J].浙江纺织服装职业技术学院学报,2019,18（1）：50-55.

[73]于志勇.楼兰—尼雅地区出土汉晋文字织锦初探[J].中国历史文物,2003（6）：38-48,89-95.

[74]赵丰,齐东方.锦上胡风：丝绸之路纺织品上的西方影响（4—8世纪）[M].上海：上海古籍出版社,2011.

[75]赵丰.丝绸艺术史[M].杭州：浙江美术学院出版社,1992.

[76]赵丰.唐系翼马纬锦与何稠仿制波斯锦[J].文物,2010（3）：71-83.

[77]赵丰.唐代丝绸与丝绸之路[M].西安：三秦出版社,1992.

[78]赵丰.齐晓光.耶律羽之墓丝绸中的团窠和团花图案[J].文物,1996（1）：33-35.

[79]赵罡,刘春晓,张毅.唐代团窠丝绸纹样动物题材与唐文化的映射关系[J].丝绸,2020,57（12）：95-104.

[80]赵喜梅,杨富学.甘肃省博物馆新入藏的八件中古织绣品及其所反映的东西方文化因素[J].石河子大学学报（哲学社会科学版）,2018,32（5）：86-92.

[81]周旸.千年女红：女性视角下的纺织技艺[J].美成在久,2019（1）：62-73.

[82]周赳.中国古代三大名锦的品种梳理及美学特征分析[J].丝绸,2018,55（4）：93-105.

[83]张立胜.物华天宝：博物馆卷[M].兰州：敦煌文艺出版社,2010.

[84]张殿波,赵丰,刘剑,等.蚕丝织物上茜草染料的光老化[J].纺织学报,2011,32（8）：67-71.

[85]张成渝,张乃翥.洛阳"格里芬"美术遗迹与西域文明之东渐[J].形象史学,2016（2）：140-172.

［86］郑海玲,胡智文,赵丰,等.丝素蛋白/戊二醛对脆弱丝绸织物加固的工艺条件研究[J].蚕业科学,2009,35（3）：576-582.

［87］郑秦,吴小锋,郑海玲,等.利用丝素蛋白抗体鉴定古代丝织品[J].蚕业科学,2014,40（3）：520-526.

［88］郑倩茹,杨庆存.丝绸之路与人文精神：兼论人类命运共同体与世界和平发展[J].中国文化研究,2022（3）：64-72.

［89］翟少冬.敦煌烽燧与陆上丝绸之路的变迁[J].甘肃社会科学,2017(5)：130-135.

［90］中国纺织品鉴定保护中心.纺织品鉴定保护概论[M].北京：文物出版社,2002.

［91］赵丰.中国丝绸通史[M].苏州：苏州大学出版社,2005.

［92］张越.齐国服饰艺术初探[J].东岳论丛,2009,30（3）：17-24.

外文文献：

［1］BELENIZKI A M. Mittelasien Kunst der Sogden[M].Leipzig：[s.n.],1980.

［2］BAKER J. Art of the SuiDynasty caves at Dunhuang[D]. Kansas：University of Kansas, 1980.

［3］STEIN A. Innermost Asia, Detailed Report of Explorations in Central Asia, Kan-Su and Eastern Iran[M]. Oxford：The Clarendon Press, 1928.

［4］RUDENKO S J. The Mythological eagle, the gryphon, the winged lion, and the wolfin the art of northern nomads[J]. Artibus Asiae,1958（21）：101-123.

［5］AZARPAY G. Some classical and NearEastern motifs in the art of Pazyryk[J]. Artibus Asiae,1959（22）：313-339.

［6］BIRRELL V. Textile Arts：A Handbook of Fabric Structure andDesign Processes[M]. NewYork：Harper and Brothers, 1959.

［7］梅原末治.蒙古ノイン・ウラ發見の遺物[M].東京：東洋文庫,1960.

［8］TREVER C. Excavations in Northern Mongolia（1924-1925）[M]. Leningrad：[s.n.], 1932.

［9］阪本和子.ニヤ遺跡出土の織品について[M]//中日/日中共同ニヤ遺跡學術調查隊.中日/日中共同尼雅遺跡學術調查團報告書：第2卷.[s.l.]：[s.n.],1999.

附 录

纺织品文物病害腐蚀程度评估标准

南京博物院

二〇〇四年九月

1 评估依据

1.1 病害程度

根据文物病害腐蚀程度分为轻微、中度、重度、濒危。

1.2 污染物面积

根据文物表面的污染物面积分为污染轻微、污染中度、污染重度、污染濒危。

1.3 影响观赏或识读程度

根据污染物影响程度分为影响轻微、影响中度、影响重度、影响濒危。

纺织品文物腐蚀评估标准术语见表1。

表1 腐蚀评估标准术语说明表

病害程度	①病害轻微 i=1	②病害中度 i=2	③病害重度 i=3	④病害濒危 i=4
污染物面积	①污染轻微 面积10%以下， j=1	②污染中度 10%~50%，j=2	③污染重度 50%~80%，j=3	④污染濒危 80%以上，j=4
影响观赏或 识读程度	①影响轻微 k=1	②影响中度 k=2	③影响重度 k=3	④无法辨识 影响濒危，k=4

2. 腐蚀评估标准判定

纺织品文物腐蚀评估标准判定见表2。

表2 纺织品文物腐蚀评估标准判定说明

序号	病害程度	污染物程度	影响辨识程度	健康评估结果
1	病害轻微	10%以下	影响轻微	基本完好
2	病害轻微	10%以下	影响中度	中度
3	病害轻微	10%以下	影响重度	重度
4	病害轻微	10%以下	无法辨识	濒危

序号	病害程度	污染物程度	影响辨识程度	健康评估结果
5	病害轻微	10%~50%	影响轻微	中度
6	病害轻微	10%~50%	影响中度	中度
7	病害轻微	10%~50%	影响重度	重度
8	病害轻微	10%~50%	无法辨识	濒危
9	病害轻微	50%~80%	影响轻微	中度
10	病害轻微	50%~80%	影响中度	中度
11	病害轻微	50%~80%	影响重度	重度
12	病害轻微	50%~80%	无法辨识	濒危
13	病害轻微	80%以上	影响轻微	中度
14	病害轻微	80%以上	影响中度	中度
15	病害轻微	80%以上	影响重度	重度
16	病害轻微	80%以上	无法辨识	濒危
17	病害中度	10%以下	影响轻微	中度
18	病害中度	10%以下	影响中度	中度
19	病害中度	10%以下	影响重度	重度
20	病害中度	10%以下	无法辨识	濒危
21	病害中度	10%~50%	影响轻微	中度
22	病害中度	10%~50%	影响中度	中度
23	病害中度	10%~50%	影响重度	重度
24	病害中度	10%~50%	无法辨识	濒危
25	病害中度	50%~80%	影响轻微	中度
26	病害中度	50%~80%	影响中度	中度
27	病害中度	50%~80%	影响重度	重度
28	病害中度	50%~80%	无法辨识	濒危
29	病害中度	80%以上	影响轻微	重度
30	病害中度	80%以上	影响中度	重度
31	病害中度	80%以上	影响重度	重度
32	病害中度	80%以上	无法辨识	濒危
33	病害重度	10%以下	影响轻微	重度

序号	病害程度	污染物程度	影响辨识程度	健康评估结果
34	病害重度	10% 以下	影响中度	重度
35	病害重度	10% 以下	影响重度	重度
36	病害重度	10% 以下	无法辨识	濒危
37	病害重度	10%~50%	影响轻微	重度
38	病害重度	10%~50%	影响中度	重度
39	病害重度	10%~50%	影响重度	重度
40	病害重度	10%~50%	无法辨识	濒危
41	病害重度	50%~80%	影响轻微	重度
42	病害重度	50%~80%	影响中度	重度
43	病害重度	50%~80%	影响重度	重度
44	病害重度	50%~80%	无法辨识	濒危
45	病害重度	80% 以上	影响轻微	濒危
46	病害重度	80% 以上	影响中度	濒危
47	病害重度	80% 以上	影响重度	濒危
48	病害重度	80% 以上	无法辨识	濒危
49	濒危	10% 以下	影响轻微	濒危
50	濒危	10% 以下	影响中微	濒危
51	濒危	10% 以下	影响重微	濒危
52	濒危	10% 以下	无法辨识	濒危
53	濒危	10%~50%	影响轻微	濒危
54	濒危	10%~50%	影响中微	濒危
55	濒危	10%~50%	影响重微	濒危
56	濒危	10%~50%	无法辨识	濒危
57	濒危	50%~80%	影响轻微	濒危
58	濒危	50%~80%	影响中度	濒危
59	濒危	50%~80%	影响重度	濒危
60	濒危	50%~80%	无法辨识	濒危
61	濒危	80% 以上	影响轻微	濒危
62	濒危	80% 以上	影响中度	濒危

序号	病害程度	污染物程度	影响辨识程度	健康评估结果
63	濒危	80% 以上	影响重度	濒危
64	濒危	80% 以上	无法辨识	濒危

3.综合评估计算方法

一般情况下,依据文物腐蚀程度,综合评估时按下列公式计算:

$f(i,j,k) = \sum i\,i + j\,j + k\,k$ (i=1,2,3,4; j=1,2,3,4; k=1,2,3,4)

上式中 $f(i,j,k)$ 表示综合评估值,当满足下列条件时:

①若 $f(i,j,k) \geqslant 258$,则藏品可综合评估为濒危;

②若 $f(i,j,k) = 29\text{~}258$,则藏品可综合评估为重度;

③若 $f(i,j,k) = 6\text{~}29$,则藏品可综合评估为中度;

④若 $f(i,j,k) = 3$,则藏品可综合评估为基本完好(轻度)。

用针线法替代夹持法

——评《甘肃省博物馆馆藏汉唐纺织品文物的保护修复》

陈庚龄

　　甘肃省博物馆纺织类藏品丰富，特色鲜明，但在以往的保护修复中，由于设备简陋、人才稀缺、经费不足、修复理念有分歧等因素，大批纺织品只是简单清理了表面的污染物后，用玻璃、亚克力或聚酯薄膜等夹持起来，就进行了展陈。如今，部分展陈材料已老化，纺织品也已发生不同程度的病害。更有甚者，部分七八十年代就出土的纺织品还一直被封存于库房，没进行过处理（如汪世显家族墓出土的部分衣物即是如此）。而库房的保存条件有限，不能达到保存纺织品文物的环境要求，致使其病害更加严重，劣化速度很快，亟待进行保护修复。

　　所幸近年来，甘肃省博物馆文保中心纺织品工作室修复人员在中国丝绸博物馆老师的技术培训与指导下，应用针线法修复纺织品文物，修复效果较以往传统的夹持法好很多，主要表现在以下4个方面：

　　（1）应用针线法进行修复时，所选用的加固材料都是与古代织物同源的现代高品质真丝类面料，与文物的接触更加柔和、有弹性，更能体现丝织品文物自身的质感。而夹持法所用辅助材料是玻璃、硬纸板等，因考虑稳定性等问题，不得不对文物施加一定的夹持力。使用夹持法修复后的文物会变得僵硬、呆板。

　　（2）使用针线法修复后的文物，因背衬已与展托缝合，受力点被均匀地分散，可多角度放置，甚至悬挂、卷起等，节约展存空间，也无须再用黏合剂进行固定。夹持后的织物最好平放，否则，易变形、牵拉等，必要时还需将黏合剂施加于文物上进行固定。

　　（3）针线法不仅适用于平面类织物的修复，还适用于立体类织物的修复。拆开立体织物上的缝线，变立体为平面，分别加固后再缝合起来即可。而夹持法只适用于平面织物的修复。

　　（4）对存在过于糟朽、酥脆、硬化、掉渣等病害的织物，夹持法很难达到理想的修复效果。若夹持外力过大，反而会使织物纤维断裂，织物遭到损毁，只能应用针线法进行双面背衬加固。

　　用针线法修复纺织品文物的过程中，工作人员仍然遵循不改变文物原状、真实性、可逆性、最低限度干预等文物保护的基本原则。应用针线法对甘肃省博物馆馆藏汉唐丝织品文物进行修复后，文物整体牢固度提高，延长了文物寿命，增强了展示效果。针线法修复技术值得推广应用。尤为值得一提的是，甘肃省博物馆结合本地区的展存环境，对修复后文物的展存形式也进行了改进，此举可圈可点。